会计教学案例精选

The Case of Accounting Teaching

刘俊勇 主编

图书在版编目（CIP）数据

会计教学案例精选/刘俊勇主编.—北京：北京大学出版社，2018.9
（财经类专业硕士教学案例丛书）
ISBN 978-7-301-29873-2

Ⅰ.①会… Ⅱ.①刘… Ⅲ.①会计学—研究生—教案（教育）—汇编
Ⅳ.①F230

中国版本图书馆 CIP 数据核字（2018）第 206525 号

书　　　名	会计教学案例精选 KUAIJI JIAOXUE ANLI JINGXUAN
著作责任者	刘俊勇　主编
责 任 编 辑	黄炜婷
标 准 书 号	ISBN 978-7-301-29873-2
出 版 发 行	北京大学出版社
地　　　址	北京市海淀区成府路 205 号　100871
网　　　址	http://www.pup.cn
微信公众号	北京大学经管书苑（pupembook）
电 子 信 箱	em@pup.cn　　QQ：552063295
电　　　话	邮购部 010-62752015　发行部 010-62750672　编辑部 010-62752926
印 刷 者	三河市北燕印装有限公司
经 销 者	新华书店
	730 毫米×1020 毫米　16 开本　17.25 印张　265 千字 2018 年 9 月第 1 版　2018 年 9 月第 1 次印刷
定　　　价	39.00 元

未经许可，不得以任何方式复制或抄袭本书之部分或全部内容。
版权所有，侵权必究
举报电话：010-62752024　电子信箱：fd@pup.pku.edu.cn
图书如有印装质量问题，请与出版部联系，电话：010-62756370

编委会
(按姓氏笔画排序)

马海涛　　王瑞华　　尹　飞　　白彦锋
朱建明　　李建军　　李晓林　　辛自强
张学勇　　赵景华　　袁　淳　　唐宜红
殷先军　　戴宏伟

总　　序

中国改革开放四十年来尤其是党的十八大以来,经济社会发展取得了举世瞩目的成就,党和国家事业发生历史性变革,中国人民向着决胜全面建成小康社会,实现中华民族伟大复兴的宏伟目标奋勇前进。党的十九大报告指出"建设教育强国是中华民族伟大复兴的基础工程,必须把教育事业放在优先位置",要"加快一流大学和一流学科建设,实现高等教育内涵式发展"。

实现高等教育内涵式发展,研究生教育是不可或缺的重要部分。2013 年,教育部、国家发展改革委、财政部联合发布《关于深化研究生教育改革的意见》,明确提出研究生教育的根本任务是"立德树人",要以"提高质量、满足需求"为主线,以"分类推进培养模式改革、统筹构建质量保障体系"为着力点,更加突出"服务经济社会发展""创新精神和实践能力培养""科教结合、产学结合"和"对外开放"。这为研究生教育改革指明了方向,也势必对专业学位研究生教育产生深远影响。

深化研究生教育改革,要重视发挥课程教学在研究生培养中的作用,而高水平教材建设是开展高水平课程教学的基础。2014 年教育部发布《关于改进和加强研究生课程建设的意见》,2016 年中共中央办公厅、国务院办公厅发布《关于加强和改进新形势下大中小学教材建设的意见》,2017 年国务院成立国家教材委员会,进一步明确了教材建设事关未来的战略工程、基础工程的重要地位。

中央财经大学历来重视教材建设,推进专业学位研究生教学案例集的建设是中央财经大学深化专业学位研究生教育改革、加强研究生教材建设的重要内容之一。从 2009 年起,中央财经大学实施《研究生培养机制综合改革方案》,提出了加强研究生教材体系建设的改革目标,并先后组织了多批次研究生精品教材和案例集建设工作,逐步形成了以"研究生精品教材系列""专业学位研究生教学案例集系列""博士生专业前沿文献导读系列"为代表的具有中央财经大学特色的研究生教材体系。其中,首批九部专业学位研究生教学案例集已于2014年前后相继出版。

呈现在读者面前的财经类专业硕士教学案例丛书由多部精品案例集组成,涉及经济学、管理学、法学三个学科门类,所对应课程均为中央财经大学各专业学位研究生培养方案中的核心课程,由教学经验丰富的一线教师组织编写。编者中既有国家级教学名师等称号的获得者,也不乏在全国百篇优秀案例评选中屡获佳绩的中青年学者。本系列丛书以"立足中国,放眼世界"的眼光和格局,本着扎根中国大地办大学的教育理念,突破案例来源的限制,突出"全球视角、本土方案",在借鉴国外优秀案例的同时,加大对本土案例的开发力度,力求通过相关案例的讨论引导研究生思考全球化带来的影响,培养和拓宽其国际视野。

财经类专业硕士教学案例丛书的出版得到了"中央高校建设世界一流大学(学科)和特色发展引导专项资金"的支持。我们希望本套丛书的出版能够为相关课程开展案例教学提供基础素材,并启发研究生围绕案例展开讨论,提高其运用理论知识解决实际问题的能力,进而帮助其完成知识构建与知识创造。

编写面向专业学位研究生的教学案例集,我们还处在尝试阶段,虽力求完善,但难免存在这样那样的不足,恳请广大同行和读者批评指正。

财经类专业硕士教学案例丛书编委会
2018年8月于北京

前　　言

我们非常高兴为读者奉献"财经类专业硕士教学案例丛书"系列的《会计教学案例精选》。本书是与会计专业硕士教学配套使用的案例集。对于任何对案例学习和案例教学有兴趣的读者而言，本书也具有一定的参考价值。

经教育部评审，中央财经大学会计学院的 MPAcc 教改项目"以行动学习为导向，打造知行合一的会计硕士专业学位研究生人才培养模式"荣获 2014 年第七届高等教育国家级教学成果二等奖。案例教学和行动学习是会计学院 MPAcc 项目的特色之一。在全国会计专业学位研究生教育指导委员会举办的优秀教学案例评选中，会计学院 MPAcc 共计七位任课教师的 12 篇教学案例获奖，位列全国 MPAcc 培养单位之首。会计学院学生代表队获得 2013 年首届、2015 年第三届全国 MPAcc 学生案例大赛总决赛冠军。

参加本书编写的李晓慧、赵雪媛、刘红霞、刘俊勇、孙丽虹、孙健、肖土盛均为 MPAcc 项目任课教师，他们基于专业硕士实务导向的培养要求，通过企业调研访谈、公开资料收集等多种渠道获得案例素材并撰写教学案例。这些案例中的绝大多数已在会计学院 MPAcc 的多个教学班中使用，并基于学员的反馈意见进行了修改。

本书案例主要适用于"高级管理会计理论与实务""高级财务管理理论与实务""高级审计理论与实务"等会计专业硕士核心课。

囿于学识、经验和团队磨合，本书难免存在诸多不足之处，敬请广大读者、朋友批评指正。

刘俊勇

2018 年 6 月 16 日

目录

Contents

管理会计

DD 集团财务共享服务中心 …………………………………… 刘俊勇 003

福田汽车成本管理改进 …………………………………… 肖土盛 刘俊勇 021

经济转轨环境下移动通信终端设备分销企业：
　　TY 公司的全面预算管理 …………………………………… 孙丽虹 044

变还是不变？Y 证券战略绩效评价系统的演进 …………………… 孙　健 071

财务管理

从 IBM 看企业集团财务管控 ………………………………… 刘红霞 097

过而未发，谁该负责？胜景山河首次公开发行新股被否 ………… 陈运森 116

审　计

B 会计师事务所拓展 PPP 相关服务业务 ……………………… 李晓慧 143

上海家化内部控制被否引发诉讼 ……………………………… 李晓慧 164

某外资商业银行信息系统外包风险的识别与审计 …… 王　建　赵雪媛 193

蓝天资产内部控制的评审 ……………………………………… 赵雪媛 220

注册会计师审计风险评估和签约风险评估：以金荔科技为例 …… 赵雪媛 249

管理会计

DD 集团财务共享服务中心

刘俊勇

专业领域/方向：管理会计

适用课程：高级管理会计理论与实务

教学目标：帮助学员掌握实务中财务共享服务中心理论的应用，并明确财务共享服务中心为企业带来的好处；了解建立和实施财务共享服务中心的步骤及过程。

知识点：企业财务共享服务中心

关键词：财务管理　财务共享　共享服务　流程再造

摘　要：财务共享服务中心是在全球经济一体化带来的种种挑战中所产生的一种管理模式。本文通过对DD集团的深度访谈与实地调研，深入剖析财务共享服务中心的最佳实践，总结归纳创建财务共享服务中心的可行性、必要性以及如何成功地实施。

一、背景介绍

DD集团隶属香港地区上市公司NH集团,是一家从事全方位文化传播服务的企业。DD集团致力于采用高新科技数字化网络技术手段,构建新一代的媒体平台和传播网络。DD集团的核心品牌之一是DD电影,覆盖从电影投资、电影制作、电影发行、电影院线、电影院建设到电影院经营管理的电影行业全产业链的每个环节。自2010年开始,DD集团将业务重点着眼在影院建设和经营上,DD影院是连锁品牌影院,首选国内新兴城市,建设现代化多厅影院,以标准化连锁管理模式,迅速在全国布局一定规模的影院版图。

截至2012年年底,DD集团注册资本为4.16亿元,总资产为14.09亿元,控股子分公司共135家。其中,全国连锁影院突破125家,银幕535块,座位超过70 000个,遍布21个省份,建设中影院有350家。

2014年,DD集团的经营目标是完成250家影院、1 000块银幕的建设。

二、案例概况

(一)发现问题

在一个阳光明媚的午后,DD集团董事长赵亮先生静静地坐在办公室里,望着手中的报告,眉头紧锁,陷入沉思,昨天年会上的情景一幕幕地浮现在眼前:在公司的大会议室里,公司高层管理人员齐聚一堂,召开2011年年度会议,回顾全年的工作情况并展望下年的工作。年会上有稍许混乱,各部门负责人都争先恐后地发言,纷纷提出自己部门工作上存在的问题、需要的支持,希望得到领导及其他部门的重视。

首先,企业发展部门张主任发言:"集团最近发展形势大好,在各地建立起多家影院,与此同时所带来的问题就是资金供给不足,现在多数新建影院仍然处于亏损状态,给再发展带来种种困难。"

张主任话音刚落,人力资源部门熊主任就说:"集团发展太迅速,现在各个影院招收的员工越来越多,尤其是财务人员,还要进行大量的培训,管理难度在逐步加大。"

集团财务分析部部长陈风反映:"现在每个影院财务部门分散,对于集团的情况分析,我们只能从合并报表中窥视一二,信息掌握不完整,很难了解集团全局的发展。"

……

问题的矛头通通指向了财务部门。这些问题该如何解决?如何使财务部门的工作变得迅速有效?这些都让赵亮十分头疼。赵亮揉了揉太阳穴,给自己的得力助手(公司财务总监)韩琪打了个电话,把她叫进自己的办公室。

"这些问题都是冲着你们财务部门反映的,公司的情况你也很了解,说说你的看法吧。"

韩琪总监沉思了一会儿:"这些都是现在集团所面临的重大问题。这些天我一直在思考,对于集团这样一个快速成长的企业,在规模不断扩张的同时,如何使职能部门人员的技能、素质和效率也不断提高。财务管理改革势在必行。"

"你的想法和我的一样,但是我现在就在思考,究竟什么样的管理模式适合我们公司呢?"

"前不久,我和一位管理会计方面的专家刘教授有过接触,和他大致说过我们公司的状况。他建议我们可以建立自己公司的财务共享服务中心,运用这种管理模式管理集团财务,理清我们的管理思路。"

"财务共享服务中心,我对它也有所了解,现在大多数外资企业建立了自己的财务共享服务中心,对于我们集团来说,这也许是个不错的选择。那行,你看什么时候请那位专家来公司,我们谈一谈吧。"

(二) 分析问题

第二天,韩琪总监就把刘教授约来了公司。刘教授和赵亮及几位公司高层进行了一次小型研讨会。刘教授首先大概地了解了DD集团的现状,接着向在座的各位高层简单地介绍了财务共享服务中心这一新型管理模式。经过一番讨论,与会人员一致通过财务共享服务中心这个提议,DD集团正式拉开了实行以赵亮为主要负责人的财务共享服务中心项目的序幕。

在正式实施财务共享服务之前,刘教授带着两名学员来到DD集团,对公司不同层级的员工(上至董事长、各部门高管,下至一线员工共计 29 人)进行了一次大规模的访谈,详细了解了公司的现状,总结了 DD 集团存在的问题。

作为连锁经营型的企业,DD 集团各业务单元的操作标准化已基本成型,大到影院的装修设计、设备采购,小到每桶爆米花的原料数量等都有执行标准,这就为其迅速地复制和扩张创造了有利条件,同时也对以财务为主的职能部门的管理提出了挑战。

第一,业务发展迅速、跨度大,集团管控能力减弱。如图 1 所示,DD 影院的业务是成几何倍数发展的。

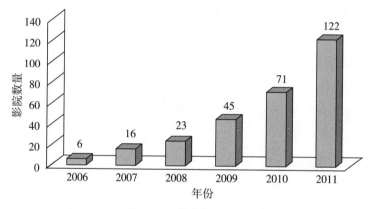

图 1 DD 影院发展情况

依据集团管控理论,当企业规模逐渐扩大时,决策数量多,协调、沟通及控制难度增大,集团总部的能力不可能随着企业规模的扩大而无止境地增强,必然对一些业务权限进行分权管理;但是,财权如果进行分散化管理,集团财务功能就减退为合并报表、审批预算或计划,没有任何实质性的管控,从内部控制的角度来看,所有的控制就会变为滞后的报告或者无法得到实效的财务管控。

第二,集团总部难以掌握完整的会计信息。作为总部或者母公司,所得到的财务信息局限于合并报表中的有限内容,很难掌握有效的整体运营情况,做财务分析时容易出现偏差和错误导向,不能为决策提供好的财务信息支持。

第三,财务管理水平面临挑战。由于扩张过快,难以保证新开影院的财务人员配备速度,即使使用加班加点、高级职位员工代职基础财务工作的方法,也无法缓解相关问题。对新进员工的培训因时间和地域的限制而流于形式,会计核算和财务管理水平开始下降,财务管理面临前所未有的挑战。

第四,资金管理陷入瓶颈。按 DD 影院的发展经验和同行业的经验,一家影院自开业到产生正现金流的时间平均为两年左右。财务统计数据显示,截至 2011 年 12 月,约 44% 的已开业影院尚未盈利。而签约在建影院为 350 家,按历史平均水平 600 万—800 万元一家影院的建设资本支出估算,需要约 2.5 亿元资金用于装修和购买各类设备等基础性投入。集团内成熟影院相对集中的区域,因开业时间较早已经开始盈利且现金流充足,但区域内影院基本遍布计划内城市,发展计划放缓且资金沉淀。形成鲜明对比的是,新兴区域影院因建设项目多、现金流入少而捉襟见肘。集团的收入结算、资金管理水平和工具都相对落后,造成严重的资金分布不均衡,不能满足业务发展的需求。

(三) 财务共享服务中心的建立

在深入调研了 DD 集团、了解了 DD 集团在财务管理上存在的急需改进的问题之后,DD 集团组织团队,开始建立自己的财务共享服务中心。

1. 评估实施 DD 集团财务共享服务中心的可行性

DD 集团实施财务共享服务中心具备了管理层支持、利于转型为财务共享服务的区域集中财务管理模式和良好的信息技术平台等条件。

(1) 战略定位分析——财务共享服务是实现集团战略的重要步骤。国家统计局、国家发改委、国务院发展研究中心等联合发布的《2010—2015 年中国影院行业发展分析及投资前景预测报告》显示,2010—2015 年,国内电影行业逐渐迎来影院的投资热潮,作为电影产业链的终端环节,影院发展必然对国内电影行业的整体运行产生一定的影响。国家电影管理局出台了针对安装数字放映设备的补贴政策,以鼓励中小城市的数字影城建设。政府政策的推动加上大城市竞争日益激烈,中小城市的影院建设在接下来几年将有一个快速的发展时期。DD 集团对于影院经营业务单元的前期规划符合在中小城市发展的思路,政策的鼓励使 DD 集团决心进一步开拓中小城市,2010 年集团决定将发展重心从 DD 影院已经星罗棋布的广东省向北方转移。

在这一决策下,财务管理必须改造为高效率、低成本、控制强的模式,并且在业务不断叠加的情况下不必成倍地增加财务服务机构和人员,财务共享服务模式正好契合 DD 集团的战略,成为实现集团战略的重要步骤。这一步骤满足集团管理层对加强管控、降低成本的要求。

DD集团将财务共享服务定位于以降低成本、集中控制为目的的内部业务单元,为全国范围内的子分公司提供全面的财务服务。

(2)组织结构分析——运行平稳的财务区域集中为建立共享服务提供基础。由于DD影院投资方是香港地区公司,公司注册地为深圳,最早建设的影院在佛山、顺德等地,最早的集团财务部门选择建立在广州,管辖广东省内各类财务事项。随着业务不断拓展,负责影院建设部分的财务工作量增大,分离为建设业务体系服务的单独财务部门,仅负责影院在建阶段的合同财务审核、进度款支付、结算工程款、结转资产等财务事项。2011年1月,浙江金华影院进入正式运营,标志着企业经营跨出广东省。伴随这一变化,原财务部门主要职能转化为华南区域财务部门,还成立了华东区域和华北区域财务部门,形成了财务共享服务中心建立前的架构(见图2)。

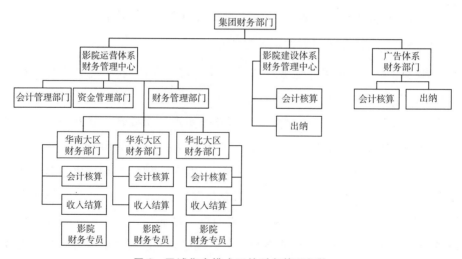

图2 区域集中模式下的财务管理架构

在这一架构下,区域承担了主要的财务工作,负责所辖区内所有费用款项的审核、记账核算、收入管理、应付管理等。影院单据寄往区域财务部门,执行报销、审批、支付等一系列流程。从图2可以看出,臃肿的财务管理架构、重复的职能和低效的多层信息传递方式,显然跟不上大力拓展业务的脚步,同时暴露出集团的财务管理问题。

对于向财务共享服务迈进,区域集中管理模式的优点为:虽然DD集团前期使用区域财务集中管理模式的初衷并不是为了进一步建立财务共享服务模式，但是财务区域集中管理模式可以理解为财务共享服务模式的实施基础，基层分公司已经熟悉单据邮寄、签收、反馈等流程，对于实施财务共享服务，来自组织内部的阻力会比较小。

（3）流程分析——缺乏流程体系。DD集团的流程不完善，以一项固定资产采购为例。分公司要面对行政部门的资产组、集团营运中心、集团财务部门的三个规范流程，三个流程交叉，审批环节重复，完成审批耗时长、效率低下。集团在建立财务共享服务时，有必要梳理这些现有流程，进行有效的匹配和整合。

此外，信息技术基础是建立财务共享服务的关键因素。在实施财务共享之前，DD集团已经具有稳定运行的金蝶EAS账务系统、OA办公系统、自主研发的票房系统和商品售卖管理系统共同构建的信息平台，为远程办公提供了可能性。

2. DD集团财务共享服务的准备工作

基于上述可行性分析，2011年12月，按照实施财务共享服务的理论设计，结合DD集团的行业和企业自身特点，刘教授和DD集团财务部门将财务共享服务中心定位为：独立的企业内部单元、独立预算单位，以内部客户为服务对象，以颠覆性变革的思路在短期内实施。

（1）建立引领团队。在DD集团财务共享服务中心建立的过程中，刘教授认为企业规模一般、业务复杂程度一般、有着较为良好的财务区域集中基础、有着专门的标准化部门和有着丰富共享服务经验的财务管理人员，可以启用企业自身资源建立项目引领团队再造流程。

引领团队由财务总监担任组长，集团标准化总监、人力资源总监担任副组长，分设核算团队、结算团队、资金团队、信息系统团队、人力资源团队，分别负责相关方面的流程设计、岗位设置、岗位职责界定、人员解聘及招聘工作等。

（2）选择办公地点。对于财务共享服务中心是留在当时财务人员最多的华南区域办公所在地（广州）还是随集团总部迁往北京，引领团队内部展开了激烈的讨论，采用行动学习法，比较搬迁费用、基础设施投入、人力资源质量、解聘员工补偿及新雇员工薪资等问题的成本投入与效益产出(见表1),最后选定随集团总部迁移至北京。

表1 广州与北京的成本投入与效益产出比较

	广州	北京
房租	150元/平方米/月,每年19.23%涨幅	自购土地建设的综合性写字楼
配套设施	无独立服务器机房	有专用设备机房、大面积凭证库房
人力成本	54 807元/人,年	50 415元/人,年
语言	粤语	普通话

(3) 设计组织架构。对于DD集团确认的内向型财务共享组织模式,在设计组织结构时,首先应将财务职能从以前的各个业务单元中剥离,使财务共享服务中心成为一个单独的业务单元;然后依据扁平化原则,结合企业业务特点设立财务共享服务中心架构。从图3可以看出,DD集团财务共享服务中心从财务职能分工细化和客户需求角度出发,设计了七个向财务总监汇报的平行部门。这种扁平化的组织结构有助于形成信息迅速传递的渠道,问题得以快速地暴露,沟通更加有效。

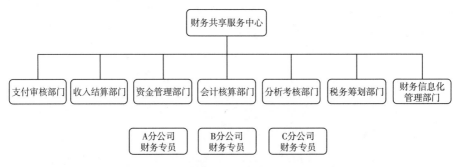

图3 DD集团财务共享服务中心组织架构

(4) 再造业务流程。设计阶段主要包括两项任务:其一,评估现有流程质量;其二,根据业务需求调整现有业务流程。结果为:将财务链条中各个交织传递的数据流、信息流描述清晰,使得同一业务处理在中心内部的处置遵从一个标准的流程,将各个岗位的工作规范规定清楚,对于每个流程结束点所对应的工作成果予以规范。

3. DD集团财务共享服务的部署和实施

（1）营造外部环境。考虑到DD集团连锁经营的性质，大多数影院设立为分公司——在核算上定义为非独立核算单位，这就为财务共享服务提供了良好的法律环境，不会受到以税务机关为主的外部管理环境的制约。

集团高层管理者对加强财务控制有着迫切的愿望，财务共享服务不仅契合集团的整体战略，还有助于加强集团管控，并可以解决财务管理中的瓶颈问题。为了确保顺利实施财务共享服务中心，以财务总监为首的引领团队将优质的实施方案呈交集团管理高层，其中详细描述了财务共享服务中心的建设目的、建立和维护成本、以现有信息技术平台为基础的改造计划、可为集团节约的人力资源管理成本、可能规避的内部控制风险等，并对可能产生的信息滞后性、管理末端（子分公司）的财务信息可获取性、单据传递丢失危险等做了保障方案。集团管理高层对此予以高度评价并给予正面支持，发文要求各相关单位予以支持和落实实施。这为财务共享服务中心的建设提供了保障。

仅有高层管理者的支持还不足够，为了减小实施中的阻力，在企业2010年年度预算会议、集团职能部门搬迁到北京的动员会上，原集团财务部门透露了撤销区域财务机构、建立财务共享服务模式的方案，为方案的顺利实施做了充分的宣传。

（2）编制时间表。由于财务工作一天也不能中断，为了能够平稳地过渡，一个循序渐进的时间计划显得十分重要。从表2可以看出，虽然选择了颠覆性变革——在8个月的短时间内全面推行财务共享服务模式，但是在具体的运行计划中，本着谨慎稳健的态度，DD集团还是采取了按区域、分时段进行过渡交接，选择了仅有5家分公司的华北区域作为第一步，这样可以在流程试运行的过程中及时发现问题，并予以修正或完善。

表2　DD集团财务共享服务中心项目推进时间

时间	项目
2011年12月	组织架构设计完成
2012年1—2月	招募第一批新员工
2012年2月	流程设计完毕，制度体系修改完毕

(续表)

时间	项目
2012年3月	第一批新员工赴广州原集团财务部门实地培训;二级部门负责人任命完毕
2012年3月	华北区域交接,试运行流程
2012年4月	华东区域、华南区域并行交接,4月华东区域交接完毕
2012年5月	华南区域交接完毕;制定完成全员绩效体系
2012年6月	全部原始财务资料运抵财务共享服务中心
2012年7月	完成与内部客户签订服务协议,执行全员绩效
2012年8月	出具试运行报告,拟订进一步优化方案

实践证明,这一时间表基本符合实际情况,DD集团按此时间表完成了项目推进工作。

(3) 人力资源配备。运行到组织架构设计完成阶段,应该开始考虑财务共享服务团队的组建,需要对实际业务量进行统计和调研,拟定每个岗位人数,结合留任人员数,拟定招聘计划并提交人力资源部门,开始实质性招聘。表3是财务共享服务中心的岗位编制。

表3 财务共享服务中心岗位编制

	高级经理	经理	主管	职员	合计
财务总监					1
支付审核部门	1			10	11
资金管理部门	1			10	11
会计核算部门	1	3	5	20	29
收入结算部门	1			14	15
税务筹划部门	1			2	3
分析考核部门	1			2	3
财务信息化管理部门	1			2	3
合计	7	3	5	60	76

4. DD集团财务共享服务技术平台的改善

信息技术系统是支持财务共享服务的基础,DD集团的信息技术系统的优点是拥有适合业务性质的信息系统,而且多个信息系统为上级集团内数字化企业自主研发;缺点是信息系统多从业务需求出发,对财务需求不够重视,没有考虑和 ERP 系统数据的对接。图 4 是 DD 集团财务共享服务信息平台的架构。

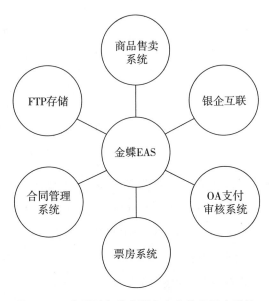

图 4　DD 集团财务共享服务中心信息平台设计

从图 4 可以看出,平台的核心是金蝶 EAS,其他数据接口进入 EAS,形成财务共享服务的最终产品——报表;其他系统与各实际业务单元接口,提供原始数据。

(1)票房系统。DD 影院使用的票房系统是自主研发的,可以实时反映全国各地影院的票房收入,并可以提供日报表、月报表等数据统计,为财务共享服务中心远程监测收入、核对收入款项有无定时缴存银行提供了可能性。

(2)商品售卖管理系统。该系统实时反映全国各地影院的商品售卖收入,位于千里之外的财务共享服务中心都可以监控从进货、销售、采购、库存到盘点的情况,为审批应付款项提供依据。

(3)OA 办公系统。OA 办公系统在企业中较为常见,但应用的广度和深度有所不同。DD 影院利用 OA 办公系统中的工作流版块,依据支付业务所属的类型(如采购商品、支付房租、普通员工报销等)和支付方式不同进行分类定义,形成不同的工作流(见图 5)。

- 现金借支　　■241　□285
- 税费（现金支付）　　■5　□50
- 房屋及水电费报销（现金报销）　　■145　□185
- 房屋及水电费报销（支票/汇款支付）　　■467　□2 883
- 行政、交通、养护等（现金支付）　　■3 096　□16 705
- 行政、交通、养护等（支票/汇款支付）　　■228　□350
- 公关及招待应酬费　　■81　□155
- 广告宣传及推广费（现金报销）　　■286　□1 777
- 广告宣传及推广费（支票/汇款支付）　　■299　□1 132
- 售卖采购（现金报销）　　■181　□885
- 售卖采购（支票/汇款支付）　　■676　□3 308

图 5　DD 集团 OA 办公系统支付类型分类

■标记为登录人结点下执行中的单据数量，□标记为已经结束流程的单据数量；每一种单据都在系统内定义了审批流程，按照与财务审批制度相符的职级、权限自动流转。在任何一个 OA 办公项目的结点上，登录人都可以查询各环节的审批意见、审批时间等内容。

（4）ERP 系统。2009 年，DD 集团全面上线金蝶 EAS。金蝶 EAS 采用 ERPⅡ管理思想和一体化设计，由超过 50 个应用模块高度集成，涵盖企业内部资源管理、供应链管理、客户关系管理、知识管理等。集团全部下属机构及子分公司共享同一数据存储服务器，这就使得财务信息的整合和共享在技术上是可行的。以分析数据为例，以往如果想了解某一期合并报表中销售费用当期变动的主要原因，每家子分公司都要提交分析报告再汇总，不仅耗时长，还不能完全、准确地反映情况。而金蝶 EAS 提供的支持，可以就销售费用中的任何一项做跨账套取数，纵览全部子分公司情况，从而实现细节分析。以部分公司某月水电费查询为例，灰色底框内为法人主体，隐去的部分企业信息以 * 代替（见表 4）。

表 4　DD 集团 EAS 系统水电费查询示例　　　　　　　单位：元

科目代码	科目名称	公司	本期发生额	
			借方	贷方
6601.0004.03	水电费	文化与传播		
		广东 DD 影院 ** 有限公司	2 722 113.26	2 722 113.26

（续表）

科目代码	科目名称	公司	本期发生额	
			借方	贷方
		广东DD影院**有限公司（总部）	2 119 922.32	2 119 922.32
		广东DD影院**有限公司**第一分公司	16 015.00	16 015.00
		广东DD影院**有限公司第二分公司	16 457.00	16 457.00
		广东DD影院**有限公司杭州**分公司	62 340.00	62 340.00
		广东DD影院**有限公司江门**分公司	20 765.38	20 765.38
		广东DD影院**有限公司上海**分公司	16 544.03	16 544.03
		广东DD影院**有限公司武汉**分公司	22 450.00	22 450.00
		广东DD影院**有限公司中山**分公司	13 405.11	13 405.11
		广东DD影院**有限公司江门**分公司	10 192.28	10 192.28
		广东DD影院**有限公司商丘**分公司	32 400.00	32 400.00
		广东DD影院**有限公司德州**分公司	18 250.00	18 250.00
		……		
		DD影院**有限公司	602 024.25	602 024.25
		DD**广告（北京）有限公司	166.69	166.69

金蝶EAS另外一个突出的优点是将不同部门的流程整合在一个信息技术系统中。以固定资产确认为例，新购固定资产到达指定位置后，资产实物管理部门签认资产采购入库单，并在金蝶EAS的资产管理模块中录入资产的基础信息，包括资产原值、购买日期、存放地点等；财务共享服务中心在系统中读取信

息后,与财务单据(如资产申购单、发票等)核对,然后在系统中对资产实物管理部门录入的信息予以审核,并同时录入折旧年限、折旧方法等财务信息,形成完整的固定资产卡片,并在此基础上生成购入固定资产的账务处理凭证。

保证业务数据和财务数据同源是信息技术平台搭建的原则。在财务共享服务中心建成之初,各个系统的数据要导出为可读 EXCEL,然后由员工人工输入到金蝶 EAS 系统中,不仅浪费人力,还存在人为录入错误的可能。因此,财务共享服务信息化管理部门的首要任务就是解决这些系统的数据接口问题,在信息技术工作中,金蝶 EAS 作为财务信息系统的核心是财务共享服务中心整合信息系统的另外一个重要原则。实践证明,整合或者对接系统是困难的,这样的工作还在持续地推进,第一个目标是在 2012 年 4 月实现票房系统与金蝶 EAS 的对接。不解决这一问题,财务共享服务的效率将难以大幅度提升,难以显示财务共享服务的规模效应。

5. DD 集团财务共享服务中心的绩效考核标准

2012 年 3 月,财务共享服务中心开始试运行,在流程和各岗位职责明确的基础上,开始推行全员绩效,目的是保证财务共享服务的质量。绩效按岗位和职务划分为 18 个,每个标准由预算成本控制、流程完成情况、客户满意度、培训情况四部分组成。以支付审核员岗位绩效举例说明(见表 5)。

表 5 支付审核专员绩效考核目标

序号	工作名称与工作内容	工作成果与考核方式	分值
1	单据交接记录	以邮件(影院审核)、书面(总部审核)方式做好单据收件记录	1
2	保证审核单据符合制度要求、金额正确、填写规范、发票合规	每月被复审指出错误超过 3 处扣 1 分,超过 5 处扣 2 分,超过 10 处本项不得分	4
3	保证审核的及时性	接到的单据符合要求的在两个工作日内审核完毕,有问题的当日回复邮件给申请人要求补正;及时跟进和督促付款;出现超过两个工作日的超过 5 次,本项目不得分	2
4	保证转单及时性	在资金部门取得单据并匹配完毕后两个工作日内转单至核算员,每月核算员投诉 3 次或被复审检查出错误 3 次扣 1 分	1

（续表）

序号	工作名称与工作内容	工作成果与考核方式	分值
5	原始票据缺失的补充	做好缺票登记,在次月20日前完成上月缺票的转单	1
6	客户满意度	月度内客户投诉1次此项扣0.5分,客户投诉3次此项不得分	1
7	额外完成重要工作、突出贡献等加分项目(如本月无加分项目,则不填)		0—2
	得分合计		10

三、案例后记

转眼间,1年过去了,DD集团自2012年实施财务共享服务以来,取得了不少成就。DD集团召开了2012年年度会议,公司各部门负责人又聚在一起,回顾2012年的工作并展望下一年度的工作。在谈到财务共享服务中心时,大家开始踊跃发言。最后,财务总监韩琪将实施财务共享服务的优点总结为以下几点:

（1）规模经济效益显现,财务成本下降;

（2）提高服务质量和信息效率;

（3）有效控制企业运营,加强风险管理;

（4）增强企业规模扩大的潜力。

显而易见,财务共享服务中心项目在DD集团的管理上发挥了不小的作用,获得了不少人的肯定。然而,财务共享服务中心是否存在弊端？DD集团的财务共享服务中心项目可以从哪些方面继续完善……这些问题都值得深思。

四、讨论题

1. 企业为什么要建立财务共享服务中心？
2. 企业建立财务共享服务中心应该做哪些准备工作？
3. 企业如何建立财务共享服务中心？
4. 企业建立财务共享服务中心需要注意哪些问题？

案例使用说明

一、案例讨论的准备工作

为了有效实现本案例的教学目标,学员应该了解下列相关背景。

(一)理论背景

共享服务中心的概念;财务共享服务中心的概念;了解如何建立共享服务中心的基本问题;辨别实施中的陷阱和关键成功因素。

(二)行业背景

1. 国家统计局、国家发改委、国务院发展研究中心等联合发布的《2010—2015年中国影院行业发展分析及投资前景预测报告》显示,2010—2015年,国内电影行业逐渐迎来影院的投资热潮,作为电影产业链的终端环节,影院的发展必然对国内电影行业的整体运行产生一定的影响。

2. 国家电影管理局出台了针对安装数字放映设备的补贴政策,鼓励中小城市数字影城的建设。政府政策的推动加上大城市竞争日益激烈,中小城市的影院建设在接下来几年将有一个快速的发展时期。

二、案例分析要点

(一)学员应掌握的主要知识点

学员应掌握的主要知识点有:共享服务中心的概念;企业建立共享服务中心前应做的准备工作;财务共享服务中心的建立过程。

(二)建立财务共享服务中心的成功经验

1. 选址问题

财务共享服务中心选址问题的正确与否将直接影响到能否实现充分共享及投资报酬率。

2. 流程问题

以战略性决策项目评估为起点,合理确定实施共享服务中心的内容与范围,细化、优化相关的财务流程。

3. 机构人员

争取高级管理层、员工的认同和大力支持。建设财务共享服务中心是企业一次重大的组织变革和文化更新。必须得到高级管理层坚定不移的认同和支持,减少因资金和信息化技术不足所带来的风险。应注意与员工进行持续的沟通,做好必要的培训和管理工作,让员工充分理解财务共享服务模式为企业和他们自身带来的巨大利益。

4. 政策法规的遵循

共享服务中心必须要求对业务所覆盖地理区域的法律法规有专人进行认真的研究,并定期收集地方政策法规以更新信息库。

5. 技术支持

信息技术系统是支持财务共享服务的基础。

(三)解决问题可供选择的方案及评价

1. 选址问题

DD集团本部原位于广州,后因集团总部决定往北京发展,比较了搬迁费用、基础设施投入、人力资源质量、解聘员工补偿及新雇员薪资等问题的成本投入与效益产出,最终决定将实施财务共享服务中心的地点定在北京。

2. 流程体系梳理

DD集团的流程不完善,以一项固定资产采购为例。分公司要面对行政部门资产组、集团营运中心、集团财务部门规范三个流程,三个流程交叉,审批环节重复,完成审批耗时长、效率低下。建立财务共享服务中心,必须梳理这些现有流程,进行有效的匹配和整合。

3. 人力资源配备

由于财务共享服务中心定岗在北京,出现了财务人员大量离职的现象。另外,由于员工缺乏上升空间,组织内人才流失严重,培训成为常态工作。实际情况正如布赖恩·伯杰伦所指出的,人力资源管理面临一系列棘手的难题,包括必须进行得罪人的缩减编制工作、备选员工不足、如何留住好员工、员工必须接受培训、员工可能体力透支等。如同所有的财务共享服务中心,DD集团财务共享服务中心承受着以有竞争力的价格提高服务质量的压力。这样的压力从管理者一直传导到员工,会导致财务共享服务中心面临如何长期生存下去的危机。而管理者所要做的应该是关注员工的情绪变动,为员工提供更好的培训,提供大量的内部晋升机会,建立上升的职业发展轨道,使人才形成操作层、熟练层、专家层的梯队,并且做出人才缺口预测及人才储备。

领导层的支持也相当重要。企业高层领导者对财务共享服务中心设计和推广过程的重视、支持与参与是财务共享服务中心获得成功的关键所在。成功实施财务共享服务中心项目要有一个行政上的支持者,一般是公司首席执行官、董事长等。在DD集团,董事长赵亮对财务共享服务中心的通力支持正是项目得以顺利开展的关键。

4. 拥有完善的技术平台

信息技术系统是支持财务共享服务的基础,DD集团信息技术系统的优点是拥有适合业务性质的信息系统,多个信息系统为上级集团内数字化企业自主研发,为实施财务共享服务中心提供有力的技术支持。

三、教学安排

(一)课时分配

1. 课前自行阅读资料:约2小时。

2. 课前小组讨论并提交分析报告提纲:约1小时。

3. 课堂上小组代表发言并进一步讨论:约1小时。

4. 课堂讨论与总结:约0.5小时。

(二)讨论方式

本案例可以采用分组讨论方式,具体可运用头脑风暴、团队列明等集体讨论方法。

(三)课堂讨论与总结

课堂讨论与总结的关键是:归纳发言者的主要观点;重申重点、难点;建议学员进一步扩展和深入分析素材。

福田汽车成本管理改进[①]

肖土盛　刘俊勇

专业领域/方向：管理会计

适用课程：高级管理会计理论与实务

教学目标：引导学员进一步掌握企业成本管理方法。根据本案例，一方面，要求学员掌握企业成本核算方法及其在企业实践中的具体应用；另一方面，要求学员利用所掌握的知识理论，结合行业背景改进现有的成本管理方法，便于企业更准确地核算产品成本并据此进行绩效考核。

知识点：成本管理

关键词：汽车行业　成本管理　成本改进

摘　要：成本是制造业的核心因素，以福田汽车M整车厂为例，结合汽车行业的发展，研究其成本管理方法并提出改进建议。

---

① 由于企业保密的要求，本案例对有关名称、数据等做了必要的掩饰性处理。本案例只供课堂讨论之用，并无意暗示或说明某种管理行为是否有效。

冬日午后温暖的阳光懒懒地撒在福田汽车 M 整车厂财务部门办公室内，李部长揉了揉有点发紧的太阳穴，将阅读的资料放在一旁，起身走到落地窗前，注视着整洁优美的厂区，静静地思索。虽然第四季度尚未结束，但李部长已经开始考虑下一年工作的重心。桌子上的文件和电脑中的资料无不与先进的制造装配企业成本有关，看来，下一年的工作定将围绕着成本管理展开。

一、志存高远的福田汽车

（一）商用车领域的领航者

北汽福田汽车股份有限公司（以下简称"福田汽车"）成立于1996年8月，总部位于北京市昌平区，现有总资产300多亿元，员工4万余人，是一家以北京为管理中心的大型企业集团，在京、津、鲁、冀、湘、鄂、辽、粤等省份拥有整车和零部件事业部门，研发分支机构分布在中国、日本、德国等国家。福田汽车是中国品种最全、规模最大的商用车企业。如图1所示，截至2013年，福田汽车自成立以来已累计产销汽车达到592万多辆，产销量位居世界商用车行业第一。2014年，福田汽车品牌价值达671.27亿元，位居汽车行业第四，商用车领域排名第一。

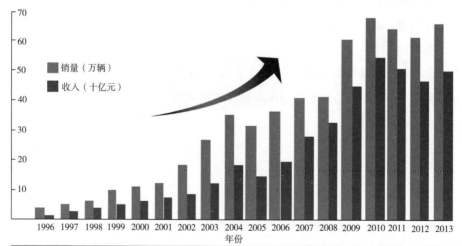

年份	1996	1997	1998	1999	2000	2001	2002	2003	2004	2005	2006	2007	2008	2009	2010	2011	2012	2013
销量	2.6	5.0	7.0	10.0	10.6	12.7	17.0	26.0	34.1	31.7	34.4	40.2	41.0	60.2	68.3	64	62	66.47
收入	0.82	1.31	2.19	3.1	3.27	4.11	7.58	13.89	17.89	14.73	19.31	27.87	32.24	45.3	53.86	51.6	48.3	58.6

图1 福田汽车1996—2013年销量与收入增长情况

目前,福田汽车已形成商用车、乘用车和汽车服务三大业务集群,产品全部是自主品牌,旗下拥有欧曼、欧辉、欧马可、奥铃、拓陆者、蒙派克、迷迪、萨普、风景等汽车品牌(见图2)。福田汽车多产业并举,关联拓展、集约经营的产业集群优势正在推动其一步步迈向世界级企业之路。

图2　福田汽车产品架构

(二)谋划世界级企业,剑指2020

福田汽车始终致力于"人·车·环境"的和谐,坚持以科技为发展基因,主张环保、绿色、清洁、可再生、可持续发展模式,整合全球价值链资源,提供由科技带来的有价值的产品和服务,用科技实现人类社会的进步,成就世界和人类的和谐、美好的未来。

2010年8月28日,福田汽车发布了企业未来十年发展的"2020战略"。"2020战略"是福田汽车由中国向世界挺进的宣言书,彰显福田汽车"全球化"和"走出去"的发展思路。"2020战略"的核心是"5+3+1",即在俄罗斯、印度、巴西、墨西哥和印尼等五个新兴国家分别建立年产10万辆汽车的工厂,突破北美、欧盟、日韩等三个最发达地区市场,在中国建立全球总部,设立全球创新中心、业务管理和运营中心,确保在中国市场的领导者地位。

按照"2020战略"规划,福田汽车分三个阶段走:至2013年,形成"1+N"的经营管理体系;至2016年,商用车成为中国领导者,乘用车实现突破;至2020

年,商用车成为全球领导者,乘用车在全球实现突破。由此,福田汽车将成为时尚科技与人文环保高度融合的综合性国际汽车企业,年产销汽车达 300 万辆,实现销售收入 3 300 亿元,进入世界汽车企业十强,成为世界级主流汽车企业。为了实现这一目标,能否提供相应的财务资源是关键。

与此同时,随着消费结构发生变化及市场需求不断扩大,多功能车已成为轻型商用车市场的主要车型之一。福田汽车要想保持在商用车领域的优势地位,必须加快在多功能车领域的发展步伐,合理进行产品战略布局,争取早日实现全球化经营目标。

二、年轻的福田汽车 M 整车厂

M 整车厂是福田汽车全资拥有的子公司①,主要负责整车生产。M 整车厂于 2011 年建成投产,是福田汽车在"2020 战略"的引领下,依据公司未来十年的产业发展布局,聚焦多功能车生产的重要部署。厂区总占地面积 1 500 余亩,总投资逾 40 亿元,分两期建设。一期建筑面积 25 万平方米,主要建筑包括冲压、车架、车身、油漆、总装等车间及相应的配套设施;二期将扩建焊装和车架车间,增建 CUV、MPV 等产品车身焊装线,新建承载车身总装线,补充涂装设备及相应的配套设施,预计于 2015 年上半年投产。

M 整车厂是福田汽车单一工厂投资最多、工艺水平最先进的现代化整车生产工厂,定位于生产商用车(包括高端轻卡和皮卡)和乘用车,主要包括 MP-X 蒙派克多功能商务车、TUNLAND 拓陆者皮卡、SUV、CUV 等产品,体现福田汽车"世界标准、北京创造"的核心理念。目前,工厂现有总资产 35 亿元,员工 2 500 人,规划年产能 24 万辆,现年产能 10 万辆。

M 整车厂的建成投产,为福田汽车"2020 战略"整体发展规划提供了强有力的支撑,是福田汽车合理进行产品战略布局、扩大产能的需要,有利于增加福田汽车的市场份额,提升企业的市场竞争力。作为福田汽车"十二五"期间重点工程项目之一,M 整车厂通过智能化数字厂区的建设,将企业内外的各种资源、应用系统及各种服务设施集成并整合为一体,全方位实施数字化节能管理,提

---

① 由于企业保密的要求,本案例用 M 整车厂代指福田汽车整车厂。

供更高的管理效益,降耗节能更加充分,从而使企业在绿色环保的生态环境下持续发展,成为中国数字化多功能汽车制造新高地,也承载着福田汽车实现"2020战略"目标的梦想。

目前,M整车厂主要承接商用车和乘用车两大战略业务的生产。如图3所示,商用车又包含独立的五大业务,包括轻卡奥铃和欧马可、皮卡拓陆者和U201的生产以及外销汽车的生产。需要注意的是,不同业务的产品之间差异较大。

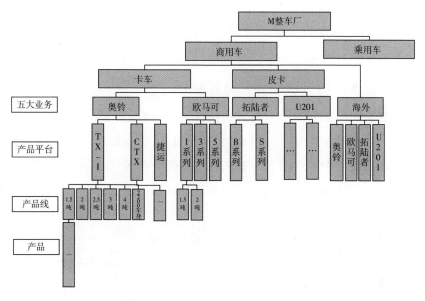

图3 M整车厂生产的五大业务

三、绕不开的成本问题

经过一年半时间的建设,M整车厂首辆蒙派克车于2011年6月下线并投入市场,其他车型将在未来几年陆续上市。然而,监控了包括年产量、JPH(单位时间的生产节拍)单车制造成本、管理费用、销售收入、人均销售收入在内的几个关键性指标的情况后,李部长敏锐地发现了一些问题。

(一)激烈市场竞争与低成本战略

中国汽车产业自主品牌起步晚,相比外资品牌及合资品牌在技术积累方面较薄弱,品牌也无法与外资品牌及合资品牌抗衡,在激烈竞争的中国汽车市场遭遇外资品牌和合资品牌的挤压。长期以来,自主品牌主要通过以价取胜的方式赢得市场。在这种大环境下,期望短期内在高端市场上打开局面、获取品牌溢价变得十分困难,这对年轻的福田汽车 M 整车厂是个严峻的挑战。

在激烈的市场竞争中,低成本的重要性不言而喻。生产部门的宋部长指出,为了贯彻福田汽车的总体低成本战略,在产品生产过程中,M 整车厂全面推行 TPS(丰田公司制造体系)精益制造,以缩短交货期限为目标,努力剔除无效增值活动。TPS 精益制造通过准时化和自动化,实现低成本、高效率、高质量地生产。此外,在生产安排上实行以销定产,以便提高资金管理效率、节约生产成本。

(二) 业务转型升级与多元化战略

虽然福田汽车已是商用车领域的佼佼者,但仍面临如何提升利润率的难题。福田汽车方面认为,商用车在中国"井喷时代"基本结束,已进入成熟期,主要增长方式是整合性增长,但乘用车国内市场需求大,仍处于成长期,增长方式是机会性增长,因此可以通过商业模式创新等取得突破性增长。对于想成为世界级企业的福田汽车,为了突破低利润率的现实困境,进军乘用车市场是迫在眉睫的重要战略。为此,福田汽车积极丰富商用车产品系列,在稳定现有商用车业务的基础上,以突破乘用车为战略目标。福田汽车将借助商用车平台,用全新的模式拓展乘用车业务,力争在 2015 年实现乘用车成为福田利润来源的一部分,实现乘用车业务的跨越式发展。在这种业务转型升级的过程中,福田汽车面临巨大的前期投资压力和成本控制压力。

(三) 前期投入与逐步摸索之间的矛盾

M 整车厂刚刚成立,从生产管理到设计研发,许多方面仍处于逐步的摸索之中。2011—2013 年分别生产整车 1.67 万辆、5.44 万辆和 6.32 万辆,2014 年上半年生产整车 3.89 万辆,预计全年产量在 8 万辆左右,与规划年产能 24 万辆的水平还相距甚远。与此相应的却是福田汽车前期投入近 40 亿元建设厂房,仅固定资产的分摊和折旧就是一项巨额成本。作为福田汽车集团的一个成本中心,M 整车厂在产业链上下游的议价能力非常有限,进行精细化成本管理成为唯一的出路。实际上,福田汽车集团对 M 整车厂的重要考核指标之一即制造费用占销售收入的比重。

综合以上几方面考虑,李部长断定,成本问题将是 M 整车厂未来发展的关键所在,因此成本管理水平的高低变得至关重要。

四、加强成本管理,首先立足现实

当李部长得出结论后,立刻开始行动,从各个方面梳理 M 整车厂目前的状况。

(一) 生产制造情况

M 整车厂具有完整的物流配送、冲压、车身、车架、油漆、总装、整车检测等工序。如图 4 所示,工厂下设 13 个部门(含 33 个科室、1 个中心库和 5 个车间)、1 个 KD 包装工厂(含 2 个科室和 1 个车间)、1 个冲压工厂(下设 5 个部门、含 9 个科室),共 53 个科室。结合汽车生产的工艺特点,M 整车厂的生产环节主要包括五大车间部门,即车厢部、车身部、油漆部、车架部和总装部。

1. 车厢部

车厢部下设冲压、装焊、涂装三个车间和生产管理科、工艺质量室、综合办公室三个科室,占地面积为 57 400 平方米,建筑面积为 26 036 平方米。车厢部下设 4 个工段、11 个班组;现有员工 272 人,其中工程技术人员和管理人员 84 人、生产人员 188 人。承担欧马可、时代、奥铃等系列车型车厢的生产,综合生产能力为 3.5 万—4 万台/年,是欧马可生产制造价值链中的重要环节。

2. 车身部

车身部占地面积为 25 000 平方米,主要承担欧马可、蒙派克、拓陆者车身总成、车门总成、皮卡货厢总成焊装及调整任务,共有欧马可、拓陆者、蒙派克三条车身生产线、一个车门生产线和拓陆者货箱生产线。车身生产线工艺流程按产品线划分:欧马可生产线工艺流程主要由左右侧围、顶盖、后围、前围、地板等六大工序组成,具体可细化为 150 个工位;拓陆者生产线工艺流程主要由左右侧围、顶盖、后围、前机舱、前地板、后地板、左右车门、货箱等十大工序组成,具体可细化为 189 个工位;蒙派克生产线工艺流程主要由左右侧围、后围、顶盖、机舱、前地板、后地板(车架)六大工序组成,具体可细化为 130 个工位。

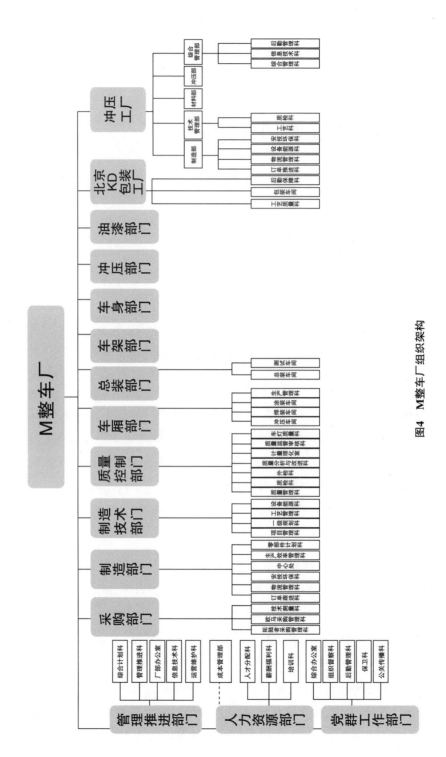

图4 M整车厂组织架构

3. 油漆部

油漆部按照轿车生产线日系工艺流程设计,是国内最先进的柔性化涂装生产线,生产工艺达到国际先进水平。车间占地面积为 26 000 平方米,厂房主体结构为二层、局部三层。一层为生产设备和部分生产区,二层为主要生产区,三层全部为设备。设计生产能力为 7.5 万台/年,生产节拍为 24 JPH/小时。涂装生产线工艺流程共分为九大工序,主要有前处理、电泳、刮腻子、打胶、打磨、喷涂、烘干、精饰、注蜡,其中前处理电泳线采用槽体设计水循环利用系统、废水回收等节能环保设计。整体涂装线设备/设施信息联动,直接与中央监控室连接,具备故障报警功能。PVC(聚氯乙烯)底涂采用机器人自动喷涂,匹配日本 3D 喷枪(国内最先进的设备)。面漆线整体为封闭结构,在入口设有风淋室,工序间设有洁净室保证空气洁净度,喷涂采用机器人自动喷涂与人工相结合的方式,机器人能够实现自动换色。

4. 车架部

车架部建筑面积为 13 000 平方米,布置车架铆接及车架电泳两条生产线,设计产能 9 万架/年,承担欧马可和奥铃车架铆接及电泳生产任务。车架部下设四个生产工段、12 个生产班组。铆接生产线设计节拍为 247 秒/架,采用冷铆工艺,双班产能为 5 万架/年;生产线采用垂直返回式地拖链输送,共布置 28 个生产工位,主要工序包括纵梁焊接、纵梁过孔、纵梁铆接、分总成焊接、总成铆接、总成校正。

5. 总装部

总装部采用混线生产方式,整车装配工艺节拍为 2.5 分钟,年双班生产标准产能为 7.5 万辆/年。主要生产设备设施有单板结构内饰线 2 条、地轨结构底盘线 2 条、双板链结构综合线 1 条、悬挂结构蒙派克底部装配线 1 条、PBS 车身存储线 1 条和车身及底盘转序自行小车系统各 1 套。

五大车间的生产线布局如表 1 所示。各车间均包含轻卡生产线和皮卡生产线,甚至有些车间之间采用混线生产方式。李部长认为,多生产线增大了成本管理的难度,归集各车间发生的间接费用显得尤为困难。

表 1　五大车间的生产线布局

车间			生产线
总装部	总装车间	轻卡线	内饰线（Ⅰ、Ⅱ）
			底盘线（Ⅰ、Ⅱ）
			综合线
		皮卡线	内饰线
			底盘线
			综合线
油漆部	涂装车间	混线	电泳
			打胶
			打磨
			面漆
	小件涂装车间	混线	面漆
			精饰
车身部	车身车间	轻卡线	
		皮卡线	
车架部	车架车间	轻卡线	铆接
			电泳
车厢部	冲压车间	轻卡线	滚压线
	涂装车间		电泳、面漆线
	装焊车间		装焊线

（二）生产管理情况

福田汽车自 2001 年起逐步导入 TPS 精益制造基本理念，开始实践"改善、改善、再改善""百闻不如一见、百见不如一行"的行动理念，开展以订单生产为主线的过程周期缩短活动，确定"7+3"订单模式；构建制造过程周期时间、市场过程周期时间等管理概念。经过十余年的探索与实践，集团在学习世界先进管理方法的基础上，开展流程和体系改善创新，逐渐建立起福田汽车集团特色的精益制造体系。福田汽车在生产管理、物流等领域高度实现了信息化，抢占了行业制造制高点，实现了信息化与工业化的深度融合，实现了数字化工厂的智能制造，提高了生产效率和自动化水平。

M整车厂作为福田汽车在北京地区规模最大、现代化程度最高的工厂,工厂建设立足于智能数字化的高起点、高水平,在厂区规划设计中,采用CDC智能化信息管理技术,建立智能化数字厂区。通过智能化数字厂区的建设,将企业内外的各种资源、应用系统及各种服务设施环境集成整合为一体,全方位实施数字化节能管理,为企业提供更高的管理效率,降耗节能更加充分,从而使企业在绿色环保的生态环境下持续发展,成为中国数字化多功能汽车制造新高地;同时,生产线的主要生产工艺采用柔性化技术,实现多品种生产,适应汽车市场多元化的需求。

M整车厂采用的智能化信息管理技术不仅可以自动监控各种服务设施系统中不同的设备,使管理人员便捷、可靠地实现对各类信息资源的综合控制管理,还可以实现企业内部不同区域、不同部门各种设施服务系统之间的远程调度指挥,以满足企业内部更深层次的智能化监控管理需求和信息资源共享。M整车厂利用企业内部的数字控制中心(DMC),可以很好地做到厂区内各系统的信息共享、统一控制、实时管理,从而最大限度地提高所有应用系统和核心设备的运营效率、降耗节能,大幅度降低生产和管理的运营成本、增加产值,最大效率地提高企业的创新能力和市场竞争力。

在信息化建设方面,M整车厂拥有福田汽车八个整车工厂中技术最先进的信息化体系,俨然成为福田汽车甚至中国汽车行业的信息化管理标杆。如图5所示,工厂投入巨资打造了研发系统、供应链系统、生产应用系统和办公协同系统四大平台,主要信息系统共有10个,分别为协同制造管理平台、仓储配送管理系统、制造执行管理系统、供应商关系管理系统、财务平台系统、固定资产管理系统、人力资源管理系统、检测线系统、合格证系统和OA办公自动化系统。总体上,M整车厂信息化系统基本覆盖订单、采购、物流、生产、质量及财务等领域,供应物流与生产物流信息系统达到高度集成,实现了物流、信息流、资金流的高度统一,可满足企业多品牌、多业务的发展模式。

(三)产品成本的结转

M整车厂的生产环节共有五大车间。在此基础上,M整车厂采用分步法进行成本核算,以五大工序车间为成本归集对象,按顺序逐步分项结转法结转自制半成品的成本。如图6所示,首先根据一定的分摊方法将各车间发生的直接

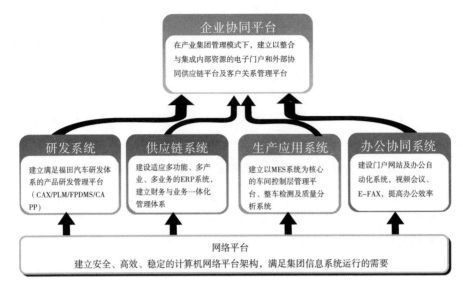

图 5　M 整车厂信息化系统

成本和间接成本在"完工转出半成品"和"在产品"之间进行分配；然后根据上一工序转来的半成品成本以及本工序车间发生的料、工、费，核算本车间"完工转出半成品"和"在产品"成本。以此类推，M 整车厂分别在车厢部、车身部、油漆部、车架部和总装部等工序上逐步结转产品成本，最终将各工序发生的料、工、费结转至"完工转出产成品"成本，进而核算出整车成本。

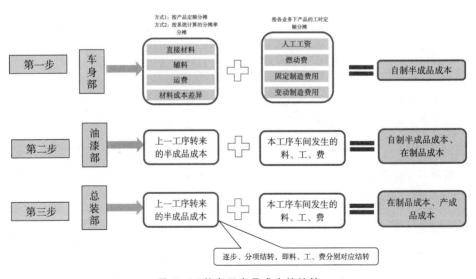

图 6　M 整车厂产品成本的结转

采用分项结转法逐步结转半成品成本,不仅能够提供各生产工序的半成品成本资料,从而实现自制半成品成本核算,还可以直接提供按原始成本项目反映的产品成本资料,满足企业分析和考核产品成本构成及其水平的需要,而不必进行成本还原。总体而言,采用逐步分项结转法基本能够满足 M 整车厂多品牌、多业务特征的产品成本核算需要。

(四) 成本费用的分配

M 整车厂在成本费用的分配上充分体现了逐步、分项结转的原则。表 2 列示了工厂各项成本费用的分摊情况。一方面,M 整车厂将生产过程中发生的待分配成本按不同的成本项目类型进行分配。对于直接费用的分配,直接按工时比例或成本对象进行分摊列支即可;而对于间接费用的分配,则主要根据人工工时、产量或销售收入等标准进行分摊核算。这体现了成本费用的分配采用分项结转的原则。另一方面,M 整车厂将生产过程中发生的待分配成本归集至五大工序车间,进一步将各工序车间发生的成本分摊至各产品线。这体现了成本费用的分配采用逐步结转的原则。此外,为了便于企业编制预算和控制成本,M 整车厂还根据自身的生产情况制定了汽车制造的标准成本,采用标准成本法进行成本核算。对于计划成本和实际成本之间的差异,则按系统计算的分摊率分摊。实际上,成本差异的大小也是 M 整车厂进行成本变动分析和成本管理决策的重要依据。

表 2 M 整车厂各项成本费用的分摊

项目		直接费用		间接费用					
		方式	依据	分摊方式	分摊依据	分摊至业务		从业务分摊至产品线	
						预算	计划/实际	预算	计划/实际
生产环节费用	直接人工	—	—	作业成本法	人工工时	工厂年度预算人工工时定额比重	工厂计划/实际人工工时定额比重	各产品线年度预算人工工时比重	各产品线计划/实际人工工时比重
	燃动费	—	—						
	变动制造费用	—	—						
	固定制造费用	—	—						
	制造折旧	—	—						

(续表)

项目		直接费用		间接费用					
		方式	依据	分摊方式	分摊依据	分摊至业务		从业务分摊至产品线	
						预算	计划/实际	预算	计划/实际
	模具摊销	直接列支	产量量次测算单台	—	—	—	—	—	—
期间费用	管理费用	—	—	经营成果法	产量	工厂各业务年度预算产量比重	工厂各业务年度预算产量比重	各产品线年度预算销售收入净额比重	各产品线计划/实际销售收入净额比重
	管理折旧	—	—						
	财务费用	直接列支	发生对象		销售收入	各业务年度预算销售收入净额比重	各业务年度预算销售收入净额比重		

李部长注意到,基于 M 整车厂五大车间生产线的布局(多线或混线生产),目前各车间发生的费用无法分产品线统计,都是按车间归集费用,致使车间发生的费用大部分为共性费用,直接列支的费用较少,这使得准确核算各产品线的成本变得更具挑战性。

五、面对挑战,如何应付

随着 M 整车厂日渐成熟与发展,会有更多的车型投入生产,年产量将大幅提升。成本管理改革应该如何应对这一系列的改变?这是李部长一直在考虑的问题。当务之急,困扰李部长的主要有以下几个问题:

(1) 建立工厂费用属性分析及管理标准。工厂的生产环节主要包括五大车间,如何从费用发生动因明确各项费用的属性并建立相应的管理标准(如燃料动力费用、修理费用等)?

(2) 有效开展作业成本法。目前,工厂采用的是多品牌混线柔性化生产组织方式,各产品线之间差异较大,并且五大车间生产工艺的差异也很大。面对如此复杂的生产环境,企业如何找出成本动因并运用作业成本法核算成本?

(3)建立工厂费用分摊规则。工厂的商用车生产包含五大业务,各业务的产品差异较大,拟定工厂各项成本费用在五大业务之间的分配规则具有重要的价值。

(4)建立商用车、乘用车双轨制下的多业务核算管理体系。工厂主要承接公司商用车和乘用车两大战略业务的生产,各业务产品的差异较大,成本核算的方法也有所差异。

(5)建立一套有效的、以财务指标为导向的绩效管理体系。考虑到各业务的差异性和生产工艺的复杂性,为了便于分清各部门的责任和成本控制,李部长希望构建一套以财务指标为导向的业绩评价体系以促进生产部门改善成本管理。

实际上,前不久李部长刚刚组织财务部门人员深入生产一线进行调研,加深对汽车生产工序的认识,同时要求财务人员在调研过程中重点关注成本发生背后的深层次原因,也为近期要加强推进的作业成本法实施做前期准备。调研还在进行当中,从已反馈的情况看,李部长发现,通过调研确实收集了很多影响成本发生的因素,但如何将调研取得的信息用于成本管理仍没有头绪。

眼看着年底将至,李部长下个星期就要到集团总部开会,向集团财务总监汇报下一年度的预算编制及成本管理改进等工作的进展情况。此刻,李部长正站在落地窗前,嘴上叼着根烟,时而眉头紧锁,对于M整车厂的成本管理问题一筹莫展。

六、讨论题

结合案例材料,请你向福田汽车M整车厂的李部长呈递一份报告,重点分析和评估工厂当前面临的几个问题,并提出合理的建议或解决方案。

1. 如何建立工厂费用属性分析以及管理标准?
2. 如何有效开展作业成本法?
3. 如何建立工厂费用分摊规则?
4. 如何建立商用车、乘用车双轨制下的多业务核算管理体系?
5. 如何建立一套有效的以财务指标为导向的绩效管理体系?

案例使用说明

一、案例讨论的准备工作

为了有效实现本案例的教学目标,学员应该了解下列相关背景。

(一)理论背景

目前企业较多地采用成本管理方法,掌握诸如传统成本法、标准成本法、作业成本法等的基本内容和原理,不同成本管理方法的适用条件有何不同,将传统成本核算方法应用于汽车制造企业可能面临的问题,以及企业成本预测方法。

理解产品成本的结转方法(如逐步结转分步法)的基本原理,该方法的适用范围和优缺点分别是什么,不同成本/费用项目(如直接成本和间接成本、生产成本和期间成本)的分摊方式有何差异。

(二)行业背景

1. 汽车生产知识

在生产线的配置上,整个项目分为冲压、车身、涂装、总装四大工艺。冲压工艺是指在常温下,利用安装在压力机上的冲模对材料施加压力,使其产生分离或者塑性变形,从而获得所需零件的一种压力加工方法。在冲压车间,板料经过模具成型及冲裁,最终成为单品冲压成品。车身是指通过焊接、铆接、机械联结及粘接等方法将零部件组装成符合质量要求的白车身。其中,白车身又称车身体,是指车身结构件及覆盖件的总成,但不包括附件及装饰件的未涂漆本身。涂装是指运用相关技术将白车身上色。总装车间主要承担多种车型的整车装配、调试、检测和返修等工作,并承担车门分装、底盘模块预装、小批量产品试制、物流存储等生产任务,具有生产环境优良、适于柔性化生产、自动化程度高、模块化装配、生产研发培训相结合等特点。

结合汽车生产的工艺特点,福田汽车 M 整车厂的生产环节主要包括五大车间部门,即车厢部、车身部、油漆部、车架部及总装部。其中,车厢部下设冲压、装焊、涂装三个车间和生产管理科、工艺质量室、综合办公室三个科室;车身部主要承担欧马可、蒙派克、拓陆者车身总成、车门总成、皮卡货厢总成焊装及调整任务,共有欧马可、拓陆者、蒙派克三条车身生产线、一个车门生产线和拓陆者货箱生产线,油漆部按照轿车生产线日系工艺流程设计,工艺流程共分为九大工序,包括前处理、电泳、刮腻子、打胶、打磨、喷涂、烘干、精饰、注蜡;车架部布置车架铆接及车架电泳两条生产线,主要工序包括纵梁焊接、纵梁过孔、纵梁铆接、分总成焊接、总成铆接、总成校正;总装部采用混线生产方式,整车装配工艺节拍为 2.5 分钟,主要生产设备设施有单板结构内饰线 2 条、地轨结构底盘线 2 条、双板链结构综合线 1 条、悬挂结构蒙派克底部装配线 1 条、PBS 车身存储线 1 条和车身及底盘转序自行小车系统各 1 套。此外,各车间均包含轻卡生产线和皮卡生产线,甚至有些车间之间采用混线生产方式。

2. 汽车行业背景

中国汽车产业自主品牌起步晚,相比外资品牌及合资品牌在技术积累方面较薄弱,品牌也无法与外资品牌及合资品牌抗衡,在激烈竞争的中国汽车市场遭遇外资品牌和合资品牌的挤压。长期以来,自主品牌主要通过以价取胜的方式赢得市场。在这种大环境下,期望短期内在高端市场上打开局面、获取品牌溢价变得十分困难,这对年轻的福田汽车 M 整车厂是个严峻的挑战。

虽然福田汽车已是商用车领域的佼佼者,但仍面临如何提升利润率的难题。福田汽车方面认为,商用车在中国"井喷时代"基本结束,已进入成熟期,主要增长方式是整合性增长,但乘用车国内市场需求大,仍处于成长期,增长方式是机会性增长,因此可以通过商业模式创新等取得突破性增长。对于想成为世界级企业的福田汽车,为了突破低利润率的现实困境,进军乘用车市场是迫在眉睫的重要战略。为此,福田汽车积极丰富商用车产品系列,在稳定现有商用车业务的基础上,以突破乘用车为战略。福田汽车将借助商用车平台,用全新的模式拓展乘用车业务,力争在 2015 年实现乘用车成为福田利润来源的一部分,实现乘用车业务的跨越式发展。在这种业务转型升级的过程中,福田汽车面临巨大的前期投资压力和成本控制压力。

二、案例分析要点

(一)学员应识别的关键问题

结合福田汽车 M 整车厂实际案例,研究其成本管理方法并提出改进建议。

(二) 解决问题的推荐方案

1. 建立工厂费用属性分析及管理标准

M整车厂作为成本中心,其成本核算的第一步是界定成本属性(见表3)。正确划分直接成本和间接成本是在多个产品之间分摊成本的基础,判断各项成本的成本习性能够区分以产量为动因和以非产量为动因的成本,帮助企业进行成本最优化管理决策。

表3 成本属性界定

成本属性	成本科目	成本习性	成本明细科目
直接成本	直接生产成本	技术性/酌量性变动成本	直接材料(零部件等)
		技术性变动成本	直接人工
间接成本	辅助生产成本	技术性/酌量性变动成本 技术性变动成本 视情况而定	直接材料 直接人工 制造费用
	制造费用	约束性固定成本 约束性固定成本 约束性固定成本 约束性固定成本 约束性固定成本 约束性固定成本 酌量性固定成本 酌量性固定成本 酌量性固定成本 酌量性固定成本 技术性变动成本	机器折旧、租金 燃料动力费用 辅助材料(润滑油、催化剂等) 模具、吊具摊销 物流成本 仓储成本 车间管理费用 劳动保护费(手套、头盔等) 工人培训费 检测费用 废品损失
不分摊费用	期间费用	酌量性固定成本 酌量性固定成本	管理费用 财务费用

首先,对于产品成本应该划分为直接成本和间接成本,仅用于单个成本对象的资源或作业的成本是直接成本,可以采用直接追溯法追溯到单个产品;不能直接归集到某一成本对象而由多个成本对象共同分担的资源或作业的成本是间接成本,必须根据合适的成本动因分配到每个产品。直接成本即直接生产成本,包括直接材料(如汽车零部件等)和直接人工成本;间接成本包括生产车间归集的制造费用、从辅助生产车间结转出来的制造费用和期间费用。

其次,在此基础上判断各项成本的成本习性,即该项成本总额与业务量(这里指产量)之间的依存关系,随产量的变动成正比例变动的部分称为变动成本,在一定时期和一定业务量范围内不受业务量增减变动影响而保持不变的部分称为固定成本。变动成本又可以分为技术性变动成本和酌量性变动成本,而固定成本也可以分成约束性固定成本和酌量性固定成本。

2. 有效开展作业成本法

作业成本法的基本思路是"作业消耗资源,产品消耗作业"。在作业成本法下,我们应该按照资源动因将一定期间内耗用的资源分配至各个作业中心,识别出每个作业中心的成本动因,然后按照各个作业中心单一的作业动因将作业分配至相应的成本对象。作业成本法下的成本分配经过两个步骤:

第一步,将资源分至作业。我们应该重新划分产品的成本项目,直接材料和直接人工不变,将制造费用按照产品生产的作业划分。

第二步,将作业分至成本对象。作业动因反映了产品消耗作业的情况,确定了作业动因后即可计算出各个作业中心的成本分配率。根据各个作业中心的成本分配率和作业成本动因量,确定各个成本对象所应分摊的作业中心成本。

此外,作业成本法能否实施成功取决于两个关键点:一是资源及资源动因的选择;二是作业及作业动因的选择。

首先,资源及资源动因的选择。M整车厂的资源包括管理人员、生产人员、车间厂房、生产设备、劳动保护品(安全帽、防护手套等)、辅助材料(电泳作业所需的槽液、打磨作业所需的摩擦介质、机器设备润滑油、催化剂等)、燃料动力(水、电、油)、仓库等。结合M整车厂的实际情况,表4列示了部分典型的资源及资源动因。

表4 典型的资源及资源动因

资源	资源动因
辅助材料	用料量
燃料动力	机器小时
模具、吊具	机器小时
厂房	占地面积
运输设备	运输路程
修理设备	机器小时

其次,作业及作业动因的选择。作业动因是将作业成本库的成本分配到产品的标准,可分为单位水平作业、批量水平作业、产品水平作业和能力水平作业四类。结合 M 整车厂的实际情况,表 5 列示了一些常见的作业及作业动因。

表 5　常见的作业及作业动因

种类	车间	代表性作业	作业动因
单位水平作业	车厢部	滚压(落料、冲孔、修边、分离、拉延、翻边、整形、弯曲)	机器小时
		装焊(铆接、焊接、拼焊、翻转、上料、骨架装配、侧移)	机器小时
		装焊(点焊)	点焊次数
		涂装(打磨、涂密封胶)	机器小时
		涂装(抛光打蜡、喷车涂底料、涂保护蜡)	用料量
	车身部	焊装	机器小时
		调整	机器小时
	车架部	铆接(纵梁焊接、总成焊接、纵梁过孔、铆接、总成校正)	机器小时
		电泳(前处理、电泳、烘干)	机器小时
	油漆部	打胶、打磨、烘干	机器小时
		喷涂、注蜡	用料量
		精饰	被涂物表面积
	总装部	内饰、底盘	机器小时
批量水平作业		机器准备	准备小时
		整车检验线检查	人工工时
		处理订单	订单数量
		清洗喷枪	清洗次数
		运输	运输路程
产品水平作业		产品设计	产品种类
		零部件管理	零部件数量
能力水平作业		照明	场地面积
		会计和人力资源管理	产品价值
		机器设备管理	机器小时
		厂房维修	机器小时
		折旧	机器小时

3. 工厂费用分摊规则

工厂的商用车生产包含五大业务,各业务产品的差异较大。目前,M 整车厂对制造费用的分配主要采用传统成本核算方法,先按五大生产车间归集制造费用,再选择单一的分配基础(即人工工时)计算制造费用分配率,将制造费用分配到产品线,最后分摊至单位产品。然而,该方法不能体现各车间生产工艺的区别。从案例材料可知,M 整车厂五大车间的生产工艺差异很大,即使是同一车间内部的生产线之间的工艺差异也很大。此外,M 整车厂是多品牌混线或多线柔性化的生产组织方式,在生产作业流程中呈现出产品品种多样化、生产作业标准化、产品生产柔性化等特点,间接费用在生产成本中的占比逐渐加大,使用传统成本核算方法的弊端也更加凸显。

为了更加合理地分摊费用,M 整车厂可以考虑采用作业成本法进行制造费用的分配。由于处于不同产品线的产品在不同的生产工艺流程中消耗着不等量的作业和不同质的资源,为了正确计算出多种产品成本,就必须追溯到成本发生的根源——作业。因此,基于作业链并按照作业耗用量分配生产费用,更接近成本的实质,增强产品成本核算的准确性。相对于传统成本法,产品生产工艺区别越大,作业成本法就越能体现出优势。另外,当制造费用在产品成本中占比较大时,采用作业成本法能够更准确、更科学地计算产品成本。

4. 建立商用车、乘用车双轨制下的多业务核算管理体系

M 整车厂主要承接商用车和乘用车两大战略业务的生产,各业务产品的差异较大。同时,考虑到 M 整车厂是多品牌混线或多线柔性化生产组织方式,在生产作业流程中呈现出产品品种多样化、生产作业标准化、产品生产柔性化等特点,建议采用作业成本法,将生产制造部门的间接成本通过作业分摊到各产品线。

5. 建立一套有效的、以财务指标为导向的绩效管理体系

由于 M 整车厂是一个成本中心,控制成本是内部管理工作的重点,这要求企业强化对成本发生责任组织的控制,以业绩考核为手段降低成本和费用。结合作业成本管理体系和企业的生产特点,M 整车厂可考虑以作业成本差异为基础建立绩效考核体系。

首先,将指标落实到部门。我们将 M 整车厂所有部门分为采购类部门、生产类部门和管理类部门,根据部门特点分别设计考核指标,划分各部门的责任成本。与产品成本相关的业务活动有采购、生产制造以及相关的管理活动,涉及三个大类的部门,分别是采购类部门、生产类部门和管理类部门,根据各部门业务活动特点分别设计业绩评价指标(见表6)。

表6 各部门业绩评价指标

部门类别			业绩评价指标
采购类部门			材料采购价差 原材料质量 到货及时性
生产类部门	基本生产部门	车厢部 车身部 车架部 涂装部 总装部	完工率=(实际产量+调整数)/计划产量 停工损失 废品损失
	辅助生产部门		辅助材料浪费率
管理类部门	财务部门		管理费用差异率
	行政部门		

其次,通过作业追溯到个人。我们对部门发生的作业设计了非增值作业实际成本、增值作业量差和增值作业价差三个考核指标,通过作业追溯到作业操作者(自动化作业则为机器的操作者),从而将指标落实到个人。通过建立作业成本体系,我们已经将M整车厂的各项业务细化到每个作业,针对这些作业中的增值作业与非增值作业设计具体的财务指标,将财务指标的实际值与预算值进行比较分析,从而达到成本控制的目的。不同于传统成本中心的业绩评价体系,在作业层面进行的成本控制有利于追本溯源,找到成本变动的源头,进行精细化的成本分析。针对作业的业绩评价,我们设计的业绩评价指标可从非增值作业实际成本、增值作业量差、增值作业价差三个维度分析无效作业成本,将指标落实到个人,从而激发每个人向着缩减成本的方向不断努力。在这里,我们所采用的员工业绩考核办法为目标管理法。目标管理法是运用具体的财务指标对员工业绩进行考核,这些指标是成功开展工作的关键,其完成情况可以作

为评价员工业绩的依据。各相关部门应将目标分配到每个人,督促每个人落实任务,以形成整体的合力。

三、教学安排

(一)课时分配

1. 课前自行阅读资料。

2. 课前小组讨论并提交分析报告提纲。

3. 课堂上小组代表发言,每组 10 分钟,点评 5 分钟,总时间控制在 1 小时内。

4. 课堂讨论与总结:授课教师点评,约 0.5 小时。

(二)讨论方式

本案例可以采用行动学习法分小组讨论。

(三)课堂讨论与总结

课堂讨论与总结的关键是:归纳发言者的主要观点;重申重点、难点;建议学员进一步扩展和深入分析素材。

经济转轨环境下移动通信终端设备分销企业：TY公司的全面预算管理

孙丽虹

专业领域/方向：管理会计

适用课程：高级管理会计理论与实务

教学目标：在新常态经济形势下，企业经营风险日益加大、市场变化多端、经济利益驱使的过度竞争，使得企业的利润空间日益缩小甚至亏损，这是当前许多企业面临的问题。当企业内外部经济环境的变化不确定时，为了使全面预算管理真正做到防患于未然，达到进可攻退可守，就有必要随之动态调整企业财务预算管理观念，"变"和"快"的预算新理念应运而生。其中，"变"是指越来越多的企业没有稳定的预算管理模式，在应对新经济形势时，基本上要不断转变预算管理的思维模式；"快"是指市场变化快要求企业应对得快，在又变又快的过程中，企业必须不断地翻新预算管理思路，不断修正每个时间点的预算重点和难点。

知识点：战略决策会计　全面预算管理　成本管理控制

关键词：经营风险　预算管理　战略目标

摘　要：以TY公司为例，研究移动通信终端设备分销企业预算管理的现状及存在的问题，并结合企业特点及特有风险，探讨如何根据企业需求，设计适合移动通信终端设备行业特点的全面预算管理体系。本案例旨在帮助学员理解和掌握如何通过实施全面预算管理达到为企业提供战略决策信息，从而为经营决策提供信息支持的目的;使学员进一步理解预算管理是落实企业战略目标的有效手段之一,掌握预算管理具有的综合性、引导性、可塑性等特点,有效地促使企业规避经营风险所带来的经济后果。

移动通信终端设备一般是指能够在移动过程中使用的终端设备,广义上包括手机、笔记本电脑、平板电脑、POS(销售点终端)机等,狭义上指手机及平板电脑,本案例中的移动通信终端设备主要指手机等。随着手机使用量在我国的普及,手机从2000年开始进入一个快速发展的时期。TY公司凭借强大的渠道渗透力以及与运营商、厂商多年的合作关系,自2003年开始步入快速成长期,销售额逐年大幅度递增;但是业绩在2011年出现下滑,销量下降直至亏损。在各方的压力下,2013年TY公司首要任务是扭亏为盈,不断扩大市场份额,稳固行业地位。除了保证销售目标达成,库存周转、应收账款回收、成本费用控制也成为工作重点。基于必须采取措施"未雨绸缪",TY公司决定从2013年起实施全面预算管理,以期建立一套切实可行的全面预算管理体系,帮助企业达成战略目标、增强核心竞争力、提升管理能力、促进发展。虽然TY公司是在2013年年初决定建立全面预算管理体系,但真正开始实施是在2013年第四季度,目前只是初见成效,因此本案例的着眼点放在TY公司全面预算管理体系初步建设方面的讨论。

一、背景简介

(一)外部竞争日益激烈,移动通信终端设备分销企业进入微利时代

伴随科学技术日新月异的发展,分销企业面临的经营环境及产品均发生了巨大的改变。在各种渠道模式并存的现状中,企业若想赢得市场则必须在渠道管理上更多地投入、在价格上获得优势,这使得渠道中各环节的利润空间越来越小。为了获得厂家的资源产品及赢得客户,对上游厂家的采购款需及时付清,甚至需预付货款;对下游客户则需提供一定的信用额度,以促进销售,这使得分销企业的资金垫付压力增大。为了保证渠道"铺货"需求,分销企业必须拥

有一定的库存量,而对于部分省份运营商客户则采取代销模式,除了代销款回款期长,还面临退货风险,库存滞销风险较大。

通信技术从模拟信号时代步入 2G、3G 直至目前的 4G 时代,手机产品的更新换代步伐愈发加快,基于传统技术的产品滞销风险加大。互联网的发展,也使得传统的分销渠道遭遇电子商务渠道的巨大挑战。在网络时代,产品信息、价格变得更加透明,消费者足不出户即可挑选商品,优良的供应链条也可以将手机等产品及时送达消费者手中,购买渠道、购买方式极其便利,终端零售店优势不再。在种种挤压之下,分销企业的优势不再,分销行业进入微利时代。

(二) 2011 年后出现的亏损,使得 2013 年 TY 公司急需全面预算管理

现代企业管理思想在我国发展较晚,大部分企业认为预算管理只是财务预算管理,与企业整体经营管理活动无关,对全面预算管理重视不够。TY 公司作为各品牌厂家的全国性平台,将产品分销至社会渠道和运营商渠道。其中,社会渠道客户包含大客户、重点客户、小型连锁卖场等,将产品销售到最终消费者手中。TY 公司是移动、电信、联通等运营商的全国性或区域性平台,除了作为供货平台(含政企用户产品供货)及增值产品整合等产品合作,还有业务合作及运营合作,包含资金、物流平台、零售服务平台(如自营厅、合作厅、他营厅)、售后服务平台、战略合作、虚拟业务运营等,所获收入体现为佣金、服务费、话费分成等。TY 公司与运营商的合作内容如图 1 所示。

图 1 TY 公司与运营商的合作内容

在手机分销业务上,由于实施了多品牌战略和渠道全面下沉直供零售商的

渠道战略,凭借强大的渠道渗透力以及与运营商、厂商多年的合作关系,TY公司从2003年以后步入快速成长期,但是2008年、2009年在销售数量和销售金额上都没有取得更大的突破,并且开始面临亏损。2011年,TY公司业绩开始急转直下,销量下降,直至亏损。TY公司2001—2012年销售如图2所示。

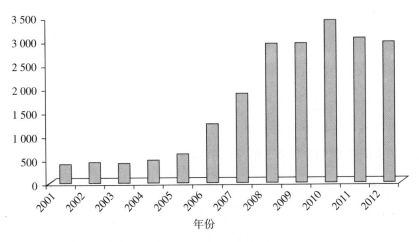

图2 TY公司销售趋势

TY公司出现亏损的原因主要有:运营商自建渠道、电商渠道兴起,使得渠道更加扁平化,手机价格下降,分销企业进入微利时代;手机更新换代频率加快,滞销风险增大,库存成本增加;库存周转、应收账款回收天数增加,导致资金成本上升;人员工资、房租水电等上涨,导致运营成本增加。

对此必须采取措施"防患于未然"。TY公司认为,贯穿企业经营始终的全面预算可以成为达成各细分经营目标的重要工具,在规避企业经营风险上发挥巨大作用。2013年年初,TY公司总部实施全面预算管理,一方面可以合理配置资源以达成企业经营目标,另一方面可以作为风险控制手段,有力防范企业面临的经营及财务等各项风险,帮助企业实现管理控制目的。

二、案例概况

(一)TY公司概况

TY公司于1996年12月在深圳成立,是目前中国最大的移动电话综合服务商,并朝着中国最卓越的移动互联网综合服务商迈进。公司拥有员工4 000余名,在国内设立了25家分公司、171个办事处、349个营销服务片区,直接覆盖并服务84 000多家零售店,打造了中国最大规模的集分销、零售、售后服务、移动互联网为一体的移动电话营销服务网络。TY公司与众多国内外厂商建立了战略合作伙伴关系,如苹果、三星、HTC、诺基亚、摩托罗拉、索尼、黑莓、联想、华为、中兴、酷派、天语、海信等,是中国移动、中国联通和中国电信的移动电话综合服务商。2012年实现营业收入302亿元;自2004年开始连续10年进入"中国企业500强";2013年,在"中国企业500强"中排名第324。

TY公司目前的组织架构如图3所示。TY公司通过遍布全国的25家分公司及下设的办事处、营销平台,将产品分销至各级代理商(见图4)。TY公司对分公司的管理采取高度集权的管理方式,如实行收支两条线以保证销售收入资金能够及时归集总部,并严控采购支出及日常费用支出,有效地防范了财务风险。

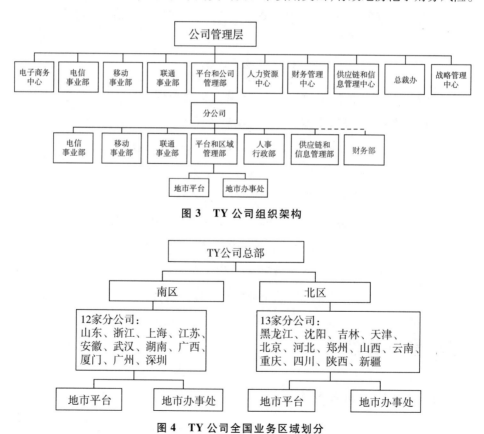

图3　TY公司组织架构

图4　TY公司全国业务区域划分

(二) TY 公司预算管理现状

TY 公司自成立初期即开始实施预算管理,但之前的预算管理模式并非完整的全面预算管理。在实施初期,由于产品单一、竞争压力不大,简单的预算管理模式对分解经营目标并根据目标配置资源起到一定的作用。随着外部竞争日益激烈、产品种类繁多及内部管理需求的变化,原来的预算管理不再适应公司业务的发展,产生的问题越来越多,最终对公司实现战略目标造成了障碍。

TY 公司原有预算编制内容主要包含运营费用报表和产品销售报表,并分别由总部财务部、事业部财务分别负责组织编制(见图 5 和图 6)。

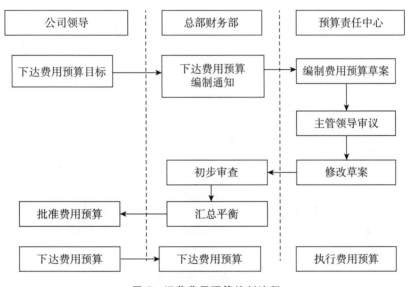

图 5 运营费用预算编制流程

原有预算编制流程如下:

(1) 总部财务部下达运营费用预算编制通知,总部事业部财务下达销售、采购等业务预算编制通知;

(2) 总部各部门、各分公司编制,上报至总部财务部及事业部财务;

(3) 总部财务部及事业部财务审核;

(4) 公司领导审批;

(5) 总部财务部、事业部财务将审批后的预算反馈、下达至各预算编制部门。

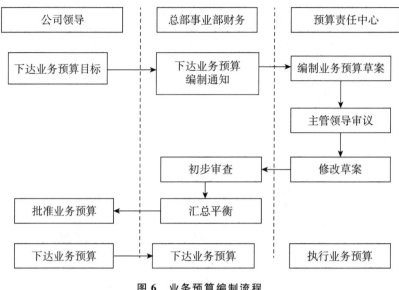

图 6 业务预算编制流程

(三) TY 公司原有预算编制存在的问题

TY 公司原有预算编制内容及流程主要存在的问题如图 7 所示。

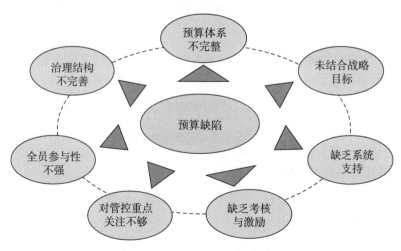

图 7 TY 公司原有预算体系的缺陷

1. 全面预算管理体系不系统、不完整

TY 公司原有预算管理仅包含业务预算中的销售预算、采购预算及运营费用预算,而且业务预算和费用预算分别由事业部财务及经营管理部财务单独编制,未成体系。TY公司对销售目标的分解达成及费用使用情况较为重视,但对资本支出、资产状况及现金收支的重视程度不够。一方面,这说明企业缺乏对整体资源的合理安排和规划;另一方面,这说明企业对一年以后的财务状况缺乏必要的分析与判断,长期发展规划意识不强。

2. 治理结构不完善

TY公司并没有设置专门的全面预算管理委员会,年度预算由CEO签署执行,季度预算则直接由预算辅助管理机构——财务管理中心签署执行,在预算的审批管理上不够规范,也充分反映公司领导层对预算的重视程度不够。作为职能部门的财务部,同时行使其他部门的职权,导致预算的合理性有所偏差,也缺乏与其他部门的必要沟通,难以充分发挥预算的管理作用。

3. 全员参与性不强

预算管理工作未引起员工的充分重视,大多数员工认为预算仅仅是财务部门的工作,并无参与的积极性。甚至在各部门、各分公司编制预算的过程中,直接由财务人员编制,也不经内部相关各部门讨论通过,没有发挥预算的沟通、协调作用,也容易造成预算数据与实际需求的差异较大。

4. 对若干项管控重点关注不够

诸如应收账款、库存管理、资金管理、财务费用支出等,都未通过预算做到事前的精细化管理。

5. 未与战略目标有效结合

TY公司原有预算模式中,预算并未充分考虑企业战略发展的需求,缺乏战略支撑;仅关注财务指标的达成,未考虑关乎企业长期发展的非财务性指标;忽视企业创新能力,仅关注短期经营能力。这样的预算模式使得企业不能根据战略目标有效配备资源,从长远看钳制了企业的发展。

6. 缺乏有效的考核与激励措施

传统业绩考评体系主要以财务数据和指标为考核重心,忽视财务因素之外(如业务流程、外部客户等方面)的影响,考核与奖惩措施效果不佳,严重影响企业战略目标的达成。这种局限性导致被考评人通过种种方式粉饰财务指标,以达成预算目标;预算执行的考核缺乏配套的奖惩措施予以辅助,很难达到必要的激励作用,往往导致考核工作的形式主义。

7. 缺乏系统支持

目前,预算编制工具主要为 Excel,无法进行复杂的预算编制工作,且预算方法较为简单,满足不了实际需求,造成预算数据与实际执行结果差异较大,预算编制及执行数据分析工作量较大。

鉴于原有预算管理体系存在的问题已经影响到企业日常管理及目标达成,调整预算体系已经成为当务之急。

(四)现有预算管理的实施状况

自 2013 年第四季度开始,新的预算管理体系开始在 TY 公司得到实施,达到预期效果。

1. 完善预算体系

在原先总部事业部主导编制的销售采购预算表及总部财务部主导编制运营费用预算表的基础上,增加人力预算表、资产投入预算表、资金需求预算表、财务费用预算专项表、预计利润表,形成较为完整的预算表格体系。各分公司能够作为单独的利润中心,通过预算编制明确自身的盈利目标,并从销售达成、成本控制等各方面综合考虑本单位目标,避免了原先分公司只关心自身销售额及销量,未考虑自身盈利及资产投入、资金需求等情况。

2. 重点关注应收账款、库存管理、资金需求、财务费用等

从预算层面进行事前控制,控制目标达成,防范企业风险,减少了只顾销售、不顾回款,只顾采购、不顾资金占用的情况。

3. 提高全员参与性

原先的预算编制仅由各预算单位财务编制、总部财务审核,员工参与面非常小,也未发挥预算编制的沟通作用。TY 公司实施新的预算编制体系后,要求各预算编制单位、各部门上报预算需求,预算编制单位内部反复沟通后上报总部财务部,各管理部门审核预算项目的合理性,最后由总部财务部统一汇总、审核、平衡。这种方式使得各预算管理单位中各部门都参与到预算编制工作中,提高了全员参与性。

4. 提高数据共享性

转变以往预算执行数据只留在财务部的情况,由财务部将月度预算执行情

况反馈至各管理部门,一方面有利于各部门的目标考核,另一方面为审核下期预算提供了参照。

三、参考资料

本案例的关注点为 TY 公司全面预算管理体系的建设,与此有关的资料除案例正文所提供的背景资料外,还包括国资委 2009 年 10 月 12 日下发的《关于做好 2010 年度中央企业财务预算管理及报表编制工作的通知》,以及有关企业财务通则、有关公司法规等资料。本案例的遗憾在于:TY 公司在 2013 年年初决定实施全面预算管理,但 2013 年第四季度才开始具体实施,且是部分实施而不是全部实施,因此无法看到有关公司全面预算实施的整体效果,特别是全年完整的预算效果,也无法取得有关的预算数据。

我们还可以大致了解移动通信终端设备分销企业的营运模式及特点,以便更好地了解 TY 公司的预算特征。目前,手机市场存在的四种分销渠道模式及特点如下:

(1) 总代模式。这种模式下一般分为总代、省级代理、地市级代理、终端零售商四级。总代模式的优点是渠道广,资金占用少;缺点是层级太多,价格管控难度大,容易窜货,渠道成本高。

(2) 厂家直销模式。这种模式由厂家自建销售渠道、仓储物流及售后服务中心。优点是中间环节少,价格较易管控;缺点是对渠道投入较多,管理困难,资金占用量大。

(3) 大卖场连锁模式。厂家直接供货至连锁卖场。优点是中间环节少,具有平台及规模优势;缺点是与其他分销模式容易产生冲突。

(4) 运营商定制模式。随着 3G 时代的发展,运营商为了扩大用户群并提供专项服务,开始实行定制模式,将手机内置运营商服务后销售给消费者。优点是消费者能够享受到综合性服务,运营商也可以将产品打包向消费者推广;缺点是还需要做得更为专业化,提高售后服务水准。

从实际状况来看,普遍采用四种模式相结合的分销模式,但一个显著的特点是运营商定制模式占比有所增大,主要是考虑为消费者提供更为个性化的服务。因为生产者主要关注产品的研发、生产,并不直接面对消费者,移动通信终端设备分销企业在将移动通信终端产品(手机及其关联或附属产品)转移至客户手中时,承担了重要作用。在这一过程中,生产厂家的产品出售给分销商后,分销商获得产品所有权,使得分销商在客观上为生产厂家分担了经营风险。尤其是手机的品牌和款式众多,并且具有区别于其他产品的特征——生命周期短、利润时效性强、市场变化快等,极易形成库存滞销及资产跌价损失。国家政策明确规定,售后服务由销售商提供,因此分销企业在手机产品的售后服务上承担了重要职能。

分销企业的运营模式及其在分销过程中起到的作用,决定了分销企业的预算管理模式及预算管理的重要关注点。

四、讨论题

本案例的重点在于TY公司全面预算管理体系建设方面,结合有关行业资料和相关管理会计理论知识,思考以下问题:

1. 从本案例研究探讨经济转轨情境下企业实施全面预算管理的意义何在。

2. TY公司的全面预算体系设计是否合理?还有哪些方面需要加以改进?

3. 从目前看,TY公司实施预算管理还存在一个急需解决的问题——缺乏信息系统的支持。基于此,TY公司也在规划预算管理信息化系统,公司应如何组织信息管理软件的生成?是内部解决,还是外包解决?

4. 该公司的预算考评制度和考评指标是否合理?如何加以改进?

5. TY公司对全面预算管理的认识是否充分?如何更好地理解?

6. TY公司建立的预算表格是否科学合理?应该怎样完善它们?

7. TY公司的运营费用预算表是否达到成本控制的目的?

本案例的参考资料及其背景,在讲授有关知识点之后一次性发给学员。

案例使用说明

一、案例讨论的准备工作

为了有效实现本案例的教学目标,学员应该了解下列相关知识背景。

(一)理论背景

现代管理会计体系包含预测决策会计、规划控制会计和责任会计,而全面预算作为规划控制会计的核心,既是决策所定目标的综合表现,又是对决策所定目标在各责任会计之间的进一步分解、落实与贯彻实施。

现代管理会计紧密结合解析过去、控制现在、筹划未来三方面的职能并使之综合地发挥作用,形成一种综合性的职能。预算管理可以充分发挥管理会计的三大职能。

预算管理是连接管理会计体系各个板块的桥梁,其有效实施离不开管理会计思维、技术与方法的支持,而管理会计目标则依托预算管理和控制得以实现。

(二)行业背景

目前,国内主要移动通信终端设备分销企业主要有中国邮电器材、中国普天泰力、深圳爱施德、台湾联强国际、北京派普等,以及具有运营商背景的中国电信天翼终端公司、中国联通华盛等。从渠道建设、市场推广能力及资金提供能力来看,TY公司综合能力最优,处于行业领先地位。TY公司不仅是各大生产厂商的全国总代,还扮演着运营商区域代理的角色,同时又与各大运营商子公司存在竞争关系,运营模式逐渐呈复杂化。移动通信终端设备分销企业具有渠道竞争加剧、利润空间缩减、资金垫付增大、库存压力较大等特点,技术的发展给手机分销行业既带来了机会也带来了风险。

作为全国总代理商,TY公司的渠道运作模式如图8所示。

TY公司分销产品主要为移动通信终端产品——手机,产品主要特点为生命周期短、利润时效性强,并且由于存货备货量高及给予下游分销企业、零售终端及运营商一定时间的销售回款信用期,资金占用量较大。因此,TY公司面临销售压力、库存、资金等各方面的风险。随着通信行业的发展,TY公司不断创新业务模式,发挥自身行业经验和资源优势,为各厂家、运营商提供全面的服务。

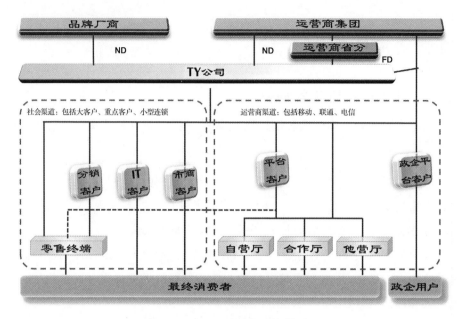

图 8　TY 公司渠道运作模式

（三）制度背景

国资委 2009 年 10 月 12 日下发的《关于做好 2010 年度中央企业财务预算管理及报表编制工作的通知》明确要求,"2010 年,各中央企业预算管理要继续持'现金为王'的理念,以现金流量管理为核心,细化资金预算安排,高效配置企业财务资源"。国资委明确指出,国有及国有控股的大中型企业要建立全面预算管理制度,以现金流量为重点,对生产经营各环节实施预算编制、执行、分析和考核,同时将成本费用预算控制作为重中之重,成本费用预算安排要继续实行从紧政策,继续压缩可控费用预算。

二、案例分析要点

（一）学员应识别的关键问题

本案例要求学员识别的主要知识点包括:第一,全面预算管理应树立战略导向理念,以战略目标为导向,对企业资源进行全面整合和优化,从而提升企业的核心竞争力和价值,落实管理会计目标,继而实现企业战略目标;第二,全面预算管理编制方法。

（二）解决问题的可选择方案及评价

基于前面对TY公司原有预算管理状况和存在问题的分析,TY公司总部认为应改革预算管理体系,决定自2013年起实施全面预算管理,并将预算管理体系以制度的形式确定下来,包括预算管理组织机构的确定,预算编制流程的安排,预算编制方法、全面预算调整机制、全面预算考核指标、全面预算考评制度的制定等。

1. 预算管理组织机构

预算管理组织机构主要组成部分有：预算管理委员会、预算管理办公室及预算管理执行主体。预算管理委员会负责预算的最终审定,是全面预算的最高权力机构,在全面预算管理组织体系中处于核心地位,TY公司预算管理委员会由总经理及各部门负责人组成。预算管理办公室的主要职责为负责处理与预算相关的日常性管理事务,直接隶属于预算管理委员会,负责日常预算相关工作,在TY公司由总部财务部承担。预算管理执行主体则由总部各部门及各分公司组成。

2. 预算编制流程

TY公司机构的设置特点是高度集权,公司各层级部门置于公司领导层的领导之下,权力较为集中；总部外的各分公司,除完成总部下达的销售任务外,仍拥有部分产品自采权,因此较为适合上下结合的预算编制流程。这种编制流程既能够充分考虑企业经营目标,最大限度地兼顾企业战略发展的需要,又能充分发挥预算单位的积极性,具体流程如图9所示。

（1）预算管理部预测下一年度预算目标,提交预算管理委员会及董事会审批。

（2）预算管理部将董事会审批后的预算目标分解并下达至各预算责任中心,并发布预算编制通知。

（3）各预算责任中心按照预算编制通知要求以及总部下达的年度目标,根据自身经营计划编制预算,并将目标继续分解至二级部门甚至更小单位；预算编制完毕,责任中心主管领导审议后递交预算管理部审核。

（4）预算管理部收到各预算编制部门编制的预算,与具体管理部门共同审核预算的合理性,并根据总体年度目标汇总平衡各预算项目,同时与预算责任

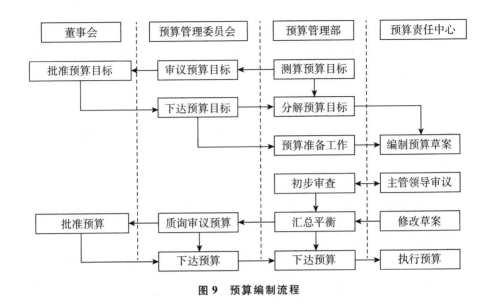

图 9 预算编制流程

中心沟通,如有必要,则预算责任中心修改预算草案。

(5)经预算管理部及相关管理部门共同审核平衡的预算,交预算管理委员会审议后交董事会审批。

(6)经董事会审批后的预算目标,逐级下达至预算责任中心,作为预算执行依据。

3. 预算编制方法

TY 公司的分销业务流程较为单纯,一般根据上一年度目标完成情况及预算年度市场趋势确定年度目标,基本无其他资本投资项目,根据当年具体需求投入资产,管理费用大都有明确标准(如办公费、通信费都有人均标准),业务费根据销售额计提;无标准的根据年度经营目标及实际需求填报,TY 公司在预算编制期间编制年度预算,每季度之前根据年度已执行情况及年度目标编制季度预算。因此,根据 TY 公司实际经营情况及各种预算编制方法特点,确定 TY 公司的预算编制方法为:固定预算与弹性预算相结合、零基预算与增量预算相结合、定期预算与滚动预算相结合、定值预算等。

4. 全面预算调整机制

经过审批的预算,原则上不能随意调整,但是若各项外部环境(如政策法规)、市场环境或者内部因素(如组织架构)等发生重大变化,则原有的预算基础不再存在,预算也就无法继续执行,必须进行预算调整。针对预算的调整,公司必须建立相关的制度,严格审批。

(1) 严格界定预算调整范围。调整预算的前提必须是已批准的预算方案无法执行,通常是因为发生了预算单位无法预料的重大事件。例如,由于政策法规变化,导致市场发生重大变化;由于公司组织结构突然调整,导致部门增减及部门职能发生变化等。以下两种情况不应调整预算:一是预算单位应当合理预计到但因预算单位未尽职而未能预计到的;二是虽然无法预计到但不影响经营目标实现的。

(2) 严格遵循预算调整流程。预算管理制度应当明确预算调整流程,以避免预算调整的随意性与盲目性。预算调整需求由预算编制单位提出书面申请,预算管理机构协调相关部门审核,对预算调整申请提出审核意见并最终审查。若预算调整申请经预算管理机构审查同意,则经财务部门调整后,将审批结果下达至预算单位,同时调整公司整体预算。

5. 全面预算考核指标

预算的全面分解落实,必须依靠科学的考核体系。TY公司全面预算考评程序设计如下:

(1) 资料收集。预算考评资料包括内部资料和外部资料。内部资料来自企业内部,主要是预算及执行相关数据,以及影响执行的相关资料;外部资料主要是外部因素变动信息和相应外部市场等对预算执行结果产生影响的有关可比信息,以寻求差异原因。

(2) 比较预算与实际执行情况,确定预算执行差异,并按有利差异和不利差异分别分析;要求分公司每月提交费用快报,并注明费用执行差异,总部财务部分析公司整体费用支出的增减额及升降率,总部各事业部对各分公司的整体销售及毛利完成情况进行差异分析。销售考核则考虑财务指标和非财务指标两方面。财务指标如销售收入达成率、销售收入增长率,非财务指标如市场占有率、门店达成率等。费用考核目标采用财务指标,如费用执行率;毛利目标采用财务指标,毛利 = 不含税销售收入 − 销售费用 − 市场费用。

6. 全面预算考评制度

全面预算管理的最终环节为考核评价。考核评价是预算管理的重要环节,兼具激励和约束作用,完善企业内部控制体系必须依靠科学合理、奖惩分明的考核制度。年终业绩考核与预算目标严格挂钩。

对于考核年薪制度,公司员工年薪工资的一定比率按月度发放;一定比率在年终按业绩完成及考核情况发放。其中,各级别员工比率不一致,级别越高、对目标结果影响越大的人员,年终发放年薪比率越高。

个人年终奖与公司整体目标达成、部门目标达成及个人目标达成密切相关。

个人年终奖 = 年终奖基数 × 个人绩效系数 × 组织绩效系数

其中,组织绩效系数 = 公司经营系数 × 权重 + 部门绩效系数 × 权重;根据不同岗位的贡献价值,权重大小不同,最低可为0。

对各利润中心(如事业部、分公司),主要考核指标为销售、毛利完成情况;对各费用成本中心(如各职能部门),主要考核指标为费用实际执行与目标值的差异;对个人的考核则包含业绩完成情况及其他(如个人能力、价值观等)综合性因素。

通过上述科学的考核体系,将目标达成与个人绩效紧密结合,奖惩有理有据,保证了员工完成公司目标的积极性与主动性,保证了全面预算得到很好的执行。

自2013年第四季度开始,新的预算管理体系已经在TY公司得到部分实施,还没有全面实施,但取得了一定的预期效果。

(1)完善了预算体系。在原先总部事业部主导编制销售采购预算表及总部财务部主导编制运营费用预算表的基础上,增加了人力预算表、资产投入预算表、资金需求预算表、财务费用预算专项表和预计利润表,形成了较为完整的预算表格体系。各分公司能够作为单独的利润中心,通过预算编制明确自身的盈利目标,并从销售达成、成本控制等各方面综合考虑本单位的目标,避免了原先分公司只关心自身销售额及销量情况而未考虑自身盈利及资产投入、资金需求等。

(2)重点关注应收账款、库存管理、资金需求、财务费用等,从预算层面进行事前控制,达成控制目标,防范企业风险,减少了只顾销售、不顾回款,只顾采购、不顾资金占用的情况。

(3)提高了全员参与性。原先的预算编制,仅由各预算单位财务编制、总部财务部审核,员工参与面非常小,也未发挥预算编制的沟通作用。实施新的预算编制体系后,要求各预算编制单位各部门上报预算需求,预算编制单位内部反复沟通后上报总部财务部,并由各管理部门审核预算项目的合理性,最后由总部财务部统一汇总、审核、平衡。此种方式使得各预算管理单位中各部门参与到预算编制工作中,提高了全员参与性。

(4)提高了数据共享性。转变以往预算执行数据只留在财务部的情况,由财务部将月度预算执行情况反馈至各管理部门,一方面有利于各部门的目标考核,另一方面也为审核下期预算提供参照。

7. 对TY公司实施全面预算管理的评价

自2013年第四季度开始,新的预算管理体系已经部分在TY公司得到实施,虽没有全面实施,但已经取得一定的预期效果。从实施情况来看,TY公司预算管理存在的主要问题在于缺乏信息系统支持。目前预算编制依赖表格,不能即时生成整体预算数据,调整、汇总数据烦琐且容易出错;而且Excel电子表格软件不能合理编制预计资产负债表等。针对上述问题,TY公司在规划预算管理信息化系统,将通过预算管理系统,整合公司各项数据库,为预算编制提供依据、即时取得预算执行结果,更好地进行预算过程控制,并有利于绩效考核与员工激励。因此,预算系统信息化必将更加有助于TY公司提升管理水平。

(三)推荐解决问题的方案

针对当前公司预算管理的现状,TY公司认为预算体系主要包括:销售、毛利预算表(见表1)、人力预算表(见表2)、采购预算表(见表3)、运营费用预算表(见表4)、资产投入预算表(见表5)、资金需求预算表(见表6)、财务费用预算专项表(见表7)、预计利润表(见表8)、预计资产负债表等。其中,通过销售、毛利预算表对应收账款予以重点关注,通过采购预算表对库存予以重点关注,通过资金需求预算表对资金链予以重点关注,通过运营费用预算表和财务费用预算专项表等对主要费用支出予以重点关注,预计经营成果最终体现在预计利润表和预计资产负债表中。

表 1　销售、毛利预算表　　　　　　　　　　　　　　　　单位:元

分公司		地市		预算期间						
(序号)预(结)算项目		公式	采购渠道							
			制式							
			类别							
			品牌							
			产品型号							
			销售渠道	运营商渠道		社会渠道		零售渠道	
			本月汇总	单台	总额	单台	总额	单台	总额
(1)指导大盘价			×	×		×		×	
(2)销量(台):NC			0.00	×		×		×	
(3)合约			0.00	×		×		×	
(4)销售额(元):NC			0.00		0.00		0.00		0.00
(5)合约			0.00		0.00		0.00		0.00
(6)减:采购成本			0.00	0.00	0.00	0.00	0.00	0.00	0.00
(7)加:供应商返利			0.00		0.00		0.00		0.00
(8)进销差价		(8)=(4)-(6)+(7)	0.00	0.00	0.00	0.00	0.00	0.00	0.00
(9)减:销售费用		(9)=(10)+(14)+(15)	0.00	0.00	0.00	0.00	0.00	0.00	0.00
(10)1.销售奖励		(10)=(11)+(12)+(13)	0.00		0.00		0.00		0.00
(11)其中:A.			0.00		0.00		0.00		0.00
(12)　　B.			0.00		0.00		0.00		0.00
(13)　　C.			0.00		0.00		0.00		0.00
(14)2.价保计提			0.00		0.00		0.00		0.00
(15)3.其他			0.00		0.00		0.00		0.00
(16)减:市场费用		(16)=(17)+(18)+(19)	0.00	0.00	0.00	0.00	0.00	0.00	0.00
(17)1.订货会			0.00		0.00		0.00		0.00
(18)2.			0.00		0.00		0.00		0.00
(19)3.其他			0.00		0.00		0.00		0.00

(续表)

分公司	地市	预算期间						
(序号)预(结)算项目	公式	销售渠道	运营商渠道		社会渠道		零售渠道	
		本月汇总	单台	总额	单台	总额	单台	总额
(20)减:资金成本		0.00	0.00	0.00	0.00	0.00	0.00	0.00
(21)减:增值税	$(21)=\dfrac{(8)-(9)}{1.17\times 0.17}$	0.00	0.00	0.00	0.00	0.00	0.00	0.00
(22)产品毛利	(22)=(8)-(9)-(16)-(20)-(21)	0.00	0.00	0.00	0.00	0.00	0.00	0.00
(23)佣金净收入:	(23)=(24)-(25)	0.00	0.00	0.00	0.00	0.00	0.00	0.00
(24)+佣金收入		0.00	0.00		0.00		0.00	
(25)-佣金支出		0.00	0.00		0.00		0.00	
(26)服务费		0.00	0.00		0.00		0.00	
(27)话费分成		0.00	0.00		0.00		0.00	
(28)减:税金		0.00	0.00		0.00		0.00	
(29)其他业务毛利:	(29)=(23)+(26)+(27)-(28)	0.00	0.00	0.00	0.00	0.00	0.00	0.00
(30)边际毛利	(30)=(22)+(29)	0.00	0.00	0.00	0.00	0.00	0.00	0.00
(31)减:运营费用	(31)=(32)+(33)+(34)		×		×		×	
(32)税前利润	(32)=(30)-(31)	0.00						
(33)应收账款回款率								
(34)应收账款回款金额								

编制说明

(1)此表显示具体某品牌某型号产品预算状况,包含销售收入、采购成本、销售费用、市场费用、佣金收入等。

(2)采购渠道分为:国代(全国代理)、自采(分公司自行省内代理)。

(3)制式:电信、移动、联通。

(4)分公司将目标分解到各地市平台填写后,分公司汇总统一提交总部审批。

通过销售、毛利预算表，将目标销售收入、毛利分解到具体型号及单位，利于明确各单位目标，增强执行可行性，最终可据此考核单位目标达成情况，有利于促使各单位及员工发挥积极性、实现销售目标。同时，本表对应收账款予以特别关注，能够分解应收账款的回款目标，降低回款风险。

表 2　人力预算表

序号	部门	编制人数	人力成本支出				
			工资	奖金	员工保险	住房公积金	福利费
1							
2							
3							
…							
合计							

编制说明

（1）此表由人力资源部门负责编制，根据公司年度经营目标确定人力编制，并最终预计人力成本支出。

（2）人力成本支出是 TY 公司费用支出比重较大部分，在 2013 年年度运营费用支出中约占 43%，人力成本支出对公司能否实现盈利目标起到了重要作用。因此，各相关预算部门必须根据公司的年度经营目标，做好人力编制计划，杜绝人员冗余。

表 3　采购预算表

分公司	预算期间				月初预计	采购计划			销售计划			期末库存计划		期末库存状况
	地市	产品	采购渠道	制式	销售渠道	库存量台	采购量台	采购单价(元)	采购额(元)	销售量台	销售额(元)	库存量台	库存额(元)	DOS(天)	警示级别5级

编制说明

（1）此表为各具体型号产品采购量及采购金额预算表。

（2）此表由分公司将目标分解到各地市平台填写后，分公司汇总统一提交总部审批。

采购预算表编制原则为：以销定采，并且显示月末库存状况，严格控制库存，避免因盲目采购而形成滞销及资产跌价损失。由于移动通信终端设备属于快销产品，产品推陈出新较快、市场变化迅速，库存状况成为日常管理的重点。除了在预算中显示库存状况，在日常上报采购申请时，也必须提报库存状况，以确定是否采购及采购数量。

表 4　运营费用预算表

费用类别	费用项目	序号	1	2	3	4
人力成本	工资	1				
	奖金	2				
	福利费	3				
	员工保险	4				
	住房公积金	5				
招聘培训	招聘费	6				
	培训费	7				
办公行政	办公费	8				
	修理费	9				
	邮寄费	10				
	折旧费	11				
	摊销费	12				
	低值易耗品	13				
	会务费	14				
	咨询费	15				
业务应酬	业务费	16				
通信费用	通信费	17				

(续表)

费用类别	费用项目	序号	1	2	3	4
租赁管理	租赁费	18				
	水电物管费	19				
差旅交通	差旅费	20				
	交通费	21				
	车辆费	22				
其他费用	工会经费	23				
	财产保险	24				
	财产损溢	25				
	审计费	26				
	行政事业费	27				
	税金	28				
	其他	29				
仓储运输	仓储费	30				
	运输费	31				
财务费用	财务费用	32				
总计		33				

编制说明

（1）运营费用预算表显示各预算单位维持日常运营必需的各项费用。

（2）运营费用预算表由各预算编制部门分别填报，汇总后报总部财务部审核。

运营费用预算表后附10余张附表，显示各项费用支出的编制依据及原因，此处不再详列。TY公司对运营费用管理较为严格，对多项支出均按标准核定。例如，不同地区分公司按人数×人均差旅费标准核定差旅费支出；业务费按销售额一定比例计提，并对用途做了详细约定；办公费按人均月度标准核定等。标准是根据以往数据及实际情况进行测算，对TY公司的费用控制起到较大的作用。

表 5　资产投入预算表

资产投入类别	资产分类	名称	数量	金额	新添/置换
	办公设备				
	运输设备				
	房屋及建筑物				
	其他设备				
	资产投入小计		0	0	

编制说明

固定资产投入预算表，由各需求单位填报后，汇总上报总部财务部。其中，新添资产必须有理由说明，由人数决定配置数量的固定资产必须有人员编制计划；置换资产必须有原资产报废计划。此表也是运营费用预算表中折旧费用计算的依据。

表 6　资金需求预算表

项目	内容	金额	备注
一、主要指标	销售目标		公司经营目标
	存货周转天数		
二、资金分布	存货占用资金		毛利率测算
	应收账款占用资金		含移动
	固定资产占用资金		
	其他资金		
	关联公司占用资金		
	在途资金及票据		
	库存现金		
	保证金占用资金		
	资金占用合计		
三、自有资金	自有资金		
四、融资需求	资金需求		资金占用——自有资金

编制说明

资金需求预算表由总部财务部二级部门——资金管理部负责编制。资金管理是TY公司费用管理的重要事项,作为上下游厂家及客户的资金平台,资金链的健康与否关系到企业的生存。2013年,TY公司财务费用支出2.2亿元,占运营费用支出的25%,对企业能否完成盈利目标起到重要作用。资金需求预算表主要根据公司销售目标、存货状况、应收账款回收情况及其他各种占用资金支出等因素,匡算所需的融资规模,并据此核算财务费用预算金额。

表7 财务费用预算专项表

项目		2014年预计费用率		预计费用金额					备注
		最高	最低	预计月均融资或开票额	平均持有天数	月均资金占用	费用率(%)	利息或手续费	
资金需求和利息	应付贴现票据								
	不贴现票据								
	短期融资券								
	流动贷款(含房屋抵押贷款)								
	利息收入								
	小计								
开票和手续费	发行债券费用								
	月度开票费用								
	资产占用费、购买票据及汇款手续费								
	应收票据贴现								
	小计								
	财务费用合计								

表 8　预计利润表

项目	总计	1	2	3	4
销售收入					
销售成本					
销售费用					
运营费用					
财务费用					
主营业务利润					
所得税税率					
所得税金额					
主营业务净利润					

编制说明

本表由各分公司及总部财务部根据前述各表分别填报,最终由财务审核汇总。预计利润表体现了各个利润中心及公司整体预计盈利状况,是公司经营目标的综合体现。

预计资产负债表

预计资产负债表采取与资产负债表决算报表同样格式,各数据根据上期期末数据,结合以上各预算数据计算、分析填列。篇幅所限,此处不再详述。

通过上述预算表格,TY公司预算编制体系得以搭建起来,有效促进了各部门的沟通,相关表格的编制对应收账款、库存管理、资金链管理及费用控制工作进行了明确、详细的分解,为达成公司目标、降低经营风险提供了重要保证。

在后续的预算执行管理上,针对各预算单位给出月度分析报告,分析预算执行差异原因等,并在年度结束时根据各预算项目及考核指标进行考核,最终将预算执行情况与公司、部门及个人绩效挂钩,增强了预算执行力度。

三、教学安排

(一)课时分配

1. 课后自行阅读案例有关资料,并请学员尽可能收集有关实施全面预算先进管理企业的资料并进行对比研究:约2—4小时。

2. 课上首先针对案例提出有关的问题,然后分组讨论并提交小组结论:约3

小时。每个小组最好应收集到其他企业资料,在研究本案例的基础上,可以再看看其他企业的做法有什么可以值得借鉴的,建议学员对案例素材进行拓展学习和深入分析。

3. 课堂上小组代表发言,进一步讨论并总结:2小时。

(二)讨论方式

本案例可以采用小组形式进行讨论。

(三)课堂讨论与总结

课堂讨论与总结的关键是:首先,让学员总结当前我国经济转轨情境下企业面临的经营风险挑战有哪些;其次,通过本案例的讨论,让学员加深理解管理会计可以为企业战略规划提供哪些信息支持;最后,就企业如何运用管理会计工具指导社会实践进而发挥管理会计的巨大潜力进行深入的讨论。

变还是不变？Y 证券战略绩效评价系统的演进[①]

孙 健

专业领域/方向：管理会计

适用课程：高级管理会计理论与实务、高级财务管理理论与实务

教学目标：本案例旨在引导学员关注公司战略与绩效评价系统之间的协同关系，理解战略绩效评价系统在公司管控中的重要作用。一方面，学员可以学习和分析经营环境对战略制定的影响、战略与绩效评价系统的协同关系、关键绩效指标和平衡计分卡等绩效评价工具的设计应用；另一方面，学员可以深入分析战略绩效评价系统的关键成功因素，以及对公司内部各单位的影响。

知识点：战略绩效评价系统　关键绩效指标　平衡计分卡　对标考核

关键词：战略绩效评价系统　平衡计分卡　协同　演进

摘　要：战略绩效评价系统是公司战略落地的保障，是公司管理控制体系的重要组成部分，战略与绩效评价系统的协同也是管理会计教学的重点内容之一。与一般案例介绍既定战略下绩效评价系统如何设计不同，本案例从 Y 证券公司 2011—2014 年战略绩效评价系统的演进过程入手，使学员系统地了解经营环境的变化如何影响公司战略，公司战略又如何影响绩效评价系统的设计；全面掌握关键绩效评价指标（KPI）、平衡计分卡（BSC）等重要管理会计工具的

[①] 本案例是作者根据 Y 证券的调研资料整理而成。根据 Y 证券的要求，作者隐去公司名称，案例中所有涉及公司内部考核数据经作者修改，但不影响本案例的使用。本案例中所有人物均系化名。

设计与应用;深入理解战略绩效评价系统对公司内部各单位的影响;引导学员总结战略绩效评价系统的关键成功因素。

"SAP 的绩效考核模块终于上线了,可以轻松一阵了。"集团财务部经理王总长舒了一口气,在座位上伸了个懒腰,"可以请个年假,带老婆孩子出去一趟。这几年太忙,有点对不住她们。去哪儿呢?"就在王总憧憬着美好的假期时,急促刺耳的电话铃声突然响起。"老王,来我办公室一趟……对,现在。"不由分说,对方挂了电话。什么情况,王总心里嘀咕着,电话是公司董事长兼总经理郝总打来的,命令式的口吻让王总觉得肯定有重要的事情。于是,拿起记事本,王总前往郝总位于公司大楼 18 层的办公室。

在郝总办公室,王总还见到公司战略管理部的金总。见人已到齐,郝总开门见山:"我们去年已经成功上市,也根据董事会的要求开始关注 ROE(净资产收益率)。董事会确定今年的战略主题是'转型突破',希望能在一两个业务上有所突破。请两位来,是希望你们调整或重新设计公司的绩效评价系统,以适应公司战略的变化。"

"郝总",金总推了推眼镜,"过去三年,公司的绩效评价系统每年都变化调整,下面各营业部已经反映无所适从了。尤其是去年推行的平衡计分卡,每个营业部的考核指标比以前翻了一倍,很多营业部负责人表示同时管理这么多目标有难度。如果今年再变,他们肯定接受不了。此外,公司的 SAP 绩效模块刚刚上线,此时如果立刻进行调整,恐怕难度有点大。"

"老王,你觉得呢?"郝总转向了王总,坚定的目光已经表明了他的立场。

"我觉得老金说的有道理,现在就改确实阻力很大。但是,绩效系统如果无法与战略关联,也就丧失其效用。所以,我觉得好好分析商量一下,要不要变?怎么变?"

"好",郝总点点头,"两位在公司干了很多年,对公司的发展变化也很清楚,我希望两位好好合作,在半个月内给我一个答案,要不要改?打算怎么改?"

王总和金总都听出郝总话里不容辩驳的意思,当下表示一定按时汇报。出了办公室,王总问道:"老金,公司调整战略了?你这个战略管理部的老大都不知道?"

"郝总的行事作风你又不是不知道,只要他觉得对的就可以。我们两人就好好想想怎么办吧。"金总无奈地瞅着王总。

"这下好了,本来计划的假期没有了。"王总有点黯然,"不过既然领导提要求了,我们也得拿出个周全的计划来。走,去你那儿聊聊。"

"变还是不变,头疼啊!"

一、案例背景

（一）Y 证券概况

Y 证券是一家全国性综合类证券公司,经营范围包括证券经纪,证券投资咨询,与证券交易、证券投资活动有关的财务顾问,证券承销与保荐,证券自营,融资融券,证券投资基金代销,为期货公司提供中间介绍业务,代销金融产品业务。

Y 证券的历史沿革如表 1 所示。

表 1 Y 证券历史沿革

年份	历史沿革
2000	Y 有限公司(Y 证券前身)成立,是合并诸多其他信托公司旗下证券业务部门而成立的国有独资证券公司
2005	成立 X 金融控股有限责任公司(简称"X"),并由 X 发起成立 Y 证券
2007	Y 证券正式成立;X 为控股股东,收购 Y 有限公司的证券经纪业务、投行业务及 Y 期货 49.99% 的股权
2008	Y 证券获得中国证监会批准,能够通过资产管理部门开展集合理财及定向理财业务
2009	Y 证券获中国证监会批准,作为试点证券公司开展直接投资业务;同年设立 Y 创新资本,专门进行直接投资业务
2011	Y 证券在香港设立全资子公司 Y 国际金融控股有限公司,开始拓展海外业务
2013	Y 证券上市,控股股东为 X

（二）Y 证券的市场地位与经营状况

自成立以来,Y 证券一直是我国最大的证券及期货经纪服务提供商之一,代理买卖证券业务净收入、股票和基金交易金额、客户托管证券市值、客户保证金余额和客户规模连续多年位居行业前列。根据中国证券业协会近年来颁布的《证券公司会员经营绩效排名情况》,Y 证券基本处于行业前十名。

目前,Y 证券拥有 3 家子公司,分别为 Y 期货、Y 创新资本和 Y 国际控股;拥有 29 家分公司,234 家证券营业部。证券营业部分布于全国 30 个省份,其中居前列的为浙江 35 家、广东 35 家、上海 24 家、北京 15 家、湖北 13 家、山西 13 家。

2010—2014 年 Y 证券各主要业务收入和财务指标如表 2 所示。

表 2　2010—2014 年 Y 证券的收入构成与主要财务指标　　　　单位:万元

项目	2014 年	2013 年	2012 年	2011 年	2010 年
收入:	1 296 964	840 337	592 401	639 787	842 595
其中:证券经纪业务	925 620	615 084	405 472	489 500	684 697
自营及其他证券交易服务	140 203	82 355	40 148	11 878	32 301
期货经纪	67 258	62 065	51 741	38 324	29 921
投资银行	101 558	41 123	68 461	68 245	74 010
资产管理业务	19 743	13 661	4 478	3 108	6 109
境外业务	25 551	15 012	3 349	434	
其他产品	9 406	10 079	16 714	25 678	13 886
私募股权投资	7 625	959	2 038	2 622	1 673
利润总额	500 329.9	289 301.8	188 631.3	226 097.8	389 062.7
ROE(%)	13.91	10.02	8.49	10.36	19.20

二、Y 证券的战略演进

2011—2013 年,Y 证券的战略先后经历了"争先进位""全业务平台""关注 ROE"的变化;2014 年,郝总又提出"转型突破"(见图 1)。

图 1　2011—2014 年 Y 证券的战略演变

(一)争先进位

伴随着 2011 年香港全资子公司 Y 国际的设立,Y 证券迈出拓展海外业务的第一步。这意味着经过2000—2011年十余年的发展,Y证券已经顺利度过初创阶段,正式进入业务发展的扩张阶段。此外,从2010年开始,Y证券的经纪业务开始受到其他证券公司的强劲挑战,经纪业务收入增速放缓,这对以经纪业务为支柱的Y证券产生重大的打击,也进一步促使Y证券高管思考公司未来的发展之路。到现在王总还记得,郝总第一次在公司部门经理会议上提"战略"二字就是在2010年10月。在那次会议上,郝总认为各营业部以前挣钱太容易了,导致其经营的主动性不强。面对其他公司的挑战,Y证券着手提高各营业部的危机感,并提出将"争先进位"作为本年的公司战略。也正是从那一次会议开始,郝总把建设战略绩效评价系统的工作交给财务部的王总和战略管理部的金总。

为了切实落实"争先进位"战略,王总和金总可没少花心思,结合公司实际,提出"基于分类管理的对标考核体系",在得到郝总首肯的前提下,开始在全公司推行。

1. 分类管理

2011年是Y证券实行战略绩效考核体系的第一年。本着因地制宜这一营业部分类绩效考核的第一要点,该年绩效考核体系主要建立在BEST分类绩效管理的基础上。公司将营业部划分为四类,分别为：B型(Brilliant),意为灿烂的、闪耀的;E型(Excellent),意为卓越的;S型(Smart),意为敏捷的、巧妙的;T型(Tomorrow),意为未来方向(见图2)。其中,B型和E型为收入份额导向型,S型为市场份额导向型,T型为利润导向型。

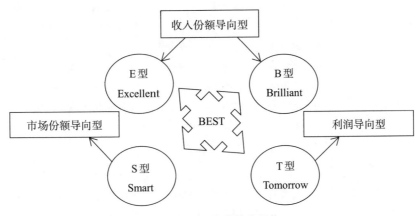

图2 BEST分类基本架构

在 BEST 分类的前提下,公司根据发展阶段和竞争激烈程度,基于各营业部所处的市场结构、发展阶段,进一步细分 E 型和 S 型营业部,进而确定其经营策略(见图3)。

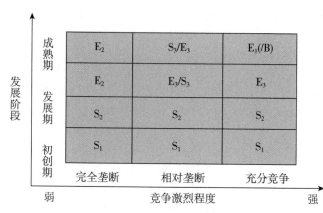

图3 市场结构、发展战略与经营策略

根据对营业部的划分,公司对不同类型的营业部进行了策略与目标定位(见表3)。

表3 基于分类管理的绩效考核策略与目标

营业部类型		特征	策略/目标
B 型 (收入份额导向型)		位于全国证券市场具有影响力的大中型城市,通过公司资源整合或者自身快速发展可以在三年内实现在当地有绝对影响力且能进入全国前100名的营业部	公司将在客户资源、人力资源、广告投放等方面给予大力倾斜和支持; 要求营业部在规模效应、市场影响力、品牌树立、市场份额和收入等方面快速地提升
E 型 (收入份额导向型)	E_1(综合龙头型)	所在城市为地级市及以上,城区内营业部数量多于2家,营业部位于同城前10%分位(或目标能够达到10%分位)或在同城市占率超过70%,具有绝对市场优势地位	巩固并提升现有市场优势地位和品牌优势,进一步夯实综合竞争力,确保收入稳步增长
	E_2(综合垄断型)	所在城区仅有 Y 证券1家营业部	充分发挥独占优势,主动占领各种可能的渠道和资源
	E_3(综合平衡型)	符合 E 型营业部选型原则和标准,但不属于 E1 型和 E2 型的营业部	确保收入市占率的稳步提升和争先进位

（续表）

营业部类型		特征	策略/目标
S型 (交易份额导向型)	S₁(营销拓展型)	成立时间不足3年,与公司既定的市场位次目标相差较远	大力开展营销,积极开拓新市场,最终实现快速成长
	S₂(营销提升型)	成立时间超过3年但未达到同城市占率平均水平或50%分位次,或成立超过5年未进入同城区前30%分位的营业部	大力发展营销,提升客户新增量,实现市场地位的快速提升,兼顾存量的稳定
	S₃(策略营销型)	所处城市或区域正处于新网点快速入侵的环境,或者营业部现有存量客户存在较大流失风险	有针对性地开展主动营销,达到防御存量客户流失目的
T型 (利润导向型)		依托公司现有金融产品、服务平台优势,立足开发和服务高端客户	实现全面财富管理

Y证券将B型营业部定义为:位于全国证券市场具有影响力的大中城市,通过公司资源整合或自身快速发展可以在三年内实现在当地有绝对影响力且能进入全国前100名的营业部。这一类型的营业部成长性最好,作为市场领导者,B型营业部享有规模经济和高边际利润的优势,能给公司带来大量财富。因此,Y证券主要以收入型指标作为关键指标对这类营业部进行考核。为了达到收入增长的目标,公司在客户资源、人力资源、广告投放等方面给予大力倾斜和支持,并要求B型营业部在规模效应、市场影响力、品牌树立、市场份额和收入等方面进一步地快速提升。

E型营业部所在城市为地级市及以上城市,营业部在当地的垄断地位各有不同,因而Y证券将其进一步细分为E1、E2、E3三种类型,并制定了不同的战略目标。E1是综合龙头型,所在城区内营业部数量多于2家,位于同城前10%分位(或目标能够达到10%分位)或在同城市占率超过70%,具有绝对的市场优势地位。Y证券拟巩固并提升E1型营业部现有的市场优势地位和品牌优势,进一步夯实营业部综合竞争力,确保收入稳步增长。E2是综合垄断型,所在城市仅有Y证券1家营业部,达到绝对垄断,可以充分发挥独占优势,主动占领各种可能的渠道和资源。E3是综合平衡型,用来划分符合E型营业部选型原则和标准但不属于E1型和与E2型的营业部,其主要经营策略是确保营业部收入市占率的稳步提升和争先进位。E 型营业部大都在当地城区内享有竞争优势，能给公司带来稳定的可观收入，创收能力较强，因而收入型指标仍是考核的关键指标。

S 型营业部处在初步成长阶段，根据成立时间和面临的潜在进入者威胁，为了更好地制定战略目标，划分成三种子类型：成立时间不足 3 年，与公司既定市场位次目标相差较远的营销拓展型（S1）；成立时间超过 3 年但未达到同城市占率平均水平或 50% 分位次，或者成立超过 5 年未进入同城市前 30% 分位的营销提升型（S2）；所处城市或区域正处于新网点快速入侵的环境，或者营业部现有存量客户存在较大流失风险的策略营销型（S3）。S 型营业部的共同特点是要大力开展营销、积极开拓新市场、提升客户新增量以实现快速成长，兼顾存量的稳定，防御存量客户流失。S 型涉及成长性良好但需要初期持续较大市场营销投资或发展缓慢需要营销刺激的营业部，固定的沉没成本已经发生，因而主要目标是快速抢占市场份额、提高交易份额、扩大品牌知名度，为收入和利润的提升打下基础。

T 型营业部被定义为业务类型转向依托公司现有金融产品、服务平台优势，立足开发和服务高端客户的营业部，拟额外关注与投资私募市场、财富管理、互联网证券、融资业务、投资咨询、风险管理等创新业务板块，是证券公司寻求新的绩效长期增长点的主流举措。T 型营业部对高端客户的开发与挖掘，采取集中差异化战略，实现全面财富管理，形成竞争优势，因为高净值客户对差异化服务的价格敏感性低，能带来较高的产品溢价和利润。

2. 对标考核

2011 年，Y 证券绩效管理体系的第二个落脚点在于体现争先进位的对标考核。具体来说，就是在市场化对标的基础上，确定公司的关键绩效指标增长率（关键绩效指标见表 3 中各分类的考核导向）。这一增长率同时兼顾静态和动态两种情况。在静态设定方面，要求"全市场同等规模营业部的增长率≥基础增长率"并且"同城市场化对标、争先进位≥对标增长率"。由此从同等规模和同等市场两个层面考核营业部。在动态调整方面，Y 证券综合考虑当地同期交易活跃度的变化情况、新设网点冲击、场地搬迁及其他影响目标完成的因素。

(二)全业务平台

2012 年是 Y 证券发展的关键一年。从外部环境来看,随着当年通道业务①的萎缩以及行业创新的展开,业务转型可谓迫在眉睫。2012 年全年,Y 证券下属全资子公司 Y 国际先后出资设立了四家全资子公司,分别涉及财务、资产管理、投资咨询、财富管理方向,地域分布在香港和深圳。郝总审时度势,将 2012 年战略确定为打造"全业务平台"。

根据郝总全业务平台的战略思路,王总和金总适时调整了 2011 年的绩效考核体系。

1. 关键绩效指标构成

2012 年,Y 证券的绩效管理体系是一个已经吸纳所有业务的开放式体系,最为关键的指标为综合收入市场占有率(以下简称"市占率")。在 BEST 分类基础上,调整各类型营业部的关键绩效指标:B 型和 E 型考核综合收入市占率;S 型考核综合股票基金交易额市占率;T 型成立第一年考核收入和关键客户指标,第二年考核利润指标。

2. 辅助绩效指标构成

为了突出业务创新、团队建设、客户管理和风险管理等符合全业务平台战略的经营举措,针对不同营业部设计了辅助绩效考核指标,包括员工管理指标、客户管理指标和风险控制指标(见表 4)。

表 4　2012 年 Y 证券绩效考核体系——辅助绩效指标　　　　单位:%

营业部类型	辅助绩效指标				
	员工管理指标		客户指标		风控指标
	投资顾问团队建设达标率	员工创新业务达标率	客户服务指标(a_1)	新开客户指标(a_2)	扣分项
B	20	80	30	70	包括日常风险控制指标、行为准则指标、监管处罚指标、案件和经济处罚指标
E_1	20	80	60	40	
E_2	20	80	50	50	
E_3	20	80	45	55	

---

① 通道业务指证券经纪业务。

(续表)

营业部类型	辅助绩效指标				
	员工管理指标		客户指标		风控指标
	投资顾问团队建设达标率	员工创新业务达标率	客户服务指标(a_1)	新开客户指标(a_2)	扣分项
S_3	20	80	50	50	
S_2	20	80	30	70	
S_1	20	80	60	40	
辅助绩效指标得分	辅助绩效指标得分 = 员工管理指标得分 × 50% + 客户指标得分 × 50% − 风险扣分				

（三）关注 ROE

2013 年,在证券市场大环境方面,股票市场整体交易活跃,市场竞争日趋激烈。同年,Y 证券成功上市,而 ROE 作为判断上市公司盈利能力及自有资本运用效率的重要指标,自然受到 Y 证券的高度重视。因此,顺应外部环境与公司内部变化,郝总将当年公司战略主题相应地调整为"关注 ROE"。考虑到客户对 Y 证券的重要性,在调整绩效考核体系的同时,王总建议郝总可以正式采用平衡计分卡的思路。在提交给郝总的一份汇报材料中,王总写道:

> 战略要与绩效评价系统相匹配,辅助绩效指标虽然可以帮助我们考核业务创新、客户管理和风险控制,但是平衡计分卡能够很好地帮助我们建立业务、客户和 ROE 之间的联系,实现公司对 ROE 的战略要求。

在得到郝总的同意后,王总和金总带着财务部与战略部的员工着手平衡计分卡的设计。在内容上,首先,在保持政策稳定的前提下,优化关键绩效指标核定机制,突出收入和利润,兼顾争先进位和转型发展;其次,强化成本收入比,借此形成对分支机构的全成本考核机制;最后,提出战略引导性指标,明确完成组织目标应依赖的关键客户路径。

在结构上,各考核指标更加简练、明确,主要抓住客户新增和客户流失两个环节,并重点针对目前客户流失比较严重的问题,刚性考核客户流失率;同时注重效率原则,引入员工发展指标,引导人力资源向前台配置,引导经营者关注人力资源产出效率。

按照1∶1的比例,将指标分为关键绩效指标和战略引导性指标,并将营业部划分为 S_1 型和非 S_1 型两类,构建考核体系(见表5和表6)。

表5　2013年Y证券绩效考核体系——S_1型营业部

维度		S_1型指标体系	
关键绩效指标(100分)	财务指标	成本收入比(60)	
	资产指标	所有客户资产(40)	
	风险指标	一般风险事项、重大风险事项(一票否决),扣分0-30	
战略引导性指标(100分)	客户指标(60)	投融资协同业务客户	收入(40)+资产(20)
		资产配置类客户	收入(40)+资产(20)
	效率指标(30)	客户流失率(15)	
		客户新增指标(15)	
	员工发展指标(10)	前台业务人员占比(5)	
		人均产出率(收入/员工人数)(5)	
	积分加减分项	内部积分加减分(-10—10)	
	扣分项	日常风险控制指标(扣分0—20)	

注:括号中数值表示该指标的总分值。

表6　2013年Y证券绩效考核体系——非S1型营业部

维度		非S_1型指标体系	
关键绩效指标(100分)	财务指标	收入市占率×战略引导因子(55)+成本收入比(45)	
	市场指标	争先进位(10)	
	风险指标	一般风险事项、重大风险事项(一票否决),扣分0—30	
战略引导性指标(100分)	客户指标(50)	专业投资客户	收入(50)+资产(30)+客户数量(20)
		融资融券客户	收入(40)+资产(30)+客户数量(30)
		投融资协同业务客户	收入(50)+资产(50)
	效率指标(40)	客户流失率(25)	
		客户新增指标(15)	

(续表)

维度	非 S_1 型指标体系
员工发展指标(10)	前台业务人员占比(6)
	人均产出率(收入/员工人数)(4)
积分加减分项	内部积分加减分(-10—10)
扣分项	日常风险控制指标(扣分 0—20)

注:括号中数值表示该指标的总分值。

三、矛盾重重

"老金,这三年公司内部对我们搞的绩效评价体系的意见可不小。"王总点上一支烟,"你说我们花了那么大的精力搞这个东西不也是为了公司好吗?可下面那帮人总觉得我们在为难他们。"

"可不是。"金总愤愤不平,从抽屉里拿出一沓文件,"不知多少人背后议论咱们。你看看,前不久让他们提点对绩效考核的建议与意见,这是他们交上来的东西。这哪是建议,都是抱怨,冲着咱俩的。"这不知是哪个营业部写的:

> 总部的考核一年一个样,搞得我们都无所适从了,我现在都不知道如何根据营业部的情况做长期准备,只能被动地等待和听从总部的安排。另外,这几年考核的指标越来越多,先是收入,然后还要考核客户,现在又加了一个什么战略引导因子,总共要考核十几个指标,我都不知道这些指标是怎么来的。我也不知道是不是能保证完成这些指标考核。

再看这个说的:

> 我支持公司搞绩效考核,2011 年的分类管理和对标考核我觉得也是必要的。可为何到了 2013 年,绩效考核就分为 S1 型和非 S1 型营业部?为何不按照之前的分类设计?很明显,不同营业部的情况不一样,应该因地制宜、区别对待。现在这样一刀切,要求大家都去搞业务创新是不是不合适?

下面这个更厉害：

> 我觉得公司现在根本没有明确定位。论业务创新能力，我们比不上 A 券商；论高端客户数量，我们比不上 B 券商；现在公司要求搞全业务平台，究竟要怎么搞？本来我们在很多方面就没有优势，这么搞不是浪费资源吗？公司是不是应该认真考虑一下未来究竟该如何与 A 券商和 B 券商竞争？

四、变还是不变？

"老金，其实你不觉得他们说的也有点道理吗？"王总沉思着，"这几年我们俩工作也很累。每年郝总定个调子，我们就去调整绩效体系，其实我们的工作也很被动。难道公司的绩效考核体系每年都变化就真的好吗？另外，与 A 券商和 B 券商相比，我们的战略究竟是什么？经营环境确实每年都在变，难道战略也得每年都变吗？"

"这……"金总突然觉得答不上来了，"那你说我们下面怎么办？郝总那边怎么交代？"

"如果不变，公司战略就无法通过绩效评价系统实现落地，就是我们失职；可是，如果变，那么刚上线的 SAP 系统就要重新实施，还要向下面营业部解释。更关键的是，难道以后就一直是现在这个状态？"王总慢慢吐着烟圈，"变还是不变，这还真是个问题……"

五、讨论题

要求学员结合案例材料，梳理战略绩效评价系统、关键绩效评价指标、平衡计分卡等知识点，讨论以下问题：

1. 2013 年该公司采用的平衡计分卡评价模式相比 2012 年的辅助绩效指标有何不同？什么是战略引导因子？它的作用是什么？

2. 根据案例资料，2011—2013 年 Y 证券的战略绩效管理系统存在哪些问题？

3. 如果你是王总,你会如何向郝总汇报?变还是不变?请阐述理由。

4. 结合本案例资料和上述分析,请总结战略绩效评价系统的关键成功因素有哪些。

参考文献

[1] 罗伯特·卡普兰、大卫·诺顿著,刘俊勇、孙薇译.平衡计分卡:化战略为行动[M].广州:广东经济出版社,2013.

[2] 罗伯特·卡普兰、大卫·诺顿著,刘俊勇、孙薇译.战略地图:化无形资产为有形成果[M].广州:广东经济出版社,2005.

[3] 罗伯特·卡普兰、大卫·诺顿,闭环式管理:从战略到运营[J].哈佛商业评论(中文版),2008,2:47—65.

[4] Ittner, C. D., Larcker, D. F. and Randall, T. Performance implications of strategic performance measurement in financial services firms[J]. Accounting, Organizations and Society, 2003, 28, 715—741.

案例使用说明

一、案例讨论的准备工作

(一)证券公司基本业务介绍

Y证券是一家证券公司,了解证券公司的基本业务构成能够便于理解本案例。因此,我们在正式分析前对证券公司的基本业务做简要介绍。

证券公司业务一般包括以下几类:

(1)证券经纪业务,是指证券公司通过其设立的证券营业部,接受客户委托,按照客户要求,代理客户买卖证券的业务,也称通道业务。

(2)自营业务,是指证券经营机构以自己的名义和资金买卖证券,从而获取利润的证券业务。

(3)期货经纪业务,是指证券公司代理客户进行期货交易的中间业务。

(4)投资银行业务,是指证券公司在一级市场承销股票或债券,以及为企业提供并购、融资的服务。

(5)资产管理业务,是指证券公司作为资产管理人,根据资产管理合同约定的方式、条件、要求及限制,经营运作客户资产,为客户提供证券及其他金融产品的投资管理服务行为。

(二)战略绩效评价系统相关理论

战略绩效评价系统是公司管控体系中的重要一环。图4是战略闭环式管理框架,从中我们可以看到战略地图和平衡计分卡是设计战略绩效评价系统的两大工具:战略地图用于描述公司的战略如何实现;平衡计分卡则用于设计具体的绩效评价指标。

1. 平衡计分卡

平衡计分卡建议在传统财务评价指标的基础上,增加客户、内部流程和学习与成长三个方面的非财务指标,以解决传统财务指标重结果、轻过程的问题。

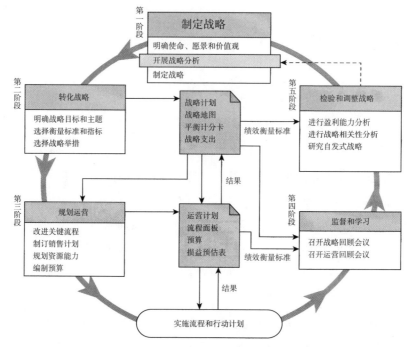

图4 闭环式管理:从战略到运营

资料来源:摘自罗伯特·卡普兰、大卫·诺顿2008年2月发表在《哈佛商业评论》(中文版)的文章"闭环式管理:从战略到运营",第47页。

2. 战略地图

战略地图则是对平衡计分卡的拓展,与平衡计分卡相比,它增加了两个层面的内容:一是颗粒层,每一个层面下可以分解为很多要素;二是增加了动态层面,也就是战略地图是动态的,可以结合战略规划过程加以绘制。公司战略主要体现在战略地图的客户层面,并以此为核心构建学习与成长、内部流程、客户和财务四个维度的因果关系。

二、案例分析要点

(一)Y证券的经营情况分析

从案例资料得知,Y证券是以经纪业务见长的证券公司。表7是根据案例资料中Y证券各业务收入计算的各业务收入贡献(占总收入的百分比)。表7数据显示Y证券的证券经纪业务占总收入的比重高达70%以上,其他业务占比都不高,充分说明了证券经纪业务对Y证券的重要性。

表 7　Y 证券各业务收入贡献　　　　　　　　　　　单位：%

业务类型	2014 年	2013 年	2012 年	2011 年	2010 年
证券经纪业务	71.37	73.19	68.45	76.51	81.26
自营及其他证券交易服务	10.81	9.80	6.78	1.86	3.83
期货经纪	5.19	7.39	8.73	5.99	3.55
投资银行	7.83	4.89	11.56	10.67	8.78
资产管理业务	1.52	1.63	0.76	0.49	0.73
境外业务	1.97	1.79	0.57	0.07	0.00
其他产品	0.73	1.20	2.82	4.01	1.65
私募股权投资	0.59	0.11	0.34	0.41	0.20

证券经纪业务收入高是我国证券公司的普遍状况。为了更清晰地显示 Y 证券对证券经纪业务的依赖性，我们选取行业龙头中信证券作为对比。表 8 是中信证券各主要业务收入贡献，尽管证券经纪业务也是第一大收入来源，但占比仅为 30% 左右，远远低于 Y 证券（但绝对额高于 Y 证券①）。同时，中信证券的证券投资业务和资产管理业务的占比接近，都在 20% 左右。表 8 的结果表明，中信证券的收入贡献较为平均，且在多个重要业务领域处于全国领先水平。

表 8　中信证券各业务收入贡献　　　　　　　　　　　单位：%

业务类型	2014 年	2013 年	2012 年	2011 年	2010 年
证券经纪业务	34.86	40.58	31.45	18.05	32.66
证券投资业务	23.15	28.06	29.56	1.77	17.73
资产管理业务	20.93	10.37	2.80	12.97	14.53
投资银行业务	12.27	13.20	22.78	7.52	11.31
其他业务	8.79	7.78	13.41	59.68	23.76

注：根据中信证券年报中的收入数据计算。

表 7 和表 8 的对比说明：一方面，Y 证券的证券经纪业务处于行业领先水平；另一方面，Y 证券其他业务较为薄弱，证券经纪业务对公司整体的支柱作用太过明显。正是在这种背景下，Y 证券高层一直期望转型，摆脱目前单一业务

---

① 中信证券 2014 年年报显示，2014 年中信证券的证券经纪业务收入为 1 017 749 万元，而 Y 证券为 925 620 万元，低于中信证券。

发展的尴尬模式。

(二)平衡计分卡考核体系与辅助绩效指标体系的不同

2012年,Y证券推行辅助绩效指标体系,在财务指标的基础上增加有关员工管理、客户管理和风险控制管理的非财务指标。2013年,Y证券构建基于平衡计分卡的绩效考核体系,引入战略引导因子,也是由客户、员工和风险控制管理指标组成。看上去,这两套绩效考核体系并无差异,都是由财务指标和非财务指标构成的;但实际上,两者有很大的差异,主要体现为非财务指标与财务指标之间的因果关系。

平衡计分卡理论一个重要的特点就是强调非财务指标是"因",财务指标是"果",对非财务指标的成功管理能够保证财务指标的顺利实现。然而,2012年的辅助绩效指标体系只强制考核非财务指标,这些非财务指标对财务指标究竟有多大的影响则不得而知,管理这些非财务指标的效果就较差。在2013年的平衡计分卡考核中,财务指标得分 = 收入市占率×战略引导因子(55)＋成本收入比(45)。这意味着作为非财务指标的战略引导因子对最终的财务指标得分会产生影响,会促使各营业部加强对战略引导因子的管理,由此实现了非财务指标和财务指标的因果关联,也促进了战略的落地。

(三)Y证券战略绩效管理系统存在的问题

根据案例资料,Y证券战略绩效管理存在以下问题:

1. 缺失中长期战略规划

2011—2013年,Y证券每年的战略主题都发生变化。表面上,这是由外部竞争环境变化所导致的;而实际上,这反映了Y证券缺乏具体的中长期战略规划,导致每年的战略主题都是临时确定。其弊端在于无法理解公司真正的竞争优势,也无法通过战略管理来强化竞争优势。营业部经理对比了A券商和B券商就很能说明这个问题。如果Y证券缺失最基本的战略,根本就无从谈起战略绩效管理。

2. 缺乏营业部的参与

Y证券的绩效考核体系是财务部和战略管理部负责构建的,这本身没有问题。但是从营业部的反应来看,在构建该体系时,并没有充分吸收营业部对绩效考核的看法;同时,与营业部的沟通交流也存在不足,导致营业部对考核指标的内在联系和有用性存在疑虑,大大影响了绩效考核的效果。

3. 考核指标变化频繁

2011—2013年,Y证券每年的考核体系均有显著变化。该变化是缺乏中长期战略规划所导致的,同时考核指标的频繁变化也会加深各营业部对绩效考核的不满情绪。进一步地,对于业务同质化程度较高但发展各异的营业部而言,绩效考核体系的公平性直接决定了该体系能否被绝大多数营业部接受。组织行为学的公平理论认为公平包括分配公平和过程公平。分配公平是指各营业部对所分配资源的结果感到公平,而过程公平是指各营业部对分配资源的方式方法感到公平。公平理论认为过程公平对员工的影响更大,因此在设计绩效考核体系时保证过程公平就显得尤为重要。通过严格的分类标准,可以保证分配程序的公平性,提高各营业部对绩效考核体系的接受程度。

(四)是否有必要改变绩效评价系统

这里的关键不在于让学员给出改变或者不变的答案,而是考察学员分析的理由。

方案一:基本保持不变

(1)理由:①督促管理层尽快制订公司的中长期战略规划,明确公司定位与优势,避免战略的不正常频繁更新;②转型突破的战略含义与2012年的全业务平台有类似之处,都是希望摆脱以经纪业务为支柱的业务模式,只需对指标的设计做一些改进即可;③绩效评价系统的频繁变化会引发营业部的不满情绪,导致绩效评价系统无法发挥作用;④对现有SAP系统进行简单改动即可。

(2)弊端:绩效评价系统可能与战略存在脱节,导致战略无法落地。比如,转型突破强调优先将证券经纪业务以外的某一业务做强做大,这与全业务平台有所不同;同时,由于现有绩效评价系统其实是基于"关注ROE"战略设计的,与全业务平台仍然存在一定的差距,细微调整可能很难到位。

方案二:根据"转型突破"战略主题进行调整

(1)理由:①使绩效评价系统与战略一致,保证战略落地;②促使各营业部重视,促进业务转型。

（2）弊端：①现有绩效评价系统可能要大改，尤其是已经上线的 SAP 系统面临重新实施的风险；②绩效评价体系变化太快，会引发各营业部的不满情绪；③管理层无法证实中长期战略缺失所导致的问题。

对于王总和金总，可行的做法是：

（1）首先将上述两种方案的优势和弊端向郝总汇报；建议郝总开展公司中长期战略规划，并听取 BEST 各类型营业部负责人对战略的看法。

（2）根据中长期战略规划明确当前的战略主题，保证各年度战略主题的连续性。

（3）比较拟实施战略主题与现有战略的差异程度，进一步确定是否需要对绩效管理系统进行大幅度的调整。

（五）战略评价系统成功的关键要素

根据本案例的资料和前述四项，引导学员总结战略评价系统的关键成功要素。

1. 清晰、明确的中长期战略规划和年度战略目标

公司必须有清晰、明确的中长期战略规划，当然也应当根据外部环境的变化适时进行调整。在中长期战略规划的基础上，公司应当梳理年度战略主题或战略目标，以年度战略目标的实现保证中长期战略目标的稳步实现。同时，清晰、明确的战略也能为绩效评价体系的设计提供便利。

2. 战略与绩效评价系统之间的协同

绩效评价系统的设计应与战略紧密结合。在设计绩效评价系统的过程中，充分利用战略地图、平衡计分卡等管理会计工具，将战略目标细化为财务、客户、内部流程、学习与成长这四个层面的关键绩效指标，结合预算等管理会计工具进一步作用于企业的运营，最终通过关键绩效评价指标的完成情况反思并检讨战略的制定与实施效果。

3. 关注绩效评价体系的公平度

绩效评价的目的是影响人的行为，因此提高各级员工对绩效评价体系的满意度就显得尤为重要。组织行为学理论表明，组织公平度会影响绩效评价的结果，因此在设计绩效评价体系时，应当关注公平问题。

4. 提高下级在绩效评价系统中的参与度

提高员工对绩效评价满意度的另一个方法就是让员工对绩效评价系统发表意见。一方面,这可以帮助管理层了解绩效评价系统的不足并及时修正;另一方面,下级的参与会提高他们对绩效评价系统的认可,促进绩效评价系统的正常运行。

三、教学安排

本案例一般是在"战略地图和平衡计分卡"课程模块后使用。根据教学时间的不同有两种教学组织方式:案例讨论式和行动学习式。

(一) 案例讨论式

所需课时:1次课,90分钟。

案例讨论式是指由学员对案例所涉及的讨论题进行分析,一般可采用分组讨论的方式。在讲授"战略地图和平衡计分卡"课程模块后,教师可将该案例材料发放给学员,并要求分组进行讨论(每组不超过8人),并在下次课堂上汇报小组讨论结果(最好以 PPT 的形式)。针对本案例的讨论题4,既可以采用各组自由阐述的方式,也可以采用辩论的方式,由教师指定小组半数成员选择"变",而另外半数成员选择"不变",在课堂上进行自由辩论。

案例讨论式的教学计划如表9所示,按照共有8组学员、选择4组进行汇报设计时间。

表9 案例讨论式的教学计划

教学内容	主角	组织与要求	时间
相关理论回顾与案例背景介绍	教师	1. 回顾战略地图与平衡计分卡的相关内容 2. 简要介绍Y证券的基本情况和证券行业的业务构成 3. 明确案例讨论步骤和讨论要求,如可以采用抽签的方式确定汇报小组	15分钟
讨论结果陈述	教师和学员	1. 每组在规定的时间内汇报结果(PPT),建议每组10分钟 2. 教师在黑板或白板上记录各组要点 3. 未汇报小组应认真记录各组的分析结果	40分钟

(续表)

教学内容	主角	组织与要求	时间
提问与质疑	未汇报小组	1. 由未汇报小组向汇报小组提问,被提问人回答相关问题 2. 老师根据各汇报和问答情况进行提问	20分钟
点评与总结	教师	1. 对各汇报小组的汇报结果进行点评 2. 结合讨论情况,再次总结战略绩效评价系统的相关问题	15分钟

（二）行动学习式

所需课时:2次课,共计180分钟。

与案例讨论式不同,行动学习式不仅要求学员完成案例后的讨论,还要求学员拿出真正可行的解决方案,就本案例而言,学员应尝试构建Y证券的战略绩效评价系统。由于课堂时间有限,因此行动学习式的教学组织会占用学员较多的课外时间。

行动学习式一般也采用分组的方式。在讲授"战略地图和平衡计分卡"课程模块后,教师可将该案例材料发放给学员,要求分组讨论Y证券的定位与战略,并画出战略地图(每组不超过8人)。采用行动学习式需为各组提前准备各色水笔、讨论用白板纸、胶泥等用具。

行动学习式的教学计划如表10所示,按照8组学员设计。

表10 行动学习式的教学计划

课次	教学内容	主角	组织与要求	时间
第一次课	任务和汇报规则介绍	教师	介绍本次课的任务,并阐述汇报要求	5分钟
	各组汇报	教师和学员	1.各组汇报讨论Y证券的定位、战略与战略地图,并结合讨论结果分析案例中Y证券战略制定中的问题。每组时间不超过8分钟 2.教师针对每组的汇报进行指导,主要指出其中的关键性错误并进行适当引导。每组不超过2分钟	80分钟
	总结并布置任务	教师	1.总结各组的共性问题,并要求回去修改 2.布置新的任务,根据修改的战略地图设计平衡计分卡,下次课讨论	5分钟

（续表）

课次	课堂内容	主角	组织与要求	时间
第二次课	任务和汇报规则介绍	教师	介绍本次课的任务,并阐述汇报要求	5分钟
	各组汇报	教师和学员	1.各组汇报讨论的平衡计分卡,并阐述Y证券是否需要对绩效评价系统做出改变。每组时间不超过5分钟 2.教师针对每组的汇报进行指导,主要指出其中的关键性错误并进行适当引导。每组不超过2分钟	56分钟
	总结	教师和学员	1.教师在现场讲授行动学习式的ORID总结方法 2.各组现场总结战略绩效评价系统的成功要素 3.教师点评、总结	29分钟

财务管理

从 IBM 看企业集团财务管控[①]

刘红霞

专业领域/方向：财务管理

适用课程：高级财务管理与实务、财务管理理论前沿

教学目标：本案例旨在引导学员关注企业集团财务管控。根据本案例资料，学员可以进一步思考在企业集团整体管理框架内，为了实现集团战略及总体财务目标，如何设计财务管理模式、管理机构及组织分工等；了解企业集团的母子公司之间重大财务决策权限的划分，包括对外筹资权、投资决策权、收益分配权、营运资金控制权、资产处置权等；了解企业集团内部财务与业务的协作关系、合作流程及机制。

知识点：企业集团财务管理体制

关键词：企业战略　企业组织结构　企业财务组织结构　集团财务管控

摘　要：IBM 是计算机产业长期的领导者，在大型机/小型机和便携机方面的成就最令人瞩目；但从 2005 年开始，IBM 开始抛售硬件业务，转型发展软件和服务行业。在 IBM 发生业务转型的过程中，企业战略也随之发生变化，为了实现战略目标，企业整体结构和财务组织结构也相应发生改变。正是 IBM 的战略、企业组织与财务组织的及时变化，使得 IBM 起死回生，顺利实现转型。本案例集中关注在市场条件发生变化时，集团财务管理体制，包括企业战略、组织结构及财务组织应怎样改变才能保证企业的可持续发展。

---

① 本案例的素材及参考资料均来自可公开获得的材料以及对 IBM 公司部分员工的访谈。

IBM 是计算机产业长期的领导者,之前在大型机/小型机和便携机方面的成就最令人瞩目,创立的个人计算机(PC)标准至今仍被不断地沿用和发展。令人诧异的是,IBM 在 2005 年抛售令自己骄傲的硬件业务,转而发展软件和服务行业,实现业务转型。2000 年,IBM 软件和服务营业收入占比分别为 14.8%和 39%;而到了 2011 年,这两项数字分别达到 22.7%和 57%。IBM 在如此短的时间内无论从企业经营状况还是产品、企业品牌影响,都实现了顺利转型,成为全球最大的信息技术和业务解决方案企业。IBM 为什么要转型?为了转型,IBM 对企业集团财务管控做出了哪些改进?

一、背景简介

(一)硬件市场的剧烈变化

IBM 是计算机产业长期的领导者,但是由于技术的不断发展,以及硬件业务的可复制性较强,2000 年左右,IBM 在硬件市场上的竞争力大大弱化。如果 IBM 做差异化,由于其产品具有兼容性,竞争不过苹果;如果 IBM 做成本,由于中国拥有廉价的劳动力,赢不过中国台湾地区;如果 IBM 做集中化,对于广阔的大众市场,商务精英市场太容易饱和,而且随着计算机技术的普及,个人计算机必然会像彩电一样迎来微利时代。IBM 高层经过分析,发现 IBM 最大的优势是做服务与软件,所以果断把业务重心放在了服务与软件上。IBM 进行了一次重大业务转型,从传统的硬件领域转向价值更高的软件和服务领域,在提高经营效率的同时,还投资于长期战略发展机会。

(二)财务管理职能的发展趋势

从财务管理职能的演变脉络来看,我国企业财务管理职能大体经历了记账核算型—内部管理型—经营创效型—决策参谋型等发展阶段(侯琛和宋敏修,2009)。财务管理职能的转变表现为:财务管理向管理型转变,从整个企业管理的角度看待财务;财务管理向精益化转变,以最少的资金获得最大的效益;财务管理向决策型转变,调节资源配置和控制财务风险,为企业经济利益服务(郭湘,2012)。伴随企业产权的变化,未来应以财务管理目标为导向,财务管理职能演变经历了执行财务—管理财务—决策财务三个阶段,从传统的筹资、投资等财务职能,转变为协调、控制等管理职能,直至目前的决策支持职能,以实现各阶段不同的财务管理目标。财务职能拓展为对企业整体的领导,通过高效的财务流程对企业的现金流、清偿能力、信贷风险等绩效进行管理,并且利用深度洞察支持策略制定,将资源准确地投入增长领域。

二、案例概况

(一) IBM 战略的设计思路

IBM 战略的设计思路集中于向客户提供高质量的软件产品和服务。IBM 调查、了解和厘清服务市场上现有的软件产品、服务种类、竞争对手的劣势与自己的优势,有针对性、创造性地开发软件产品和服务项目,满足目标客户的需要,提高客户的满意度,以区别于其他服务型企业,赢得客户忠诚,获得竞争优势。IBM 倾听客户的声音,理解客户的需求,通过信息技术和管理,帮助客户解决业务上的难题。IBM 站在客户的立场,对客户给予指导、辅助执行和管理,整个过程紧紧围绕客户,完全基于客户的需求与业务的发展规律来提供服务。

(二) IBM 组织结构

IBM 既按照地域划分区域,如亚太区、中国区、华南区等,又按照产品线划分事业部,如软件、服务、网络、系统,还按照银行、电信、中小企业等行业划分,也有营销、研发、财务等不同的职能划分,所有这些纵横交错的部门划分有机地结合成为一体,保证了各部门之间相对的独立和协调(见图1)。每一个处于交叉点的人都受到产品、区域、行业、职能等各个不同方向上的影响,每一个人的工作都和其他人相互作用,各方面的信息和知识在立体矩阵的节点上汇总,从而最大限度地发挥和利用个人的价值。

通过产品线细分,可以建立起充分了解产品和服务的专业团队;通过行业划分,可以安排专业人员研究各个行业,分析不同客户对 IBM 产品的需求特点,从而更加有效地把握各种产品的重点市场;通过职能划分,可以发挥人员的专业优势,更好地进行分工;通过地域细分,可以针对各地区市场的特点深耕细作。利用矩阵结构进行管理,企业可以迅速地将新产品推广到特定市场上,具有很强的产品或项目推广能力、市场渗透能力;可以迅速建立一支具备行业背

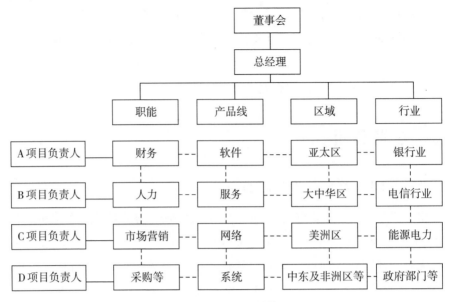

图 1 IBM 组织结构

资料来源：IBM 内部资料"全球财务管理的发展趋势和案例分析"以及与 IBM 内部员工访谈整理而得。

景、产品知识、区域关系和职能技能的临时团队，通过各成员之间的协调配合，很容易打开市场。IBM 按照任务成立不同的项目小组，在组织结构上，它把按职能划分的部门和按项目划分的小组结合起来组成团队，一名管理人员既与原职能部门保持组织和业务上的联系，又参加项目小组的工作。职能部门是固定性组织，项目小组是临时性组织，完成任务以后即自动解散，其成员回原部门工作。

（三）IBM 财务组织结构

IBM 财务组织结构（见图 2）根据产品、区域、行业设立了不同的财务部门，并受总部财务部门管理。企业根据业务单元或项目需要从相应的财务部门调派财务人员，与其他产品线、行业、区域人员组成项目小组，小组内汇集了不同部门的人员，他们拥有各自的专业知识，通过沟通与交流，可以使各个领域的专业知识交融，更有利于实现业务目标。小组内的财务成员不但受业务经理的领导，还要受各自财务部门的领导。当业务或项目终止时，小组解散，小组成员回到各自原来的部门。财务共享中心执行会计职能，负责整个企业集团的会计核算和报告工作，为整个集团提供真实、可靠的财务信息。

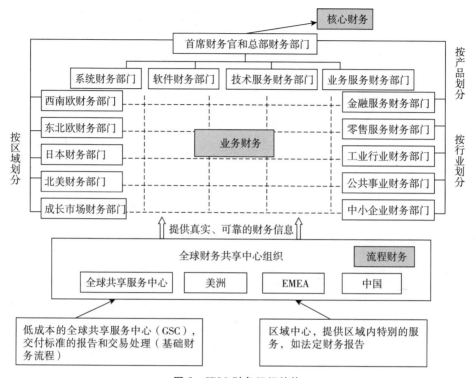

图 2　IBM 财务组织结构

资料来源：IBM 在 2008 年全球首席财务官研究年会发布的"通过整合财务组织平衡风险和绩效"以及与 IBM 内部人员访谈整理而得。

其中，总部财务部门和首席财务官（CFO）负责核心财务，集中控制和管理集团内部的经营与财务并做出决策，指挥和安排统一的财务决策，把财务集中到一套完整的企业战略和一个决策人的系统之下，使数据应用处于同一套战略之下，确保集团整体财务向着相同的战略方向发展。各事业部负责业务财务，通过财务与产品线、区域和行业组成项目团队，可以集合各个领域的专业知识，使财务更加深入业务，分析业务财务并指导业务，使业务活动能够以最低的成本取得最大的收益。IBM 单独设立的财务共享中心负责流程财务，将烦琐的财务日常工作集合在财务共享中心进行处理，提高了效率，发挥了规模优势。

（四）IBM 财务组织各层级职能

IBM 财务组织各层级职能如图 3 所示。

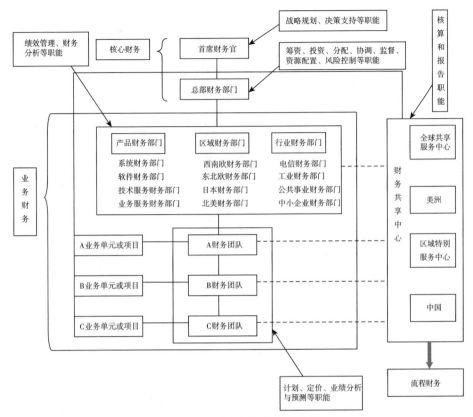

图 3　IBM 财务组织各层级职能

资料来源：IBM 在 2010 年进行全球首席财务官调研发布的"全新的价值整合者"以及与 IBM 内部人员访谈整理而得。

1. 核心财务职能

IBM 总部财务部门对应企业的核心财务，财务职能主要在于决策财务，包括战略规划职能、决策支持职能、筹资职能、投资职能、分配职能、协调职能、监督职能、资源配置职能、风险控制职能等。总部财务部门制定统一的财务战略，通过财务政策与制度约束各业务板块成员单位实现共同的财务目标；综合分析企业集团的盈利能力、偿债能力、发展能力等，通过全面预算管理对经营过程进行事前、事中、事后的控制，并通过风险分析及预警机制降低企业风险，向各业务板块的经营决策提供信息支持。

2. 业务财务职能

IBM 的业务财务部门和财务团队负责集团的业务财务职能，主要包括分析决策职能、绩效管理职能、计划职能、定价职能、业绩分析与预测职能,汇总各财务部门的财务数据并进行分析,为业务决策提供支持。例如,产品财务部门汇总各软件、系统、服务等产品的资产负债、收入支出、利润情况,比较不同产品的收益状况,为企业集团未来战略制定提供方向,利润率高的产品分配较多的资金,利润率低的产品分配较少的资金;区域财务部门汇总各地区的资产负债、收入支出、利润情况,比较各地区消费数额,以便了解各区域的消费水平和消费习惯,帮助财务团队更好地进行定价;行业财务部门汇总各行业的收入、消费情况,了解各行业的消费关注点,以便更好地针对各行业选择营销渠道。财务团队根据总部财务部门提出的经营目标,在规划的指标范围内,对本业务单位未来时期的财务活动做出规划和安排。

3. 流程财务职能

财务共享中心以基础财务为主要内容,采用一定的程序和方法,记录、分类和汇总企业集团生产经营中大量的、日常的业务数据,编制会计报表,向企业集团与外部提供反映企业经营成果和财务状况及其变动情况的会计报表。流程财务职能主要是核算职能和报告职能,为核心财务和业务财务提供真实、可靠的财务信息。

三、讨论题

从 IBM 的繁荣到衰退,以及 IBM 财务及战略转型后的再次繁荣,IBM 案例带给人们很多的启示,引发人们的思考。结合 IBM 财务转型案例,讨论如下问题:

1. IBM 为了适应新的市场变化,对战略做出何种改变?
2. IBM 采用了哪种企业组织结构?
3. IBM 财务体制是集权还是分权?
4. IBM 财务组织结构是什么类型?是否与战略相适应?
5. IBM 财务组织各层级职能划分是否合理?是否有助于实现战略目标?

参考文献

[1] 曹鸿星.我国零售业创新中知识密集型服务业的作用——以 IBM 为例[J].中国软科学,2011,S1:187—192.

[2] 都灵.开放式创新与公司风险投资:以 IBM 公司为例[D].上海交通大学,2011.

[3] 冯禹丁.IBM 抛砖"智慧的地球"[J].商务周刊,2009,7:72—74.

[4] 龚伟同.IBM:人的力量[J].商务周刊,2007,1:72—75+6.

[5] 郭湘.浅析当前形势下企业财务管理职能转变[J].现代经济信息,2012,7:140.

[6] 侯琛,宋敏修.财务管理职能的创新刍议[J].现代企业教育,2009,16:113—114.

[7] 胡维静.IBM 公司 IT 产业营销策略及其营销实践研究[D].苏州大学,2008.

[8] 黄瑞敏.基于 SWOT 分析的企业竞争情报实例研究——IBM 公司建立竞争情报体系案例分析[J].现代情报,2007,1:191—194.

[9] 姜枫.基于激励理论的 IBM 产品部团队建设研究[D].吉林大学,2011.

[10] 李柏仪.战略转型背景下 IBM 公司渠道变革研究[D].首都经济贸易大学,2008.

[11] 刘佳,李洛.IBM 公司人力资源管理浅析[J].技术经济与管理研究,2004,3:33—35.

[12] 刘丽娟.IBM 取舍创造奇迹——IBM 软件 10 年的 10 个问题[J].商务周刊,2005,19:20—35+6.

[13] 王振源,王燕榕,赵琛徽.中国企业实施导师制的挑战与对策研究——基于 IBM 最佳实践的启示[J].当代财经,2011,8:73—82.

[14] 韦铁,鲁若愚.多主体参与的服务创新模式管理研究——基于 IBM 案例的分析[J].技术经济与管理研究,2012,4:26—29.

[15] 许欣.IBM 服务产品化创新战略的研究[D].上海交通大学,2011.

[16] 许晔,孟弘,程家瑜,郭铁成.IBM"智慧地球"战略与我国的对策[J].中国科技论坛,2010,04:20—23.

[17] 闫澍,田旭.价值网下的高新技术企业技术创新与商业模式的关系——以 IBM 公司为例[A].中国管理现代化研究会、复旦管理学奖励基金会.第七届(2012)中国管理学年会技术与创新管理分会场论文集(选编)[C].中国管理现代化研究会、复旦管理学奖励基金会,2012:9.

[18] 杨光平.IBM 从制造向服务转型的分析[D].电子科技大学,2004.

［19］余翔,詹爱岚.基于专利开放的 IBM 专利战略研究［J］.科学学与科学技术管理,2006,10:81—84.

［20］曾克.IBM 咨询中国业务的营销策略［D］.清华大学,2007.

［21］张宏君.IBM 中国市场整合技术服务营销模式研究［D］.电子科技大学,2012.

［22］郑仕杰.IBM 公司软实力分析及其启示［D］.暨南大学,2008.

案例使用说明

一、案例讨论的准备工作

为了有效实现本案例的教学目标,学员应该了解下列相关知识背景。

1. 理论背景

企业集团的含义及财务管理特点;企业集团战略类型、特点;企业集团组织结构类型、特点;企业集团财务组织结构类型、特点;企业集团财务管控模式、要点及手段;战略对企业集团组织结构、财务组织结构选择的影响;企业集团各层级财务管理职能定位。

2. 行业背景

IBM 于 1911 年创立于美国,是全球最大的信息技术和业务解决方案公司,目前拥有 40 万名中层干部、500 多亿美元资产,年销售额达到 500 亿美元,利润为 70 多亿美元,是世界上经营最好、管理最成功的公司之一。IBM 目前有四大业务块,分别为软件、硬件、服务和金融。2011 年,IBM 实现总营业收入 1 069 亿美元(同比增长 7%),其中服务收入占总营业收入的 57%,为最大营业收入来源,软件和硬件占比分别为 23% 和 18%,金融占比为 2%。IBM 的企业文化是尊重个人、为客户服务、追求优异,主要竞争对手为惠普公司、甲骨文公司。

二、案例分析要点

(一)学员应识别的关键问题

本案例要求学员识别的主要知识点包括:企业集团战略及企业组织结构、企业集团财务组织结构、企业集团财务组织结构中各层级财务职能分配。

(二)解决问题的可选择方案及评价

1. 企业战略选择

企业应根据市场环境、自身的优势与劣势,确定企业战略。企业战略分为总体战略、业务单元战略和职能战略。总体战略包括发展战略、稳定战略和收缩战略。业务单元战略包括成本领先战略、差异化战略和集中化战略。根据各职能部门的特点确定不同的职能战略,包括研究开发战略、财务战略、人力资源战略等。

2. 企业组织结构选择

组织结构的功能在于分工和协调,是保证战略实施的必要手段。通过组织结构,企业的目标和战略转化成一定的体系或制度,融进企业的日常经营活动,发挥指导和协调的作用,保证企业战略的达成。钱德勒在其经典著作《战略和结构》中,首次提出战略决定组织结构的观点。企业应根据既定的战略,选择适合的组织结构。传统企业组织结构包括直线型、职能型、直线职能型、事业部型、矩阵型。其中,直线型组织结构的层级最多、最为高耸,而事业部型和矩阵型组织结构表现为扁平化。在成本领先战略下,企业应该从提高效率的角度设计组织结构。企业为了降低成本,制定标准化的程序,实施较强的成本控制,员工在严密的监督和控制下完成常规业务,编制频繁、详细的控制报告,决策权高度集中。此时,企业适合采用直线型或直线职能型的组织结构,所有的决策由总部确定,其余人员只负责贯彻实施,大大地提升了工作效率。当采用差异化战略时,企业应针对市场特性提供独特性的产品,以区别于其他企业。企业应具有较大的创新性,为了提升组织的学习能力和创新能力,采用一种灵活又有弹性的结构——事业部型或矩阵型的组织结构。

3. 企业财务组织结构选择

企业财务组织结构应与企业整体组织结构和业务特点相适应,促进企业整体协调发展。财务组织分为直线型、控股型金字塔、事业部型金字塔和矩阵型。直线型或直线职能型的组织应选用直线型财务组织,控股公司应选择控股型金字塔财务组织,事业部型企业应选择事业部型金字塔财务组织,矩阵型组织应选择矩阵型财务组织。

(三)解决问题的方案

1. IBM 为了适应新的市场变化,对战略做出改变

IBM 于 1981 年率先打开个人计算机市场,并一直是个人计算机领域的领头羊。从 1994 年开始,IBM 个人计算机的销售额不断下滑,亏损有增无减。到 1998 年,IBM 个人计算机业务的亏损达到 9.92 亿美元。于是,IBM 开始大量抛售硬件业务,在 2005 年将个人计算机业务卖给联想,剥离了亏损的个人计算机

业务。此时,IBM的整体战略是收缩战略,放弃一个越来越不适合企业经营的业务,减少了损失,并集中精力向高价值产业领域进攻。这些新领域的回报率要远远大于个人计算机部门的回报率,使得IBM实现了收益的迅速增长,发展变得更为均衡、更有效率。

在剥离了利润空间小的硬件业务后,IBM将精力集中在软件、服务业务上。对于这种价值较高的新兴业务,潜在的竞争者较多且模仿性较强,IBM采用差异化战略赢得顾客的忠诚度,减少替代品的进入,确保自己的竞争优势。IBM以高科技为先导,创造了全行业和顾客均视为独特的软件产品,成为世人瞩目的高技术创新企业。IBM调查、了解和厘清服务市场上现有的服务种类、竞争对手的劣势与自身的优势,有针对性、创造性地开发服务项目,满足目标顾客的需要,并进行顾客化定制,建立起顾客对企业的忠诚度。

IBM采用收缩战略剥离传统业务,并针对顾客的不同需求提供个性化的软件产品和服务,差异化战略使IBM顺利实现转型。

2. 为了适应战略而确定的企业组织结构

为了实现差异化战略,IBM必须了解不同客户的需求,此时需要扁平化的财务组织结构。由于IBM规模异常庞大,跨越的地区、行业、产品线众多,企业既需要下层客户信息迅速向上传递,又需要确保总部能够集中控制企业整体,确保顺利转型,因此IBM采用多维矩阵结构。通过产品线细分,企业可以建立起充分了解产品和服务的专业团队;通过行业划分,可以安排专业人员研究各个行业,分析不同客户对IBM产品的需求特点,从而更加有效地把握各种产品的重点市场;通过职能划分,可以发挥人员的专业优势,更好地进行分工;通过地域细分,可以针对各地区市场的特点把工作深入下去。企业运用矩阵结构进行管理,可以迅速地将新产品推广到特定市场,具有很强的产品或项目推广能力、市场渗透能力;采用矩阵结构,可以迅速建立一支具备行业背景、产品知识、区域关系和职能技能的临时团队,通过团队成员之间的协调配合,很容易打开市场。

3. IBM财务管理体制

IBM财务管理体制采用集权和分权相结合的方式,把集中财务管理模式的规模经济、标准控制的优点和分散财务管理模式下业务部门拥有决定权、快速反应等优势结合起来。

IBM所有子公司财会主管人员由集团统一集中管理,按照统一要求从事子公司的会计核算,集团公司集中控制和管理集团内部的经营与财务并做出决策,指挥和安排统一的财务决策,并对子公司的资金筹集与运用及利润分配等实行集中管理。这样可以保证各子公司的战略与公司总体战略统一,各子公司按照统一的战略方向发展,确保整体利益最大化,实现集团统一财务目标;总部协调各子公司,可以减少协调成本,还有利于统一调剂集团资金,保证资金需求,降低资金成本。

IBM是国际型大企业,所处的宏观经济环境和微观经济环境是复杂、多变的。一方面,信息传递的路线长、节点多,必然会影响到决策的及时性;另一方面,分别处于不同国家的子公司具有独特的社会、经济和文化环境,母公司决策者难以对其都非常熟悉,必然会影响到决策的正确性,而子公司的管理人员由于熟悉当地情况,能够及时、正确地做出决策。因此,IBM为各子公司分配了一定的财务决策权,日常决策可以由子公司自行做出,母公司只对重大财务活动实施监控。这样调动了各子公司的经营积极性,使各子公司自觉强化内部管理,并在复杂、多变的经济环境下及时、准确地做出对自身有利的决策,提高经济效益。

4. IBM财务组织结构的确定

IBM的财务组织架构与企业战略是紧密相关的。如前所述,IBM自身的战略定位是差异化,提供面向顾客需求的、与其他企业不同的产品和服务。因此,IBM有必要针对每一个市场,聆听顾客的心声,满足顾客的需求,赢得顾客的忠诚。但是,IBM是全球性的大集团企业,拥有众多的产品,覆盖不同的行业、区域、市场,为了能够实现企业集团满足每一个细分市场的需求,IBM采取矩阵式组织结构向每个市场的顾客提供差异化服务,其财务组织结构与企业组织结构相对应,也采用矩阵式结构。企业根据产品、区域、行业设立不同的财务部门,并受总部财务部门管理。企业还根据业务单元或项目的需求从相应的财务部门调派财务人员,与其他产品线、行业、区域人员组成项目团队。团队内汇集了不同部门的人员,他们拥有各自的专业知识,通过沟通与交流,各个领域的专业知识相互交融,更有利于实现业务目标。团队内的财务成员不但受业务经理的领导,还受各自财务部门的领导。当业务或项目终止时,团队解散,团队成员回到各自原来的部门。财务共享中心执行会计职能,负责整个企业集团的会计核算和报告工作,为整个集团提供真实、可靠的财务信息。

(1) 核心财务采用财务集中管理模式,进行垂直管理。核心财务是指财务的核心工作,是高层管理者分析企业现状,基于企业未来发展,制定、计划并布置实施财务战略,并且协调企业整体、分配资源,实现企业长久的发展。

IBM 设立了全球首席财务官的职务,建立了决策人系统,把财务集中到一套完整的企业战略和一个决策人的系统之下,使得数据应用处于同一套战略之下,各子公司的财务主管由集团统一管理。核心财务集中管理具有以下优点:

一是有利于各子公司之间的协调。集团公司集中控制和管理集团内部的经营与财务并做出决策,指挥和安排统一的财务决策,并对子公司的资金筹集与运用及利润分配等实行集中管理,各子公司能按照统一的战略方向发展,确保了集团整体利益最大化,同时减少了协调成本。

二是有利于实现数据的整合和共享。集团总部制定统一的规章制度和会计核算方式,使各子公司能够按照相同的规则进行核算。各子公司将数据分享到相同的系统平台上,集团总部可以获得及时、准确的数据,对潜在的风险和机会做出快速反应,及时调整战略方向,并根据各子公司的实际情况分配资源,达到资源的最优配置。

三是有利于实现集团总体目标。集团总部向各子公司提供专业服务、进行内部审计,不但可以发挥规模优势、降低服务和审计成本,而且由集团总部进行的审计可以提供更为真实的信息、减少舞弊,有利于集团的长久发展。此外,集团总部通过财务数据分析,可以及时做出兼并、收购决策,拟定方案,把握潜在的机会。

(2) 业务财务采用矩阵式结构。业务财务是指业务部门的财务活动。业务财务与业务活动紧密结合,企业通过对财务数据的分析实现对业务活动的指导和改进,实现成本的最小化和利润的最大化。

IBM 是全球性企业,拥有不同种类的产品和服务部门,企业组织非常庞大,为了实现对事件的快速反应及决策的准确并加速新市场的进入、新产品的推广,IBM 在总部之下采用矩阵式结构实施管理。IBM 把划分部门的多种方式有机地结合起来,组织结构形成了灵活的立体网络——多维矩阵。IBM 既按照地域分区,如亚太区、中国区、华南区等,又按照产品体系划分事业部,如个人计算机、服务器、软件等事业部；既按照银行、电信、中小企业等行业划分，也有销售、财务、人力资源等不同的职能划分；等等，所有这些纵横交错的部门划分有机地结合成为一体，保证了各部门之间相对的独立和协调。

　　IBM业务部门的财务组织与管理体制相对应，按产品、区域、行业设置不同的财务部门。在产品线上设置软件财务部门、技术服务财务部门等，核算各产品的资产负债、收入支出、利润情况；在区域上设置东北欧财务部门、北美财务部门等，核算各区域的资产负债、收入支出、利润情况；在行业上设置金融财务部门、电信财务部门等，分析各行业的收入与支出情况。IBM根据项目和业务的特点调派相应的财务人员，不同产品财务部门、区域财务部门、行业财务部门对各自领域的财务信息具有更深的了解，如具体的产品价格、区域和行业的消费水平等。不同财务部门财务人员在同一团队中相互合作，与业务部门紧密配合，并向总部财务部门汇报，为总部财务人员决策提供依据，并为总部战略决策提供支持。IBM向业务财务部门分配了一定的财务决策权，对常规财务活动可以自主决策，如成本控制决策、定价决策等。一方面，这样可以缩短信息传递的路程，从而及时、迅速地做出决策；另一方面，各部门财务人员对各自领域更加了解，相对于总部人员来说，能够提高决策的正确性。此外，将决策权适当下放还可以提高各财务部门的积极性，有利于培养相关财务人员的管理能力。

　　以IBM在中国推广AS/400这个项目为例。由于矩阵式组织结构的存在，有华南、华东等各大区域队伍，有金融、电信、中小企业等行业队伍，有市场推广、技术支持等各职能部门队伍，有专门的AS/400产品队伍，大家相互协调、配合，很容易打开市场局面。作为AS/400产品经理，比较清楚该产品在当地的策略是什么。中国AS/400客户主要在银行业、保险业，而不像美国主要在零售业和流通业；在亚太区，AS/400产品要朝低端走，不能只走高端；AS/400在中国市场上的价位、配置及月需求数量等，只有产品经理才清楚这些细节。从产品线来看，生产产品需要向美国工厂订货，保证货源供应。从产品销售来看，AS/400产品部门需要各相关地区职能部门的协助，以便做好促销活动；需要各大区、各行业销售力量把产品销售出去，如项目经理在媒体上做一些访谈节目，需要当地负责媒体公关部门的协助。此外，AS/400除了主打银行市场，还要大力推向中小企业市场，那么就需要与中国区负责中小企业的行业总经理达成共识；分销渠道的介入就需要负责渠道管理的职能部门予以协调。

对于财务人员来说,人员设置是灵活的。对于矩阵式的财务组织结构,一个财务管理人员可能身处几个部门,可能既属于 AS/400 产品财务部门也属于华南区财务部门;他也可能身处几个项目,可能既属于华南区 AS/400 项目也属于华南区其他产品项目。但是在为各个项目执行财务管理时,他必须向相应的产品财务部门、行业财务部门、区域财务部门汇报。例如,华南区 AS/400 项目可能涉及的行业有金融、电信等,该项目财务管理人员要向华南区财务部门、AS/400 产品财务部门、金融行业财务部门、电信行业财务部门分别汇报。华南区财务部门汇总华南区所有项目的总收入、利润情况,了解华南区的消费水平和消费习惯,帮助财务团队更好地进行定价;AS/400 产品财务部门汇总华南区、华东区等各大区域 AS/400 产品的销售收入、成本、利润等信息,了解该产品的盈利状况,分析产品成本以确定产品未来的改进与发展方向;金融行业财务部门、电信行业财务部门汇总金融业、电信业的交易额和交易量,可以更好地了解金融业、电信业的现状及关注点,以便更好地将产品推广到适合的行业中。

IBM 的矩阵式组织结构决定了组织内的每个人都身处不同的部门,也决定了人与人之间的紧密联系。每个人都不是独立的,决策由几个部门的人员共同决定,因此灵活、畅通的沟通渠道对于矩阵式组织结构是必不可少的。所有人本着为顾客服务、顾客利益最大化进行决策。在 IBM 组织中,员工有多种渠道可以直接与高层管理者对话,传递自己对企业发展的建议。这种灵活、通透的沟通渠道及以人为本的企业文化,缓解了 IBM 矩阵式组织多头领导的弊端。

(3) 流程财务对应共享服务中心。流程财务是指财务的基础工作,包括填制凭证、登记日记账、编制财务报表等,是连接业务流程和管理流程的桥梁。因此,财务流程的设计思想、数据采集效率、加工的正确性和有效性,直接影响管理活动的质量和效率。

IBM 是全球性大型企业,每天发生的业务量都很大,如果按照传统方式组织财务工作,就会造成财务机构的臃肿庞大、效率低下。随着信息技术的发展,IBM 利用各种新兴的技术手段,搭建财务共享服务平台,将易于标准化的财务业务进行流程再造与标准化,并将不同地域的实体会计业务汇集至一个共享服务中心统一处理,保证了会计记录和报告的规范、结构的统一;而且,由于不需要在每家子公司都设会计部门,节省了系统成本和人工成本,达到了降低成本、提升客户满意度、改进服务质量、提升业务处理效率的目的。

财务共享服务中心降低了企业运作成本。IBM在采用财务共享服务中心进行基础财务业务核算后，财务人员数量和中间管理层级大幅减少；IBM的共享服务中心大部分建立在工资薪酬水平很低的地区，支付的人力资源成本大幅降低。此外，IBM在共享服务中心建立新型的组织结构和制定合理的激励制度，显著提升了员工的工作效率，形成了不断进取的文化氛围，削减了传统财务机构烦琐、官僚的体制。

财务共享服务中心提高了财务管理水平与效率。一方面，IBM对所有子公司采用相同的标准作业流程，废除冗余的步骤和流程，由财务共享服务中心处理所有的财务数据，数据汇总、分析不再费时费力，更容易做到跨地域、跨部门整合数据；另一方面，在共享服务中心，某一方面的专业人员相对集中，公司较易提供相关培训，培训费用也大为节省，招聘资深专业人员也变得可行，共享服务中心内部人员的总体专业技能较高，提供的服务更专业。此外，共享服务中心降低了对财务人员的要求，财务人员不必处理一个国家的全套账目，只需处理某几个国家的同一个账目环节，这就如同工业化的流水线，在大量节省人力资源及人力成本的同时，还保证了操作的准确性和可靠性，并且明确了各个员工的责任，有助于实施员工绩效考核。

财务共享服务中心提高了企业整合能力与核心竞争力。IBM经常在新的地区建立子公司或收购其他公司，共享服务中心能马上为这些新建的子公司提供服务，不需要另设财务部门。同时，将与决策成功相关性较弱、重复度高、工作量大的会计核算工作集中在共享服务中心统一处理，使财务会计与管理会计的分离成为可能，企业财务人员可以从繁杂的非核心业务工作中解放出来，将精力集中在核心业务，帮助企业确定战略方向。

财务共享服务中心实现了集团范围的财务监控。IBM财务共享服务中心的实施在实现集团范围财务监控的过程中起到了积极作用。在分散式财务管理模式下，集团各基层单位的财务状况无法高效、准确地传达到集团总部，由于缺少监管，难以及时发现潜在的舞弊。实施共享服务后，财务人员和业务人员之间可能的联络被彻底切断，基于流程和业务分工的财务作业模式将单据随机分配到每个业务处理人员手中，业务人员面对的不再是固定的财务人员，而是封闭的财务共享服务中心，串通舞弊的可能性大大降低。此外，所有的业务处理对集团彻底透明，任何一笔业务均可以通过财务共享服务中心进行查阅，如果出现问题就可以展开追查。

5. IBM 财务组织各层级职能划分是否合理？是否有助于实现战略目标

IBM 总部财务部门对应企业的核心财务，财务职能主要在于决策财务，包括战略规划职能、决策支持职能、筹资职能、投资职能、分配职能、协调职能、监督职能、资源配置职能、风险控制职能等。总部财务部门通过上述职能的实现，制定集团统一的财务战略，通过财务政策与制度约束各业务板块成员单位实现集团共同的财务目标；综合分析集团的盈利能力、偿债能力、发展能力等，通过全面预算管理对经营过程进行事前、事中、事后控制，并通过风险分析及预警机制降低企业风险，向各业务板块的经营决策提供信息支持，确保企业集团整体沿着相同的方向共同发展，提高企业集团整体的凝聚力和协调性。

IBM 的业务财务部门和财务团队负责业务财务职能，主要包括分析决策职能、绩效管理职能、计划职能、定价职能、业绩分析与预测职能。IBM 的业务财务部门和财务团队针对不同的地区、产品、行业特点进行特定的分析，最大限度地联系顾客，充分了解顾客需求，满足不同地区、行业的顾客需求，实现与其他企业不一样的产品差异化战略。财务人员与其他职能部门人员组成项目小组，可以充分地进行沟通与交流，提高小组工作效率，迅速地将发现的潜在市场机会变成实实在在的产品或服务，从而实现团队目标。

IBM 的财务共享服务中心负责企业的流程财务。流程财务以基础财务为主要内容，通过一定的程序和方法，记录、分类和汇总企业生产经营中大量的、日常的业务数据，编制会计报表，向企业集团和外部提供反映企业经营成果和财务状况及其变动情况的会计报表。流程财务主要是核算职能和报告职能，为核心财务和业务财务提供真实、可靠的财务信息。通过财务共享服务中心的集中处理，企业财务人员可以从烦琐的核算、报告工作中解脱出来，集中精力于发掘市场机会、了解顾客需求等分析工作，从而更好地实现企业的差异化战略目标。

三、教学安排

（一）课时分配

1. 课后自行阅读资料：约3小时。

2. 小组讨论并提交分析报告提纲：约3小时。

3. 课堂小组代表发言并进一步讨论:约 3 小时。

4. 课堂讨论与总结:约 0.5 小时。

(二) 讨论方式

本案例可以采用小组形式进行讨论。

(三) 课堂讨论与总结

课堂讨论与总结的关键是:首先,归纳发言者的主要观点,重申重点及亮点;其次,提醒学员进一步思考焦点问题或有争议观点;最后,建议学员对案例素材进行扩展研究和深入分析。

过而未发,谁该负责? 胜景山河首次公开发行新股被否[①]

陈运森

专业领域/方向：财务管理

适用课程：高级财务管理理论与实务、高级财务会计理论与实务

教学目标：本案例旨在引导学员从中国资本市场实践的视角关注公司重大融资行为。一方面,学员以企业上市行为分析作为公司重要的直接融资手段的优点和缺点、发行与审核流程,以及监管制度变迁和新股发行改革的具体内容；另一方面,学员应重点掌握IPO(首次公开发行)新股环节监管机构和中介机构的职责,关注企业发行失败的关键原因和IPO各行为人的责任承担,引导学员理论联系实际。

知识点：融资渠道 IPO优点和缺点 股票发行与审核政策变迁 新股发行改革

关键词：IPO 融资 保荐机构与保荐代表人 发行与审核委员会

摘 要：作为公司重要的直接融资手段,IPO融合了参与公司、监管机构、中介机构等各方的博弈。与一般的公司IPO上会被否案例不同,作为中国证券史上少有的"发审委过会但IPO最终被否"而最终未发行成功的拟上市公司,胜

[①] 本案例侧重从IPO流程、监管制度变迁和IPO利益相关者角度进行分析,有关IPO造假和盈余管理的分析拟另编案例予以解读。出于情节需要,案例所涉及人物情节有一定的演绎处理,并非完全真实。

过而未发，谁该负责？胜景山河首次公开发行新股被否

景山河案例在中国资本市场上极具特色。本案例详细分析胜景山河 IPO "过而未发"事件的前因后果，剖析在发行审核过程中证监会发行与审核委员会（简称"发审委"）、投资银行和会计师事务所等中介机构、卖方分析师等市场参与者与媒体等公共监督力量的不同行为，让学员系统地了解上市公司 IPO 的具体流程、参与对象、IPO 各方的责任。更重要的是，通过胜景山河 IPO 造假来理解 IPO 过程可能发生的种种问题，反思中国现行 IPO 发行审核制度，为学员理解 2013 年 11 月中共十八届三中全会公报提出的"推进股票发行注册制改革"政策导向和 2014 年开始的新股发行体制改革提供启示。

2011 年 4 月 6 日，在岳阳经济技术开发区的一间办公室里，湖南胜景山河生物科技股份有限公司（简称"胜景山河"）董事长姚胜瘫坐在沙发上，思绪万千。办公桌的烟灰缸里堆满了烟头和烟灰，旁边散落的是中国证监会的调查结果："胜景山河在招股说明书中未披露关联方及客户信息，构成信息披露的重大遗漏。""都怪他！"姚胜郁闷地想。他想拨通林先生的电话，想了想还是没有按下拨出键。对于胜景山河和姚胜本人，这两年是惊心动魄的：2010 年 10 月 27 日，在黄酒领域"名不见经传"的胜景山河 IPO 申请获中国证监会发审委通过，拟上市股票代码为"002525"；但在 12 月 17 日即将登陆深交所的前夜，有媒体发文称胜景山河招股书披露不实，证监会紧急叫停，公司申请暂缓上市。2011 年，经发审委会议调查和再次表决，胜景山河 IPO 申请未获通过。

"曾记否，到中流击水，浪遏飞舟"。这两年的经历，犹如一部情节曲折的电影，对亲历其中的姚胜来说，"电影"落幕之后，除了"惊心动魄"的回忆，更多的是无限的悲凉之感。

当然，无论如何姚胜也没有想到，自己的公司会成为中国资本市场 IPO 通过发审委审核但最终被否（"过而未发"）的反面典型，创下多个纪录：造假事件发生后，证监会撤销了平安证券两名签字保荐的保荐代表人资格，这是中国保荐代表人制度实行以来第一次因项目问题而直接撤销保荐代表人资格，可谓"史上最严保代处罚"；胜景山河成为中国证券史上第三家"募集资金到位但 IPO 最终被否"的拟上市公司。胜景山河这次瞒过证监会发审委的"法眼"而险些鱼目混珠的事件，让"过而未发，谁该负责"问题引起资本市场的密切关注，也让现行发行审核制度受到空前的质疑。

一石激起千层浪,在岳阳之外的地方,姚胜所苦闷的事情已经发酵成无数的争论和反思:一家自称行业领先却在市场上难觅踪迹的黄酒企业,如何通过了证监会发审委的审核?作为主承销商,平安证券为何对笨拙的会计造假手段熟视无睹?作为资本市场信息中介的卖方分析师,为何在胜景山河上市前齐唱赞歌,纷纷扮演吹鼓手的角色?公众媒体又是如何刺破胜景山河的弥天大谎,让胜景山河的 IPO 之路戛然而止?所有的问题可以归结成"过而未发,谁该负责?"

一、背景简介

(一)中国股票 IPO 发行审核制度变迁

中国股票发行与审核制度改革经历了"审批制—核准制—保荐制"的历程。2001 年之前,对拟 IPO 企业实行两级行政审批:地方政府/中央企业主管部门初审,初审通过后再送中国证监会复审。2001 年 3 月 29 日,证监会宣布取消股票发行审批制,正式实施核准制下的"通道制":具有主承销商资格的证券公司拥有一定数目的"通道";每家证券公司一次只能推荐一定数量的企业申请发行股票;所推荐企业每公开发行一家才能再报一家。2004 年,开始正式施行《证券发行上市保荐制度暂行办法》。保荐制是从核准制到注册制的过渡,在保荐制下,由保荐人对发行人进行推荐和辅导并核实发行文件所载资料是否真实、准确、完整,协助发行人建立严格的信息披露制度,承担风险防范责任。2013 年 11 月 16 日,《中共中央关于全面深化改革若干重大问题的决定》提出"推进股票发行注册制改革";同年 11 月 30 日,证监会制定并发布《关于进一步推进新股发行体制改革的意见》。在最新的顶层设计下,改革重点体现在:(1)以信息披露为中心,加大信息公开力度,审核标准更加透明,审核进度同步公开,提高新股发行各层面、各环节的透明度,实现公众的全过程监督;(2)监管部门对新股发行的审核重在合规性审查,企业价值和风险由投资者与市场自主判断;(3)新股何时发、怎么发,将由市场自我约束、自主决定,发行价格将更加真实地反映供求关系。

(二)发行与审核委员会职能分析

从成立初期的审批制到 2001 年核准制下的"通道制",再到 2004 年开始的"保荐制",无论我国的股票发行审核制度如何改变,股票发行"名额有限"及"政府管制"的特点始终未变。在这种供给不平衡的公开发行市场上,作为最后过会与否决定人的发审委显得格外重要。1999年《证券法》规定,股票发行必须经过发审委的审核,并赋予发审委以股票发行上市最终审核人的法律地位。

在IPO核准制下,发审委委员由中国证监会的专业人员和中国证监会外的有关专家组成,由证监会聘任。发审委的职责是:根据有关法律、行政法规和中国证监会的规定,审核股票发行申请是否符合相关条件;审核保荐人、会计师事务所、律师事务所、资产评估机构等证券服务机构及相关人员为股票发行所出具的有关材料及意见书;审核中国证监会有关职能部门出具的初审报告;依法对股票发行申请提出审核意见(见图1)。

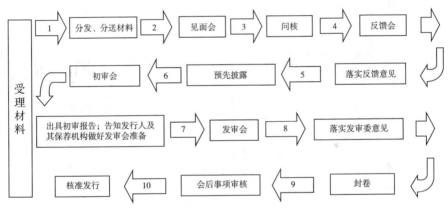

图1 发行与审核委员会审核流程

二、案例概况

(一)挥斥方遒

"划却君山好,平铺湘水流,巴陵无限酒,醉杀洞庭秋",在遥远的唐朝,李白曾经神游岳阳,写下这醉倒后人的诗句,至今依然萦绕耳际。从古至今,岳阳的酒迷倒了多少文人骚客。2003年,商界精英姚胜正是看重了岳阳源远流长的酒文化,胸怀振兴"湘派黄酒"的信念,成立了湖南古越楼台生物科技发展有限公司(2008年变更为湖南胜景山河生物科技股份有限公司),主要生产花雕黄酒。经历过宦海沉浮的姚胜在商界也左右逢源,公司很快就发展成为湖南省唯一一家专业化、高科技生物酿造黄酒的大型现代化股份制企业,股本达到5 100万元,资产总额4亿多元,被评为国家重点骨干黄酒企业。

经过多年经营,胜景山河形成了以黄酒研发、生产和销售为主营业务的商业模式,旗下拥有"胜景山河""古越楼台"两大品牌,"喜酿""典"等多个系列十余种产品(见图2)。经过多年的经营,在传统黄酒产业取得了较快的发展,并拥有一定的市场份额和品牌知名度,发展成为领先的黄酒生产企业和较为知名的新型黄酒企业。在董事长姚胜的眼里,胜景山河已经完全具备上市的条件,因为他的公司拥有法宝。

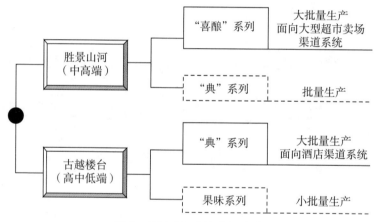

图 2 胜景山河主要产品分类

资料来源:胜景山河招股说明书。

1. 技术优势

胜景山河是黄酒行业首家高新技术企业,其"四酶、二曲、一酵母"生物黄酒酿造技术为国内首创,并已获得国家发明专利——多种生物酶酿造黄酒的方法,获中国国家专利与名牌博览会金奖和中国食品科学技术学会技术进步三等奖,并连续两次被评为国家级火炬计划项目。该技术是在传统黄酒酿造工艺的基础上,运用现代生物技术研发成功的综合运用多酶、多曲、复式发酵方法的新型黄酒酿造技术。

2. 产品创新优势

（1）采用"四酶、二曲、一酵母"生物黄酒酿造技术、多菌种制曲技术、黄酒酵母选育技术、生香-Y-AADY应用大罐黄酒发酵技术、复式发酵技术等,开发出多种新型黄酒品种。

（2）采用黄酒"热凝冷滤""膜分离"等技术,使黄酒能够"冰镇""加冰""兑饮料"饮用,是对传统黄酒饮用方法的创新。

（二）壮志踌躇

"怅寥廓,问苍茫大地,谁主沉浮"。从胜景山河被评为"湖南省创业板首批拟上市重点推荐企业"的那一刻起,踌躇满志的姚胜决心一试,他拿起办公桌上的一张名片——抬头是"平安证券保荐代表人"。"喂,林先生吗？我姚胜,前几天你提到的关于胜景山河上市的问题,我想跟你约个时间详细谈谈。"

很快,胜景山河就确定其上市项目由平安证券承揽,具体由保荐代表人林先生和周先生负责。姚胜本来想聘任一家综合评价前十名的国内会计师事务所或国际四大会计师事务所,但听了林先生的建议后选择了中审国际会计师事务所及湖南本地的启元律师事务所。经过平安证券保荐团队的帮助,胜景山河进行了改制重组、上市辅导、尽职调查、审计评估、准备募集资金项目和招股说明书制作。平安证券的专业水平令姚胜很满意,尤其是对一些内部敏感问题林先生没有进行严苛的调查和过分的干预,中审国际会计师事务所和启元律师事务所也没有过多地盘问。

很快,胜景山河的招股说明书递交到证监会发审委的桌子上,接下来就是漫长的等待。姚胜的心情既紧张又激动,还带着一丝不安。

（三）临门一脚

2010年11月27日,发审委一纸批文,胜景山河的上市申请终于获得批准。12月7日,胜景山河《首次公开发行股票发行公告》对外公布。招股意向书显示:拟募集资金量为15 000万元,若发行成功,则胜景山河实际募集资金量将为58 140万元,超出发行人拟募集资金量43 140万元。姚胜激动不已,他虽然已经非常熟悉招股意向书的内容,但还是一遍一遍地翻看:

发行日期:2010 年 12 月 8 日

每股发行价格:34.2 元

拟上市证券交易所:深圳证券交易所

股票种类:人民币普通股(A 股)

每股面值:人民币 1.00 元

发行股数:1 700 万股,占发行后总股本的 25.00%

发行市盈率:85.50 倍(每股收益按照 2009 年度扣除非经常性损益前后孰低的净利润除以本次发行后总股数 6 800 万股计算)

发行前每股净资产:4.20 元(按照 2010 年 6 月 30 日经审计的归属母公司所有者权益除以本次发行前总股本计算);发行后每股净资产:11.05 元(按照 2010 年 6 月 30 日经审计的归属母公司所有者权益加上本次发行筹资净额之和除以本次发行后总股本计算)

发行前市净率 1:8.14 倍(按发行前每股净资产计算);发行后市净率 2:3.09 倍(按发行后每股净资产计算)

发行方式:采用网下向股票配售对象询价配售与网上向社会公众投资者定价发行相结合的方式。其中,网下配售 340 万股,有效申购数量为 6 205 万股,网下中签率为 5.47945%,最终获配家数为 4 家,认购倍数为 18.25 倍;网上定价发行 1 360 万股,中签率为 0.5474992869%,超额认购倍数为 183 倍。发行价格为 34.2 元/股。

募集资金总额:58 140 万元

募集资金净额:53 829.20 万元

发行费用总额:4 310.80 万元,其中每股发行费用为 2.54 元(每股发行费用 = 发行费用总额/本次发行股本)

姚胜拟定的募集资金投向是投资于年产 2 万吨多肽黄酒项目,这是他一直想做的项目,投资额为 15 000 万元。

《首次公开发行股票上市公告书》还公开了平安证券作为上市保荐机构的推荐意见:"湖南胜景山河生物科技股份有限公司申请股票上市符合《中华人民共和国公司法》《中华人民共和国证券法》《深圳证券交易所股票上市规则》

(2008年修订)等国家法律、法规的有关规定,湖南胜景山河生物科技股份有限公司股票具备在深圳证券交易所上市的条件。平安证券愿意推荐湖南胜景山河生物科技股份有限公司股票在深圳证券交易所上市交易,并承担相关保荐责任。"就像林先生最开始向姚胜保证的,平安证券"尽全力保证胜景山河通过发审委审核"。

当然,姚胜和胜景山河为了上市所付出的代价也是不菲的。中介费用包括承销费、保荐费、审计和验资费、律师费、审核费、信息披露费等,发行费用总金额为4 310.8万元,其中支付平安证券的承销费为3 600万元,保荐费为400万元,也就是平安证券拿走了所有中介费用的93%(见表1)!

表1 胜景山河IPO所付中介费用

项目	金额(万元)	占比(项目/募集资金总额,%)
承销费	3 600.0	6.19
保荐费	400.0	0.69
审计和验资费	111.0	0.19
律师费	100.0	0.17
信息披露费	90.0	0.15
股份登记费	6.8	0.01
上市费	3.0	0.005
总计	4 310.8	7.41

(四)齐唱赞歌

令姚胜开心的是,上市前夕很多卖方分析师看好胜景山河,但他清楚地知道,大部分分析师并没有来公司做过实地调研,而绝大部分分析师是在参加公司的路演推介会后就写出了推荐报告。总的来说,上市前半个月,分析师出具的总计14份分析报告,多数是对胜景山河的肯定之辞,可谓齐唱赞歌。虽然50%的分析师指出了胜景山河可能存在的风险,但基本是从胜景山河的招股说明书中摘抄得来的,并没有为投资者提供特别的分析亮点。

在这些分析报告中,不乏知名分析师和券商的报告(见表2)。中信证券以"创新能力较强的区域黄酒新军"为题,为胜景山河做了一份新股定价报告,认为胜景山河的竞争优势主要体现在三个方面:一是技术和产品创新能力强;二是营销模式创新,在非传统市场开拓方面经验丰富;三是在本埠及新增市场已树立良好的品牌形象。另一家研发实力排名前列的申银万国证券则认为,胜景山河的销售剑走偏锋,主打黄酒非传统销售省份,已建立起一定的先发优势。光大证券则以"胜景山河:剑走偏锋,黄酒市场的新生力量"大加吹捧胜景山河。

表2 对胜景山河出具分析报告的卖方分析师汇总

时间	券商	研究员	报告标题	风险提示
2010.12.15	中信证券	黄巍	胜景山河新股定价报告:创新能力较强的区域黄酒新军	市场开拓困难、原材料价格上涨、技术泄密
2010.12.08	海通证券	赵勇	胜景山河:产品渠道均具竞争优势的"湘派"黄酒企业	原材料大幅上涨及全国化推进失败可能使业绩低于预期
2010.12.08	广发华福	李清华	胜景山河申购策略报告:国内黄酒行业首家高新技术企业	
2010.12.07	方正证券	陈光尧 张保平	胜景山河新股投资报告:黄酒市场拓荒	
2010.12.06	安信证券	李铁	胜景山河:中国湘派花雕黄酒的典范	
2010.12.06	国金证券	陈钢	胜景山河:借力巨人肩膀,开辟黄酒新天地	食品安全风险,季节波动风险,原材料波动风险
2010.12.06	广发证券	汤玮亮 胡鸿	胜景山河:差异化战略的践行者,建议询价区间28.9元—33.0元	古越龙山、会稽山已经开始进入湖南市场,公司产品主销区面临威胁
2010.12.06	光大证券	李婕	胜景山河:剑走偏锋,黄酒市场的新生力量	
2010.12.03	金元证券	黄黎明	胜景山河:积极创新的黄酒新秀	市场竞争、食品安全
2010.12.03	申银万国证券	童驯 满臻	胜景山河:开拓黄酒新市场	销售扩张低于预期
2010.12.03	长江证券	乔洋	胜景山河:差异化战略先锋	

(续表)

时间	券商	研究员	报告标题	风险提示
2010.12.03	国都证券	王明德 徐昊	胜景山河新股研究:区域黄酒龙头,产能扩张带来业绩增长	
2010.12.02	招商证券	朱卫华 董广阳 黄珺	胜景山河IPO投资价值分析:黄酒的差异化创新之路	金枫酒业等龙头企业竞争,市场开发不顺,原材料价格大幅波动
2010.12.02	上海证券	滕文飞	胜景山河:新型黄酒领军企业	

（五）风云突变

2010年12月16日,这是姚胜永远无法忘记的日子。为了庆祝胜景山河第二天上市交易,他举办了一场非常隆重的庆功宴。觥筹交错之际,口袋里的电话响了。姚胜好不容易端着酒杯从不断向他道贺的人群中挤了出来,走到门外接通了电话。"喂,这里是证监会发行处,你马上来一趟北京,有些问题需要你当面解释和沟通。"惊慌失措的姚胜马上拨通了保荐代表人林先生的手机,他也刚刚获得消息——有媒体揭露胜景山河虚假上市(见表3)。顿时,姚胜从微醺中惊醒,却又马上陷入另一种迷茫之中。屋内仍是宾朋满座,热闹非凡。屋外有的却只是彻骨的寒风。温暖与寒冷,只隔着一扇窄窄的门,正如悲喜可能仅在瞬间一般。

表3 发行审核流程和媒体介入事件梳理

时间	主要事件
2010.10.20	发审委2010年第189次工作会议公布发审委员名单
2010.10.27	发审委第189次会议审核通过
2010.11.26	证监会《关于核准湖南胜景山河生物科技股份有限公司首次公开发行股票的批复》,批复内容:6个月之内公开发行不超过1700万股新股。批复自核准发行之日起至本次股票发行结束前,如果发生重大事项或者财务报表超过有效期,应及时报告证监会并按有关规定处理

（续表）

时间	主要事件
2010.11.30	深交所公布胜景山河《首次公开发行股票招股意向书》《首次公开发行股票初步询价及推介公告》
2010.12.16	深交所公布《关于湖南胜景山河生物科技股份有限公司人民币普通股股票上市的通知》：湖南胜景山河生物科技股份有限公司人民币普通股股票将于2010年12月17日在本所上市。证券简称为"胜景山河"，证券代码为"002525"。公司人民币普通股股份总数为68 000 000股，其中首次上网定价公开发行的13 600 000股股票自上市之日起开始上市交易
2010.12.16	《每日经济新闻》：胜景山河涉嫌"酿造"弥天大谎
2010.12.17	深交所公布胜景山河暂缓上市公告："鉴于本公司尚有相关事项需进一步落实，经本公司申请，暂缓上市。"
2011.04.02	发审委2011年第60次工作会议公布发审委委员名单
2011.04.06	证监会公布《关于撤销湖南胜景山河生物科技股份有限公司首次公开发行股票行政许可的决定》，"招股说明书未按要求披露下列事项：一是岳阳市明明德商贸有限公司是你公司的主要客户之一，根据相关规则，2007年12月至2008年5月期间明明德商贸与你公司之间存在关联关系，招股说明书中未披露明明德商贸与你公司间的关联方关系和关联交易；二是平江汉昌建筑公司、岳阳辉轮贸易公司和深圳诚德商贸三家公司2008年向你公司采购黄酒金额分别为400万元、600万元和508.24万元，均超过招股说明书披露的第五大客户采购金额。"
2011.11.30	证监会公布《对胜景山河项目中介机构及其责任人员采取监管措施》

第二天，本应该是姚胜上市敲钟的日子，却变成了胜景山河IPO折戟沉沙的第一步。深交所发布了胜景山河暂缓上市的公告："鉴于本公司尚有相关事项需进一步落实，经本公司申请，暂缓上市。"

原来，变故的起因是2010年12月16日《每日经济新闻》的一篇调查性文章"胜景山河涉嫌'酿造'弥天大谎"，指出胜景山河涉嫌销售造假。报道称，记者分别前往胜景山河招股书所说的"优势地区"——岳阳和长沙、黄酒主要消费地区——上海和苏州、潜力优势地区——成都，实地调查胜景山河的真实销售情况。招股书中提到"胜景山河"黄酒的主要销售渠道是大型超市卖场，但调查结果却让人意外：上述地区各大超市鲜有"胜景山河""古越楼台"品牌的黄酒销售。最后记者指出，胜景山河在苏沪地区难见踪迹，在四川地区曾遭最大经销商退货，而在湖南地区仅属于狭小市场中的弱势企业。

其实在此之前，已经有媒体对胜景山河的收益增长提出质疑。2010年11月2日，《中国经济时报》刊出"胜景山河增长超正常，成长性遭质疑"；2010年12月7日，《中国经济时报》刊出"胜景山河的高收益来自哪里"……但在一片唱好之声中，姚胜及其中介团队和公关公司对这些潜在的危机都放松了警觉。所以，当各大媒体的质疑声汹涌而来时，他们便有些手足无措了。2010年12月17日，《每日经济新闻》发表"胜景山河厂区暗访：铁皮墙设备锈、工人稀、生产闲"，披露暗访胜景山河酒厂内部的生产经营情况，发现厂区内冷冷清清，工人稀稀拉拉，部分设备锈迹斑斑，开工率严重不足。2010年12月18日，《每日经济新闻》再次发表"胜景山河最大经销商、原料商：神秘小公司难寻踪迹"一文，对公司销售渠道及业绩提出质疑。在招股书中，胜景山河的主要原材料供应商和经销商中曾出现岳阳当地企业的身影，这些注册资本仅30万元的企业，却与胜景山河有着上千万元的贸易往来。记者调查发现，这些企业的注册地都在胜景山河附近，然而却难觅踪迹……

针对《每日经济新闻》的质疑，姚胜团队条条进行驳斥，然而事情不仅没有得到缓和，反而愈演愈烈（见表4）。2010年12月18日，《华夏时报》刊出"胜景山河IPO：明火执仗的寓言"一文，指出胜景山河黄酒在全国的市场份额不到1.6%，远远低于行业龙头古越龙山、会稽山10%左右的市场占有率；然而，在胜景山河招股说明书中，公司净利润率高于行业平均水平10个百分点，销售均价高出古越龙山等行业龙头1.7—3.6倍，人均产能甚至比古越龙山高300%。2010年12月20日，《第一财经日报》刊出"胜景山河IPO暂缓前事：古越龙山退出之谜"；2010年12月21日，《中国经济时报》再次发表"胜景山河IPO涉嫌造假暴露重重怪相"，抨击保荐人只荐不保、机构纷纷看好、发审委只发不审等问题；2011年3月22日，《每日经济新闻》刊出"回应漏洞百出，反证招股书虚假陈述"一文。

山雨欲来风满楼，媒体界和公众都炸开了锅，令姚胜团队无法抵挡。

表 4　胜景山河及媒体对 IPO 造假的意见汇总

胜景山河回应	媒体驳斥
质疑一：胜景山河产品在各大中城市超市唱"空城计"	
由于公司成立时间不长，供销产量不大，因而公司产品在内地各销售区域的销售数量有限。另外，鉴于节约销售成本的考虑，公司并未选择以超市、批发市场为主的传统营销渠道，而更多采用酒店、团购、定向销售等营销渠道	在胜景山河招股书第 108 页，胜景山河在阐述"销售模式"时表述："在本埠市场（主要指长沙和岳阳地区），除一部分采取上述特许经销方式外，公司多采用直销，如对本埠的大型超市卖场等终端市场销售，由公司统一配货、结算、收款。"
质疑二：号称十余种产品的胜景山河，在市场上能找到的不足五种	
鉴于各地消费者消费能力和消费特点的差异，胜景山河采用精准销售的策略，针对各地消费者的特点重点推出适应市场需求的产品。公司分渠道销售产品和单品突破的方针，大大减少了经销商的运营成本	在招股书第 103 页的主要产品结构图中，公司"大批量生产"的"喜酿"系列，就是"面向大型超市卖场渠道系统"。按照胜景山河董事长姚胜的说法，"喜酿"系列至少应该在超市里面见到一个"单品"吧，然而实际的情况却是，在大型超市里根本就看不见"喜酿"产品！更谈不上与大批量生产对应的大规模销售了
质疑三：胜景山河号称远高于行业龙头的出厂价，比古越龙山低一半	
黄酒行业各企业产品的构成不同。胜景山河主要生产饮用黄酒，产品以中高端黄酒为主，因而价格相对偏高。而行业内不少企业兼生产销售料酒，料酒的价格偏低，因而会拉低所有产品的均价	招股书数据显示，2008 年，古越楼台平均销售价格达 2.436 万元/吨；而中国酿酒工业协会黄酒分会的数据显示，金枫酒业、会稽山、古越龙山等企业的平均售价分别只有 0.53 万元/吨、0.6 万元/吨、0.62 万元/吨。巨大价格差异首先就是一个疑问

（六）真相？真相！

在《每日经济新闻》发布胜景山河造假调查报告及深交所发布胜景山河暂缓上市公告之后，外界对胜景山河虚增收入、虚构存货、水电费与生产情况不配比、隐瞒关联方、隐瞒自然人股东身份等问题的质疑也相继出现。无论姚胜如何"救火"都抵不住各方的压力和质疑，越来越多的媒体、公众和投资者呼吁调查事件的真相。纸，终于要包不住火了！

终于，中国证监会就胜景山河 IPO 造假事件跟进调查，并在 2011 年 4 月 6 日公布《关于撤销湖南胜景山河生物科技股份有限公司首次公开发行股票行政许可的决定》(简称《决定》)，撤销胜景山河公开发行股票的行政许可。《决定》指出，胜景山河招股说明书未按要求披露下列事项："一是岳阳市明明德商贸有限公司是你公司的主要客户之一，根据相关规则，2007 年 12 月至 2008 年 5 月期间明明德商贸与你公司之间存在关联关系，招股说明书中未披露明明德商贸与你公司间的关联方关系和关联交易；二是平江汉昌建筑公司、岳阳辉轮贸易公司和深圳诚德商贸三家公司 2008 年向你公司采购黄酒金额分别为 400 万元、600 万元和 508.24 万元，均超过招股说明书披露的第五大客户采购金额。"此外，胜景山河的存货金额大，其中库存原酒 22 199.25 吨存放于防空洞中，成本约 14 500 万元，占期末公司资产总额的比例约为 1/3。证监会在抽查审计工作底稿时发现，会计师未对报告期末存放在防空洞的原酒实施盘点，亦未实施监盘等审计程序，仅采用估算防空洞容积的方法测算储酒量，对这部分重要的存货未获取充分、适当的审计证据。

（七）折戟沉沙

收到证监会的调查结果，姚胜瘫坐在沙发上，多年的上市梦想，幻如烟云，随风而去。

在姚胜心焦力竭的同时，平安证券的林先生和中介机构的其他负责人也一直惴惴不安。终于，8 个月后，2011 年 11 月 30 日，证监会公布《对胜景山河项目中介机构及其责任人员采取监管措施》，对相关中介机构及责任人员的失误给予了处罚：胜景山河保荐机构平安证券及其保荐代表人的尽职调查工作不完善、不彻底，对胜景山河的销售及客户情况、关联方等事项核查不充分，未对胜景山河前五大客户进行任何函证或访谈，也没有对会计师工作进行审慎复核。证监会对平安证券采取出具警示函的监管措施，对保荐代表人林先生、周先生采取撤销保荐代表人资格的监管措施。此外，证监会对胜景山河的 IPO 审计机构(中审国际会计师事务所)采取出具警示函的监管措施，对签字会计师姚某某、吴某采取出具警示函并在 36 个月内不受理其出具的文件的监管措施；对胜景山河的 IPO 经办律师事务所湖南启元律师事务所采取出具警示函的监管措施，对签字律师刘某某、张某某采取出具警示函并在 12 个月内不受理其出具的文件的监管措施。其中,证监会撤销平安证券胜景山河项目两名签字保荐的保荐代表人资格这一处罚结果是中国保荐代表人制度实行以来第一次因项目问题而直接撤销保荐代表人资格,被誉为"史上最严保代处罚"(见表5)。

表5 中介机构受处罚汇总

中介机构		具体处罚内容
主承销商(保荐人)	平安证券	出具警示函
	保荐代表人:林某、周某某	撤销保荐代表人资格
会计师事务所	中审国际会计师事务所	出具警示函
	签字会计师:姚某某、吴某	出具警示函、36个月内不受理其出具的文件
律师事务所	湖南启元律师事务所	出具警示函
	签字律师:刘某某、张某某	出具警示函、12个月内不受理其出具的文件

(八)京华烟云

夜幕降临,姚胜独自倚靠在岳阳楼上,抽着闷烟。本该属于胜景山河的股票代码"002525"、保荐代表人拍着胸脯的保证、证监会获准发行的通知、资本市场强劲的看好、上市庆功宴上的浮华、媒体的突然发难、证监会临时叫停发行、专项组的调查和最后的罚单……这两年,他享受了高潮,也经历了低谷,繁华散尽,最终的结果让他无论如何也没法接受,已经过会的企业怎么会被临时叫停呢?

"不以物喜,不以己悲",突然想起北宋文学家范仲淹的《岳阳楼记》,姚胜胸中燃起一股热火,他猛地把手中的烟头掐断,岳阳人特有的性格是从哪里跌倒,再从哪里爬起来,他决定重整旗鼓,总结教训,严格规范公司运营活动和治理结构,理顺公司的采购、生产和销售链条,同时引入战略投资者,期待未来某一天能够再次敲响交易所的大钟。那时,他要面对的将是另一个场景:保荐代表人制度改革之后更加严格的上市条件、更加透明的媒体环境,以及全新的IPO发行审核制度——注册制……

三、讨论题

过而不发,谁该负责?胜景山河带给人们太多的启示,引发人们深刻地思考。本案例要求学员结合胜景山河 IPO 被否对企业上市流程、中国现行 IPO 审核政策、保荐代表人等中介机构责任、中国资本市场的媒体监督等深入了解 IPO 知识点,重点思考以下问题:

1. 胜景山河在决定是否上市时,应该关注 IPO 的哪些优点和缺点?如何确定发行方式、发行价格?如何准确制定和披露招股说明书内容?如何避免"过度包装"导致的发行失败?

2. 证监会发审委、平安证券、中审国际会计师事务所和券商卖方分析师分别扮演了什么角色?各方负有什么责任?在胜景山河案例中凸显的问题有哪些?在现行发行审核制度存在缺陷的背景下,媒体发挥了何种监督作用?

3. 现行 IPO 核准制发行流程的具体步骤是什么?发行审核制度的关键在哪里?存在什么问题?与核准制相比,IPO 注册制有哪些改进?在注册制背景下,保荐代表人的角色和责任有哪些改变?

参考文献

[1] 陈运森,宋顺林. 谁在乎承销商声誉?基于证监会处罚事件冲击的证据[J],中央财经大学工作论文,2014.

[2] 陈运森,郑登津,李路. 民营企业发审委社会关系、IPO 资格与上市后表现[J]. 会计研究,2014,2:12—19.

[3] 湖南胜景山河生物科技股份有限公司首发招股说明书,2010.

[4] 胜景山河涉嫌"酿造"弥天大谎,每日经济新闻,2010-12-16.

[5] 曾江洪. 资本运营与公司治理[M]. 北京:清华大学出版社,2010.

[6] 郑朝晖. IPO 四十大财务迷局[M]. 北京:机械工业出版社,2010.

[7] Yang, Z. F. Do Political Connections Add Value to Audit Firms? Evidence from IPO Audits in China[J]. Contemporary Accounting Research, 2012, 30(3):891—921.

案例使用说明

一、案例讨论的准备工作

(一)启发思考

(1)结合公司上市的优点和缺点,详细分析胜景山河上市的原因及其面临的诸多挑战。从发行人的角度思考发行方式、发行价格的确定、招股说明书内容的制定和披露、避免"过度包装"而导致发行失败。

(2)通过该案例,了解在中国内地资本市场上市的具体流程,同时与美国、中国香港等资本市场对比,找出现有审核流程需改进的地方。

(3)理解在公司上市的过程中,各中介机构(券商、会计师事务所、律师事务所等)的职能,深入分析在此案例中胜景山河 IPO 被否,各中介机构的问题何在?证券分析师为何只充当了"吹鼓手"的角色?如何在以后的 IPO 中防范此类事件再次发生?

(4)思考证监会发审委在 IPO 审核中的作用,结合证监会前主席郭树清所说"IPO 不审行不行"问题,以及 2014 年开始的新股发行从核准制向注册制改革的可行路径,寻求在中国资本市场优化 IPO 审核程序的可能性。

(二)分析思路

首先,了解胜景山河的公司背景、IPO 相关内容、发行审核流程及其最终发行失败的主要原因;其次,梳理分析券商、会计师事务所、律师事务所、证券分析师、证监会发审委各自的行为,反思导致胜景山河"过而不发"各方的责任;再次,突出证监会发审委在 IPO 流程中的核心职责和现行发行审核制度的缺陷;最后,引入中国资本市场即将实施的注册制发行方式改革。

(三)背景信息

1. 黄酒行业背景

黄酒是世界上最古老的酒类之一,源于中国绍兴且唯中国有之,与啤酒、葡萄酒并称世界三大古酒。黄酒产地较广,品种很多,著名的有绍兴加饭酒、绍兴状元红、江西吉安固江冬酒、无锡惠泉酒、上海老酒、福建老酒、江西九江封缸酒、江苏白蒲黄酒等。从销量情况来看，江浙一带无疑是黄酒最盛行的地区，相对而言黄酒在湖南的流行程度并不是非常高。

2."过而未发"背景

在胜景山河IPO造假案发生之前，立立电子和苏州恒久也发生了类似的"发审委审核通过、募集资金到位、IPO最终被否"事件。立立电子计划在2008年7月8日挂牌上市，发行价为21.81元/股，发行数量为2 600万股，实际募集资金为55 621.88万元。但在上市前期，《每日经济新闻》独家报道立立电子涉嫌掏空上市公司（浙大海纳）资产，引发市场各界强烈关注。中国证监会随即暂停了立立电子的上市进程。2009年4月7日，立立电子发布公告称，由于IPO上市被撤销，故将向投资者返还本息。2010年3月，苏州恒久上市前夕，有媒体报道公司招股说明书和申报文件中披露的全部五项专利及二项在申请专利的法律状态与事实不符，称公司当时全部产品均使用被终止的四项外观设计专利，50%的产品使用被终止的一项实用新型专利。有关监管部门随即要求保荐人等中介机构对媒体报道的有关问题进行核查。2010年6月13日，中国证监会决定撤销2010年2月26日做出的关于苏州恒久IPO行政许可。随后，苏州恒久将冻结资金返还投资者。

二、案例分析要点

在胜景山河IPO造假案例中，我们有必要详细了解理论上IPO利益各相方方在IPO过程中应承担的责任（特别是信息披露方面的职责），然后结合案例，分析在造假事件中利益各方是如何违反相关规定的。

（一）理论层面

从理论层面上，中国资本市场现行的发行审核制度属于核准制下的保荐制，在这种制度下，对拟上市公司信息披露的真实性、准确性和全面性都必须有很严格的要求。现实政策执行中也是按照这种严格信息披露制度推行的。2012年4月28日，证监会发布的《关于进一步深化新股发行体制改革的指导意见》中第一条就是，"完善规则，明确责任，强化信息披露的真实性、准确性、充分性和完整性"。

（1）发行人作为信息披露第一责任人，必须始终恪守诚实守信的行为准则。其基本义务和责任是，为保荐机构、会计师事务所和律师事务所等中介机构提供真实、完整的财务会计资料和其他资料,全面配合中介机构开展尽职调查。

(2)保荐机构应遵守业务规则和行业规范,诚实守信,勤勉尽责。对发行人的申请文件和招股说明书等信息披露资料进行尽职核查,督促发行人完整、客观地反映其基本情况和风险因素,并对其他中介机构出具的专业意见进行必要的核查。

(3)律师事务所应恪守律师职业道德和执业纪律,认真履行核查和验证义务,完整、客观地反映发行人合法存续与合规经营的相关情况、问题与风险,对其所出具文件的真实性、准确性、充分性和完整性负责。

(4)会计师事务所应结合业务质量控制的需要,制定包括复核制度在内的质量控制制度和程序。注册会计师在执行审计业务时,应当严守执业准则和会计师事务所质量控制制度,确保风险评估等重要审计程序执行到位,保持合理的职业怀疑态度,保持对财务异常信息的敏感度,防范管理层舞弊、利润操纵等行为发生。

此外还规定,进一步明确发行人及其控股股东和实际控制人、会计师事务所、保荐机构在财务会计资料提供、审计执业规范、辅导及尽职调查等方面的责任,坚决抑制包装粉饰行为。

(二)具体案例分析

此次"募集资金到位但IPO最终被否"事件的发生,从胜景山河自身到中介机构(券商、会计师事务所、律师事务所)和资本市场参与者(卖方分析师),甚至发审委本身都难辞其咎。

1. 胜景山河的主要问题

根据证监会的调查结果及媒体的揭露,胜景山河主要存在两个问题。

(1)胜景山河招股说明书未按要求披露以下事项:一是岳阳市明明德商贸有限公司是胜景山河的主要客户之一,根据相关规则,2007年12月至2008年5月之间明明德商贸与胜景山河存在关联关系,招股说明书未披露明明德商贸与胜景山河间的关联方关系和关联交易(见表6);二是平江汉昌建筑公司、岳阳辉轮贸易公司和深圳诚德商贸三家公司2008年向胜景山河采购黄酒金额分别为400万元、600万元和508.24万元,均超过招股说明书披露的第五大客户采购金额,但招股说明书未披露上述直销客户的情况。此外,胜景山河的存货金额大,其中库存原酒22 199.25 吨存放于防空洞中,成本约14 500 万元,占期末公司资产总额的比例约为1/3。证监会在抽查审计工作底稿时发现,会计师未对报告期末存放在防空洞的原酒实施盘点,亦未实施监盘等审计程序,仅采取估算防空洞容积的方法测算储酒数量,对该部分重要存货未获取充分、适当的审计证据。

表6 胜景山河与关联方的关联交易期末余额情况　　　　　　单位:元

项目	关联方	2010.6.30	2009.12.31	2008.12.31	2007.12.31
其他应收款	岳阳楼台酒业有限公司	—	—	—	250 849.59
	姚胜	—	—	665 000.00	969 090.82
应付股利	古越龙山	—	—	—	600 000.00
其他应付款	姚胜	—	—	24 287.45	27 998 340.00
	深圳市分享投资合伙企业	—	—	—	13 500 000.00
	深圳市利时和投资发展公司	—	—	—	10 800 000.00
应付账款	岳阳怡兴祥商贸有限公司	—	—	—	3 742 572.04

2007年12月至2008年5月,明明德商贸与胜景山河存在关联关系,但招股说明书未披露明明德商贸与胜景山河间的关联方关系和关联交易(见表7)。

表7 胜景山河前五大客户披露情况

期间	前五名客户	销售金额(万元)	营业收入占比(%)
2010年1月至6月	1. 广东深圳大唐元亨酒类发展有限公司	601.39	5.95
	2. 岳阳市明明德商贸有限公司	592.90	5.87
	3. 山西运城宏和华唐贸易有限公司	433.85	4.29
	4. 厦门万事鑫进出口有限公司	418.53	4.14
	5. 福州春海贸易有限公司	407.83	4.04
	合计	2 454.50	24.29

（续表）

期间	前五名客户	销售金额（万元）	营业收入占比（%）
2009年	1. 岳阳市明明德商贸有限公司	964.90	6.04
	2. 河北省邯郸市博瑞商贸公司	801.67	5.02
	3. 长沙开福区九哥贸易公司	705.79	4.42
	4. 山西运城宏和华唐贸易有限公司	703.03	4.40
	5. 长沙中企百货贸易有限公司	531.24	3.33
	合计	3 706.63	23.21
2008年	1. 长沙市开福区九哥食品商行	422.22	3.45
	2. 岳阳市明明德商贸有限公司	419.49	3.43
	3. 河南郑州天方原创贸易公司	290.60	2.37
	4. 四川省长晖贸易公司	289.74	2.36
	5. 河北省邯郸市博瑞商贸公司	258.12	2.11
	合计	1 680.17	13.72
2007年	1. 福州日月光辉贸易公司	419.21	4.83
	2. 长沙众友粮油食品有限公司	332.20	3.82
	3. 长沙耕耘者贸易有限公司	321.21	3.70
	4. 北京岳阳大厦	311.21	3.58
	5. 河北省邯郸市博瑞商贸公司	308.37	3.55
	合计	1 692.20	19.48

而事实上，明明德商贸与胜景山河的关联链条非常复杂（见图3）。

（2）胜景山河的股权存在问题，涉嫌隐瞒自然人股东和关联方。2008年2月23日，古越龙山与自然人蒋学如签订"国有股权转让合同"，古越龙山以724.6万元的价格将所持胜景山河股份转让给自然人蒋学如，四年仅仅溢价24.6万元。更为重要的是，此时胜景山河正筹划上市，而蒋学如与胜景山河董事长姚胜为亲戚关系，那么，古越龙山退出的背后是错失资产盛宴还是另有内情？四天之后的2008年2月27日，分享投资、湖南高创投等五位投资者以2.7元/股的价格对胜景山河进行了增资，而根据招股说明书，公司2007年每股净资产为

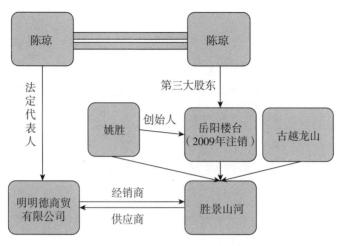

图3　明明德商贸与胜景山河的关联链条

2.7元。2009年3月22日,胜景山河决定以3.9元/股的价格向湖南高创投、白文涛、马炜峰定向增资600万股,其中湖南高创投405万股、白文涛150万股、马炜峰45万股。2009年3月25日,分享投资和白文涛签订了股份转让协议,约定分享投资将所持570万股胜景山河股份转让给执行合伙人白文涛,价格为3.9元/股;同日,利时和将所持400万股胜景山河股份按3.22元/股分别转让给其股东侯建刚和梁敬富,其中侯建刚受让320万股、梁敬富受让80万股。

2. 中介机构的问题

在2011年11月30日公布的《对胜景山河项目中介机构及其责任人员采取监管措施》中,证监会对胜景山河事件相关中介机构与责任人给予了严厉的处罚。

中介机构之所以遭遇如此严厉的处罚,原因在于存在以下三大问题:一是保荐代表人对销售及客户情况、关联方等事项核查不充分,未对前五大客户进行函证或访谈,未对会计师工作进行审慎复核;二是会计师在存货监盘、关联方和关联交易、重大客户销售真实性等环节的审计不够审慎;三是律师对关联方及关联交易、股东间关系等事项核查不充分。

3. 市场参与者的问题

在胜景山河IPO前,作为专业人士的券商分析师为何会齐唱赞歌?促使他们意见高度一致的因素有哪些?

原因一：分身乏术，研究员闭门造车。业内人士坦言，未实地调研就写报告，是IPO询价建议的一大弊端。券商研究员的询价建议一般是根据行业估值水平，结合当时市场总体估值水平及自身的估值模型做出的。

原因二：作为卖方，不敢得罪上市公司。券商研究员不敢轻易得罪上市公司，"不敢言"已成为业内另一大弊端。

原因三：股价走高，观点被行情"绑架"。券商研究员的观点不独立、随大流已经是业内通病。除了主观因素，一个客观因素是市场。由于市场供给不足而资金充裕，新股破发不常见，2 000余只股票现在连低于1元/股的垃圾股都没有，在这样的情形下，新股定价报告也只能随大流，能发现股价波动的大趋势就是成功的报告了。

4. 发审委的问题

在胜景山河IPO造假案例中，媒体和公众对证监会发审委的工作及发审委制度也提出了质疑。2010年12月21日，《中国经济时报》发表"胜景山河IPO涉嫌造假暴露重重怪相"，抨击发审委只发不审的问题。有投资者质疑："胜景山河造假上市，这个企业肯定有问题。那发审委的专家在干什么？难道他们审核新股IPO就是坐在会议室看看新股发行说明书？"

针对中国IPO市场的保荐制问题，证监会前主席郭树清在2012年2月10日就抛出问题"IPO不审行不行"，从而引发"IPO核准制能否取消"的大讨论。经济学家许小年表示："现在审批并未保证上市公司的质量，缺少好公司，股民当然赚不到钱，只能在炒作的游戏中给内幕人抬轿子。监管者的重点是信息披露，而非公司质量。"经济学家刘纪鹏则表示："就发行来说，要从实质性审核到程序性和形式性审核，要从替股民选美的价值判断转到仅进行真实性审查上。取消发审委，把责任落实到拿高薪的保荐人和承销商身上。"记者张继伟更是质疑："证监会是负责看场子的警察，你的工作是抓坏人、抓骗子、维护交易安全，但你不能把着市场入口，谁能进去卖肉谁不能进去卖肉这事不能由你来决定。"

三、教学安排

（1）教师把案例介绍穿插到讲授高级财务管理理论与实践的过程中，引导学员分组讨论由案例引发的思考，并推荐代表陈述讨论内容。教师点评，引导案例分析的深化进行（见表8）。

表8 课堂计划(1)

内容	主角	组织与要求	时间
快速串联IPO的相关理论及实践	教师	结合IPO具体理论,介绍案例背景并提出案例讨论思考题	10分钟
列示案例讨论主题,并按照不同角色扮演的学员进行分组	教师	由教师列示案例讨论主题,明确每个小组围绕案例讨论主题讨论分析案例问题	2分钟
案例讨论	学员	要求每个小组结合所学的理论知识针对思考题进行讨论,并完善案例讨论主题表的相关内容	13分钟
陈述和点评	学员和教师	要求每个小组推荐一名代表陈述讨论情况及达成的共识、产生的分歧,完善案例讨论主题表的相关内容;教师点评小组讨论情况并引导学员正确理解和深入分析问题	10分钟

案例讨论主题如表9所示。

表9 案例讨论主题

序号	讨论主题	案例中的相关线索	涉及的相关理论和知识	结论/启示/感受
1	上市的优点和缺点			
2	上市具体流程			
3	中介机构的职责			
4	具体造假内容			
5	IPO审核的完善			

(2)课前把案例及案例讨论主题表发给学员,学员分组讨论;课堂上根据所讲授的IPO基础理论穿插提问,要求学员陈述案例讨论结论,以此引导学员把所学的理论和案例讨论内容融合起来,深化对中国资本市场IPO尚存在问题的理解(见表10)。

表 10　课堂计划（2）

内容	主角	组织与要求	时间
分组讨论案例	学员	要求学员分组讨论案例，并完善案例讨论主题表的相关内容	课前
讲授 IPO 前沿理论和实践	教师		15 分钟
结合案例及所讲授的理论，提出案例讨论思考题	学员	挑选学员围绕问题陈述小组案例讨论结论	15 分钟
进一步修改案例讨论主题表的相关内容	学员	要求每个小组的学员根据教师讲授内容及其他小组的陈述，进一步修改案例讨论主题表的相关内容	5 分钟
学员提问	学员和教师	要求每个小组推荐一名学员将案例讨论中产生的分歧、听取其他小组观点后产生的疑问提出来，教师针对分歧和疑问进行讲解	10 分钟

审 计

B 会计师事务所拓展 PPP 相关服务业务[①]

李晓慧

专业领域/方向：审计

适用课程：高级审计理论与实务、会计师事务所管理

教学目标：引导学员进一步关注会计师事务所业务战略转型的决策，以及保障会计师事务所拓展 PPP 相关服务业务的创新实践。一方面，学员可以在审计市场竞争激烈的背景下，进一步思考会计师事务所如何通过加大投入来招募人才、开发技术模板、市场调研和营销等措施积极为政府及其职能部门提供 PPP 相关服务业务；另一方面，学员可以了解会计师事务所为政府及其职能部门提供 PPP 相关服务业务的内容及主要关注事项，拓宽会计师事务所服务政府及其职能部门的深度和广度。

知识点：PPP 项目　PPP 相关服务业务

关键词：业务拓展　PPP 项目　PPP 相关服务业务　专业技能

摘　要：在激烈的市场竞争下，B 会计师事务所抓住政府职能转变中大力推广和运用 PPP 模式的机会寻求业务战略转移，并通过加大投入来招募人才、开发技术模板、市场调研和营销等措施，积极为政府及其职能部门提供 PPP 相关服务业务。本案例在素材选取、题目设计上侧重于引导学员进一步关注注册会计师为政府及其职能部门提供 PPP 相关服务业务的动因，以及如何创新地为政府及其职能部门提供 PPP 相关服务业务。

[①] 本案例的素材及参考资料均来自对真实的会计师事务所调研获取的第一手材料，应事务所保密的要求，事务所名称及相关涉及人员、城市均采用化名。

我国经济进入了减速提档、质量提升的新常态,政府职能转变的核心是简政放权,强化宏观调控下充分发挥市场基础配置的作用。在这种背景下,作为A市最大的会计师事务所,B会计师事务所主任会计师李华深感事务所必须抓住这个历史的使命期,为政府职能转变提供深度服务。B会计师事务所如何拓展业务,为政府职能转变提供深度服务呢?

一、背景简介

(一)会计师事务所业务转型和创新大势所趋

20世纪80年代末,欧美等西方发达国家注册会计师行业的非审计业务收入就超过了审计业务收入,尽管"安然事件"等一系列财务丑闻爆发后,美国政府出台的《萨班斯-奥克斯利法案》禁止会计师事务所向审计客户提供包括簿记等九种类型的非审计业务,但四大会计师事务所2013财务年度的非审计业务收入占比仍超过50%。在我国,尽管《注册会计师法》第十五条规定"注册会计师可以承办会计咨询、会计服务业务",其他相关法律并没有禁止注册会计师向审计客户提供审计以外的其他服务,但就目前执业领域来看,国内会计师事务所的审计业务收入占比超过70%,非审计业务收入占比不到30%。理论界与实务界普遍认为,这种业务结构导致审计市场过度竞争,注册会计师执业质量和诚信水平受到威胁,不利于注册会计师在资本市场发挥应有的作用。

为了改变这种状况,我国政府采取了有别美国等西方国家的做法。2009年,国务院办公厅转发财政部《关于加快发展我国注册会计师行业的若干意见》(国办发〔2009〕56号),鼓励会计师事务所大力拓展新的执业领域。2010年,中国注册会计师协会提出"用八年左右的时间,使审计业务与非审计业务收入的比重达到5∶5"的行业转型目标。

(二)PPP相关服务业务的市场需求

2015年5月22日,国务院办公厅转发财政部、发改委、人民银行《关于在公共服务领域推广政府和社会资本合作模式指导意见的通知》(国办发〔2015〕42号文),这是PPP模式推广过程中具有里程碑意义的重要文件。该文件强调,PPP模式是公共服务在供给机制上的重大创新,是对充分发挥市场机制作用这一精神的贯彻落实,能够显著提升公共服务的供给质量和效率,实现社会公共利益的最大化。在 PPP 模式下,政府采取竞争性方式,择优选择社会资本,政府和社会资本双方按照平等协商的原则签订合同,明确风险分担和权责关系。这样既能够有助于加快政府职能的转变,有助于打破行业"玻璃门""弹簧门"、激发市场活力和创造力,有助于提高财政资金使用效益,又能够保证社会资本获得合理收益。

目前,地方政府债务主要投向市政建设、公用事业、交通运输、生态环保等基建领域,考虑到 2015 年新预算法和 43 号文全面实施,地方政府融资逐渐受限,预计 2015 年新增地方政府融资需求与当年基建之比为 20%。PPP 模式作为弥合新型城镇化过程中基建投资缺口和地方政府债务高企之间矛盾的重要手段,2015 年市场规模很有可能达到 2 万亿元,并在中期时间框架内稳步增长。

实际上,2014 年发改委发布 PPP 项目总投资达 1.97 万亿元,财政部也发布了 30 个 PPP 示范项目,PPP 模式推广市场不断扩大。

(1) 新型城镇化资金需求庞大,传统融资渠道难以为继。一方面,PPP 模式可以解决部分城镇化建设资金;另一方面,PPP 模式或将成为地方融资平台转型的方向,融资平台公司可以探索转型参与 PPP 模式。

(2) PPP 模式的优势显著。在不增加政府债务负担的情况下,PPP 模式不仅满足了基础设施和公共服务的建设需求,还结合了政府和社会资源的优势,有助于引入先进的管理经验和技术,提高公共服务的质量和效率。

(3) PPP 是国家确定的重大经济改革任务。PPP 模式不仅是微观层面的操作模式升级,更是宏观层面的体制、机制变革,是加快新型城镇化建设、提升国家治理能力、构建现代财政制度的重要抓手,中央将其上升到国家治理层面加以推进。

(4) 政府推动 PPP 模式发展的决心强烈。中央一直致力于推动 PPP 模式在中国的发展,目前密集出台的各种政策文件已经起到很强的政策导向作用,接下来要做的就是进一步完善政策法规以及解决实际应用中的困难。

在这样的背景下,PPP 模式大力推广应用的最大难题是:如何把 PPP 模式与各地的具体情况相结合,探索出富有绩效的最佳实践。在这个过程中,会计师事务所拥有得天独厚的专业和角色优势,既是政府及其职能部门的"外脑",又是社会资本的"手"和"眼"。具体来说,一方面,会计师事务所可以通过鉴证类的服务对 PPP 模式运营主体的经营成果进行认定和阐释,作为"外脑"帮助政府跨越从遵循事业单位会计准则转变为遵循企业会计准则的鸿沟,提高政府的决策运行效率,从而降低项目的财务成本和机会成本;另一方面,会计师事务所可以向 SPV(特殊目的实体)提供风险管控及财税类咨询服务,作为政府部门加强对风险实时监控的"手"和"眼",降低项目的运营风险和财务风险。

二、案例概况

(一) B 会计师事务所拓展 PPP 相关服务的战略难题与决策

A 市共有会计师事务所 56 家,其中 35 家为全国百强会计师事务所的分所,20 家为新设立的会计师事务所。35 家全国百强会计师事务所的分所凭借大事务所统一的声誉,承办公众公司及大企业的年报审计业务、在建工程审计业务、企业兼并重组相关服务、会计信息系统服务业务和会计服务业务;新设立的会计师事务所凭借灵活的机制和人脉关系,不断拓展审计业务和代理记账、税务代理和财务顾问等会计、税务服务业务。在众多会计师事务所的激烈竞争中,B 会计师事务所最早实施战略转移,由传统的报表审计业务、在建工程审计业务转向跟进国家政策变动,为政府及其职能部门服务领域。B 会计师事务所为政府及其职能部门提供的各项专项审计业务已经占全事务所业务的一半以上,逐步成为 A 市最大的会计师事务所,业务客户数目最多。

12 月 13 日,B 会计师事务所主任会计师李华召集会计师事务所的中高层管理者讨论研究如何跟进政府职能转变,为积极参与 PPP 模式的推广和应用提供相关服务。他们清醒地认识到 B 会计师事务所当前面临的难题:

难题 1:B 会计师事务所缺乏提供 PPP 相关服务的人才和技术。由于会计师事务所过去长期从事鉴证业务,擅长与企业打交道,专长集中在会计审计领域,如何与政府打交道,在推动 PPP 项目中既是政府的"外脑"又是社会资本的"手"和"眼"呢?这无疑是新生事物。

难题 2:尽管基于自身发展需要以及政策的推动,A 市有强烈的愿望推动 PPP 项目,但是 B 会计师事务所何以吸引或唤醒政府及其职能部门把承办 PPP 项目相关服务委托给 B 会计师事务所呢?

为了解决这些难题,李华及其管理团队决定进行制度创新。他们设计和完善制度,决定从会计师事务所发展基金中拿出大量资金,用于为政府及其职能部门提供 PPP 模式推广和应用相关服务的人才引进、技术开发及市场调研。

(二) B 会计师事务所拓展 PPP 相关服务的战略实施

1. 专业技能的准备与营销

会议结束后,他们马上主抓和落实两件事情:一是专门出资聘请熟悉地方债、公共管理及 PPP 模式的专家为会计师事务所员工解读相关政策、法规及国际上最佳 PPP 模式实践,通过培训让事务所员工熟悉 PPP 相关的政策、法规及其实践;二是通过猎头公司并精心挑选,高薪引进在国外从事过 PPP 项目运作的海归博士张荣,设立专门资金支持张荣带领 B 会计师事务所业务骨干,精心制定为政府及其职能部门提供综合管理咨询服务的业务流程与技术模板。

一方面,B 会计师事务所鼓励张荣及其团队把研究 PPP 的相关成果提炼为论文在期刊上发表,并编撰 PPP 相关书籍;另一方面,B 会计师事务所利用脱钩改制后一直为政府及其职能部门提供财政投资绩效评审、会计信息专项审查等业务,与政府及其职能部门建立了一定的信任关系,积极参加政府及其职能部门组织的关于规范地方债及推广 PPP 模式的相关会议和活动。期间,李华及其管理团队成员有技巧地向政府及其相关职能部门的领导介绍和汇报了 B 会计师事务所研发的、为地方政府提供 PPP 综合服务的业务流程与技术模板。A 市政府发现其疑虑和亟待解决的问题有专业力量可以帮助解决,于是有强烈意向购买 B 会计师事务所提供的中介服务。

2. 市场调研中寻找技术与现实对接

尽管已经获得政府购买服务的意向,但要真正为政府及其职能部门提供高质量的服务,必须了解政府及其职能部门推动 PPP 项目真正的目标、需求与条件。为此,主任会计师李华亲自带队对 A 市相关情况进行调研。

A 市在上一届政府轰轰烈烈大发展时期,利用发放城投债(又称准市政债,是地方投融资平台作为发行主体,公开发行企业债和中期票据,主业多为地方基础设施建设或公益性项目)的方式,在注册资金不足 1 亿元的城建融资平台上每年贷款建设规模高达几十亿元,且大部分期限为 5—10 年。2014 年 9 月,《国务院关于加强地方政府性债务管理的意见》(43 号文)要求地方融资平台必须剥离政府融资职能,融资平台公司不得新增政府债务。在这种背景下,A市政府面临以下问题:(1)甄别城投债;(2)如果城投债无法被确认为政府承担责任的地方债,那么未来2—3年属于密集偿还期,在无法发行新债偿还旧债时如何偿债?(3)对于一座城市来讲,供水、供电、燃气、园林绿化、公共卫生、污水处理、垃圾处理、轨道交通、路网交通、市政建设等公共领域项目需要继续投资,在清理地方融资平台、规范地方债发行的背景下,如何解决这些公共项目的大量资金来源?

与此同时,大量社会资本希望通过PPP模式进入公共领域,但是担心政府及其职能部门的行政干预致使它们利用PPP模式进入公共领域后不好挣钱或赚不到钱。

A市政府拟推动的PPP项目大致分为经济、社会和政府三类。经济类包括交通运输、市政公用事业、园区开发、节能环保等领域;社会类包括保障性住房、教育、文化、卫生等领域;政府类主要服务于司法执法、行政、防务等领域。在PPP模式下,政府和社会资本只有在反复磨合的过程中,遵从契约精神,做好运营环节,才能真正实现物有所值,实现成本全生命周期下的优化,才能真正使利益相关方各展所长,提高财政资金的使用效率,改善全社会的公共福利水平。

针对以上情况,B会计师事务所按照已经开发的规范操作流程获取证据和现实资料,设计出政府利用PPP模式解决公共领域资金及其偿还的综合联动方案。在该方案的设计和实施中,B会计师事务所重点关注:

(1)强化PPP项目政府法律责任的不可免除性和公私双方的伙伴关系。这关键在于根据银行、社会资本参与的偏好以及不同公共项目运营和盈利模式,选择和运用不同的PPP运作方式(见表1),保障财政资本和社会资本高效协调运作。

表1 常见PPP运作方式

PPP运作方式	承担职能的合作方			
	融资	设计	建造	运营维护
1. 运营与维护(O&M)	政府	—	—	社会资本
2. 设计—建造—租赁(DBL) 3. 建造—移交—租赁(BTL)	政府	社会资本	社会资本	社会资本

(续表)

PPP 运作方式	承担职能的合作方			
	融资	设计	建造	运营维护
4. 建造—移交—运营（BTO） 5. 设计—建造—运营—维护（DBOM）				
6. 建造—移交（BT）	社会资本	政府	社会资本	政府
7. 移交—运营—移交（TOT）	社会资本	—	—	社会资本
8. 建造—运营—移交（BOT） 9. 建造—拥有—运营—移交（BOOT） 10. 设计—建造—融资—运营—维护（DBFOM/DBFO） 11. 改造—运营—移交（ROT）	社会资本	社会资本	社会资本	社会资本

（2）政府职能转变过程中增强责任意识和服务意识。这关键在于按照社会资本方、特许经营者和项目公司获得收入的方式精心设计付费方式，解决社会资本的收益保障问题。

PPP 项目付费方式可分为三类：使用者付费方式、政府付费方式和可见缺口补贴方式（用户付费不足部分由政府补贴，或称混合付费方式）。不同付费方式的对比及适用范围如图 1、表 2 所示。

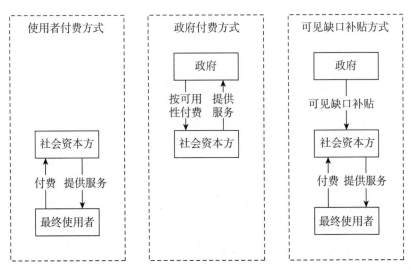

图 1　PPP 项目的三种付费方式

表2　PPP项目三种付费方式的适用范围

方式	适用范围
1. 使用者付费方式	通常用于可经营性系数较高、财务效益良好、直接向终端用户提供服务的基础设施项目,如市政供水、城市管道燃气和收费公路等
2. 政府付费方式	通常用于不直接向终端用户提供服务的终端型基础设施项目,如市政污水处理厂、垃圾焚烧发电厂等,或者不具备收益性的基础设施项目,如市政道路、河道治理等
3. 可见缺口付费方式	通常用于可经营性系数较低、财务效益欠佳、直接向终端用户提供服务但收费无法覆盖投资和运营回报的基础设施项目,如医院、学校、文化及体育场馆、保障房、价格调整之后或需求不足的网络型市政公用项目、交通流量不足的收费公路等

3. 强化对特许权的监管和控制

(1) 科学设计和实施PPP合同授予中的招投标程序。首先,解决总是低价格中标扰乱市场秩序的问题,流程中涉及价格标应当单独密封提交。先评技术标,并按综合指标把技术标分为优、中等、差三类。只有技术标进入优秀行列才打开价格标,取价格最低者。对于从技术层面更难区分层级梯队或者业务/交易可以概算出价格的一些应标者,通过市场询价算出一般价格水平,凡是低于一般价格水平的标书确定为"废标",只有高于一般价格水平的标书才能参与评标。价格标也作为综合评分的一项指标,取专家评分最高的标书。其次,解决领导打招呼的问题。招投标流程公开透明,评标专家应当从专家库随机抽出,并在专家进入评标现场时才告知需评定的标书。最后,解决应标者骨干人员构成拼凑的问题。通过大数据库和信息网络对相关骨干人员的任职、资格、荣誉等进行联网确认,作为专家评标的基础。

(2) 明确规定特许权的终止和补偿。民营资本在决定是否参与一个特许经营项目时考虑的最重要问题之一就是:一旦其利益在特许公司的选择、特许经营合同的订立及履行过程中受到损害,能否得到迅速、公正和充分的法律救助。而对于政府也一样,担心特许公司不认真履行职责而造成重大损失。因此,在特许经营协议中应有足够的条款讨论协议的终止和补偿问题。

在为政府及其职能部门提供PPP相关服务业务的过程中,B会计师事务所帮助政府及其职能部门设计PPP公共投资基金,筛选适合推行PPP的公共项目并予以政府公告,优选设计、施工建设、配套开发、运营管理具有优势的企业,优化招投标流程和制度等,不仅充分体现了"风险共担、全程参与、权责清晰、分段平衡"的PPP模式的基本要求,还置换了原来的城投债,引入民间资本及市场化运作机制。这样,对于政府来讲,可以利用较小的投入合理规划和引导公共项目的发展,解决公共产品供给问题;对于遗留下来的城投债,可以保证其偿还;对于在建的公共项目,后续资金有了保障;对于银行或私营资本,也有了持续稳定的价值增值的利润来源。

(三) B 会计师事务所为政府提供 PPP 相关服务业务

PPP 的精髓:一是政府和社会资本方依法平等合作,遵循契约精神,秉持规范、公正、公开的原则开展 PPP 项目;二是 PPP 项目须注重全生命周期的绩效管理;三是风险分担、利益共享;四是物有所值,即少花钱、多办事、办好事。

围绕 PPP 的精髓,注册会计师积极参与 PPP 模式的推广和运用的主要业务如下:

(1) 提供 PPP 模式相关的管理咨询服务。PPP 模式成功的关键是各方都获利,这要求精确计量成本,设计出兼顾各方利益的方案,注册会计师可以在这方面为 PPP 各方(资本方、设计方、建造方、运营维护方)设计风险分担、利益共享的物有所值的管理咨询服务。注册会计师介入的具体环节包括 PPP 项目筛选、前期调研、项目论证、资金测算和方案优化。方案优化既包括融资组合与融资结构,也包括运营与维护(O&M)、设计—建造—租赁(DBL)、建造—移交—租赁(BTL)、建造—移交—运营(BTO)、设计—建造—运营—维护(DBOM)、建造—移交(BT)、移交—运营—移交(TOT)、建造—运营—移交(BOT)、建造—拥有—运营—移交(BOOT)、设计—建造—融资—运营—维护(DBFOM/DBFO)、改造—运营—移交(ROT)等方式选择,以及使用者付费方式、政府付费方式和可见缺口补贴方式选择。

会计师事务所为政府及其职能部门提供的 PPP 模式相关管理咨询服务既可以是整体一条龙的,也可以是细分的专项管理咨询服务。

(2) 提供鉴证业务。PPP 模式有效运作的前提是遵循契约精神,秉持规范、公正、公开的原则开展,这要求注册会计师在 PPP 模式全生命周期下提供鉴证服务,监督其规范运作,具体包括资金运用专项审计、项目绩效专项审计、招投标全过程鉴证、特许权或收费权的专项审计等。

会计师事务所为政府及其职能部门提供的 PPP 相关服务业务主要是在 PPP 模式的推广和运用中发挥以下作用：

（1）发挥强有力的监管作用，认真做好项目实施前期的评审工作和项目组织实施期间的资金管理使用情况核查工作。在 PPP 模式下，社会资本方承担部分以往由政府公共部门承担的角色，角色转换过程中难免会产生一些不规范的操作。这时，会计师事务所提供对 PPP 项目全过程的鉴证业务，提供对 PPP 项目的绩效及其财政资金、社会资本有效运营的监督。

（2）做好 PPP 项目的评价与分析，科学评估 PPP 项目实施的阶段性效果和完成后的整体性效果，搞好经验总结等工作，为今后的项目开展提供重要的参考依据。会计师事务所在参与政府组织的 PPP 项目筛选、资金测算、方案优化等时，要做好前期调研、项目论证工作。注册会计师在参与评估项目时，要根据政府投资、公益性或准公益性、特许经营（有收费权）等指标进行评判，选取具有优势的基础设施项目。在前期立项设计、前期准备和评估论证过程中，会计师事务所要高度重视项目的示范性与创新性，确保所申报项目符合国家重点发展领域的条件和要求，提高资金的使用效率。

（3）积极组织培训学习，加强对 PPP 模式的认知程度以及对风险的把控。在 PPP 模式的推广中，会计师事务所应当利用知识和专业优势积极开展 PPP 项目的研究分析，组织专题培训，交流经验，系统传播 PPP 融资模式以及国内外 PPP 模式的成功案例，提高人们对 PPP 模式的认知并科学、有效地实践 PPP 模式。

三、讨论题

B 会计师事务所拓展 PPP 相关服务过程的描述，引发人们太多的思考，重点思考以下问题：

1. 会计师事务所拓展 PPP 相关服务的动因和价值是什么？
2. 会计师事务所依靠什么拓展 PPP 相关服务？
3. 会计师事务所为政府及其职能部门提供 PPP 相关服务业务应注意什么？
4. 会计师事务所能够为政府及其职能部门提供哪些 PPP 相关服务业务？
5. 会计师事务所在 PPP 模式的推广和应用中能够发挥什么作用？

案例使用说明

一、案例讨论的准备工作

为了有效实现本案例的教学目标,学员应该具备下列相关知识背景。

(一) 理论背景

1. 会计师事务所业务范围

如图 2 所示,会计师事务所以历史财务信息的审计和审阅业务拓展到其他鉴证业务,再拓展到管理咨询业务,这不仅是会计师事务所业务范围的扩大,更是注册会计师由以鉴证职能为主转向鉴证职能和咨询服务职能并重的体现。

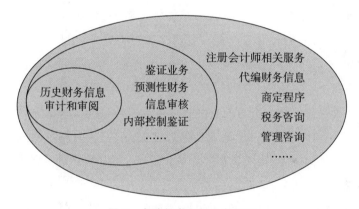

图 2 会计师事务所业务拓展

2. 已有的管理咨询业务种类

根据《注册会计师业务指导目录(2014 年)》,会计师事务所开拓的管理咨询业务大致包括:

(1) 为政府及其职能部门提供的管理咨询服务。预算绩效管理咨询服务;为制定行政事业性收费标准提供成本审核业务;参与社会组织评估工作;参与政府及其职能部门政策制定及政策实施的调查研究等。

(2) 与企业日常经营管理相关的管理咨询服务。协助企业制定经营发展战略并帮助实施;帮助企业重构组织架构、业务流程、内部控制与风险管理;协助企业评价绩效;协助企业在信息系统中构建分析、决策模型;协助企业设计员工福利计划;提供企业人力资源管理咨询,协助企业建立激励约束机制;协助企业选择和实施企业资源计划(ERP);顾客关系管理咨询;企业财务转型咨询;企业信息化咨询;财务顾问;企业公共关系管理、企业无形资产清查与优化管理咨询服务等。

(3) 涉及企业并购重组的管理咨询服务。帮助企业选择并购对象;财务、税务与经营尽职调查;协助确定并购重组交易价格;参与企业合同与信贷谈判;帮助企业设计收购、融资、重组、改制方案;股权方案优化设计服务;并购重组中税务与会计问题咨询;企业购并重组中特殊问题解决方案咨询,如资产剥离、权益融资、债权人利益保护、职工补偿金核算、策略性退出和再出售等;企业并购重组后业务再生的咨询,如战略评估、流程改造、资产调换、成本控制、业绩评价、资产管理、税收重组等咨询业务;企业并购后的整合咨询业务;破产顾问服务、托管人与接管人服务;破产诉讼与赔偿管理咨询;企业危机管理;境外企业并购的咨询服务;国企改制架构重组复杂交易咨询服务;中小企业重组管理咨询服务;上市公司并购重组财务顾问业务;《萨班斯-奥克斯利法案》内部控制测试咨询服务等。

(4) 涉及企业争端分析与调查的管理咨询服务。反洗钱法庭调查;反垄断法庭调查;反倾销专业服务;反商业贿赂专业服务;资产追踪与恢复咨询服务;商业保险索赔咨询服务;购买价格纠纷咨询服务;海损事故纠纷咨询服务;特许权与收入恢复咨询服务;证券纠纷咨询服务;建筑纠纷咨询服务;股东纠纷咨询服务;债权债务纠纷咨询服务;税收纠纷咨询服务;企业声誉风险管理服务等。

(5) 企业的风险管理咨询服务。提高企业风险和价值的洞察力咨询服务;设计优化程序和结构的咨询服务;创造风险和价值管理能力的咨询服务;战略风险管理咨询服务;流程风险管理咨询服务;技术创新风险管理咨询服务;业绩改善咨询服务;决策变化咨询服务;企业海外拓展咨询服务;其他特殊领域的风险管理咨询服务等。

(6) 工程造价、资产评估咨询服务。设计概算;编制工程预算等资料的服务;编制工程结算等资料的服务;施工阶段全过程造价控制服务;资产评估服务等。

(7) 其他代理咨询服务。代理工商登记;代编投标标书并代理招投标;代理招募财务经理;公司秘书服务;个人财务顾问服务。

（8）其他及特定领域的管理咨询业务。破产管理人；为外商投资企业代办外汇年检信息申报业务；为农村集体经济提供管理咨询；资产价值相关咨询业务；个人理财服务；金融资产证券化服务；国际金融衍生品合同相关服务；尽职调查；资信调查等。此外，还有会计师事务所管理咨询服务业务种类及其管理会计咨询服务业务种类；会计师事务所业务拓展决策选择的影响因素及其科学决策的机制；会计师事务所管理会计咨询服务业务拓展策略等。

3. PPP模式的内涵

PPP模式的内涵主要包括四个方面：

（1）PPP是一种新型的项目融资模式。项目PPP融资是以项目为主体的融资活动，是项目融资的一种实现形式，主要根据项目的预期收益、资产以及政府扶持措施的力度而非项目投资人或发起人的资信来安排融资。

（2）PPP融资模式可以使社会资本更多地参与到项目中，以提高效率、降低风险，这也正是现行项目融资模式所欠缺的。政府与社会资本以特许权协议为基础展开全程合作，双方共同对项目运行的整个周期负责。

（3）PPP模式可以在一定程度上保证社会资本方有利可图。社会资本的投资目标是寻求既能还贷又有投资回报的项目。而在PPP模式下，政府以给予社会资本方相应的政策扶持作为补偿，从而很好地解决了这个问题。

（4）PPP模式在减轻政府初期建设投资负担和风险的前提下，提高了基础设施建设的服务质量。在PPP模式下，政府和社会资本共同参与城市基础设施的建设与运营，由社会资本负责项目融资，有可能增加项目的资本金数量，进而降低较高的资产负债率。这样不但能节省政府的投资，而且可以将项目的部分风险转移给社会资本方，从而降低政府的风险。同时，双方可以形成互利的长期目标，更好地为社会和公众提供服务。

大体概括一下，PPP的精髓：一是政府和社会资本方依法平等合作，遵循契约精神，秉持规范、公正、公开的原则开展PPP项目；二是PPP项目须注重全生命周期的绩效管理；三是风险分担、利益共享；四是物有所值，即少花钱、多办事、办好事。

（二）行业背景

自1980年我国注册会计师行业恢复重建以来，随着我国经济建设及改革的推进,注册会计师更加深度地服务于经济建设的各个领域。2009年10月,国务院办公厅转发财政部《关于加快发展我国注册会计师行业的若干意见》,提出会计师事务所执业领域大幅度拓展的主要目标,"将医院等医疗卫生机构、大中专院校以及基金会等非营利组织的财务报表纳入注册会计师审计范围。在巩固财务会计报告审计、资本验证、涉税鉴证等业务的基础上,积极向企事业单位内部控制、管理咨询、并购重组、资信调查、专项审计、业绩评价、司法鉴定、投资决策、政府购买服务等相关业务领域延伸,推动大型会计师事务所业务转变和升级,加速向高端型、高附加值、国际化业务发展"。我国会计师事务所业务拓展和变化主要体现在以下五方面:

(1) 从盈利组织拓展到公共和非营利组织,如从外商投资企业、国有企业、上市公司等拓展到政府及其职能部门、居民委员会、基金委员会以及其他社会团体等。

(2) 从企事业单位拓展到个人,如为个人出国留学、理财、税务等方面提供鉴证或相关服务业务。

(3) 从以城市为重(中)心拓展到城乡兼顾,如以新农村建设为重(中)心的鉴证或相关服务业务。

(4) 从以金融企业、上市公司、外商企业为业务增长点拓展到以文化企业、科技创新企业、环保节能企业、中国企业海外上市投融资及设立境外分支机构等为业务增长点。

(5) 从审计业务拓展到其他鉴证、管理咨询服务、会计服务、税务服务和信息服务等。

在激烈竞争的注册会计师服务市场上,会计师事务所在内外压力驱动下不断拓展非审计业务,非审计业务连续四年保持较快增长(见表3),体现出会计师事务所新业务开拓能力的提高以及注册会计师多元化业务发展的良好趋势,但非审计业务的增长仍存在很大的空间。

表3　2009—2014年业务收入构成　　　　　　　　　　单位:%

年度	审计业务占比	审计业务增长率	非审计业务占比	非审计业务增长率
2009	85.08	5.25	14.93	−11.64
2010	85.93	11.66	14.07	4.19

（续表）

年度	审计业务占比	审计业务增长率	非审计业务占比	非审计业务增长率
2011	78.53	7.88	21.47	80.16
2012	76.28	9.50	23.72	24.53
2013	74.30	3.88	25.70	15.55
2014	73.52	11.65	26.48	16.26

资料来源：根据中国注册会计师行业发展报告以及中国注册会计师协会公告数据整理而来。

（三）制度背景

1. 注册会计师业务拓展相关制度

自2009年10月国务院办公厅转发财政部《关于加快发展我国注册会计师行业的若干意见》后，中国注册会计师协会发布了一系列推动会计师事务所业务拓展的政策文件，如《中国注册会计师行业新业务拓展战略实施意见》《注册会计师业务指导目录（2010年）》《注册会计师业务指导目录（2012年）》《注册会计师业务指导目录（2014年）》等。

2. PPP相关规制

（1）《中华人民共和国预算法（2014年修正）》（主席令第12号）

（2）《中华人民共和国政府采购法（2014年修正）》（主席令第14号）

（3）《中华人民共和国政府采购法实施条例》（国务院令第658号）

（4）《集中采购机构监督考核管理办法》（财库〔2003〕120号）

（5）《中华人民共和国招标投标法》（主席令第21号）

（6）《中华人民共和国招标投标法实施条例》（国务院令第613号）

（7）《工程建设项目招标范围和规模标准规定》（国家计委令第3号）

（8）《国务院关于加强城市基础设施建设的意见》（国发〔2013〕36号）

（9）《国务院关于加强地方政府性债务管理的意见》（国发〔2014〕43号）

（10）《国务院关于深化预算管理制度改革的决定》（国发〔2014〕45号）

（11）《国务院关于发布政府核准的投资项目目录（2014年）的通知》（国发〔2014〕53号）

（12）《国务院关于创新重点领域投融资机制鼓励社会投资的指导意见》

(国发〔2014〕60号)

(13)《国务院办公厅关于政府向社会力量购买服务的指导意见》(国办发〔2013〕96号)

(14)《财政部关于推广运用政府和社会资本合作模式有关问题的通知》(财金〔2014〕76号)

(15)《财政部关于政府和社会资本合作示范项目实施有关问题的通知》(财金〔2014〕112号)

(16)《财政部关于印发政府和社会资本合作模式操作指南(试行)的通知》(财金〔2014〕113号)

(17)《财政部关于规范政府和社会资本合作合同管理工作的通知》(财金〔2014〕156号)

(18)《政府采购非招标采购方式管理办法》(财政部令第74号)

(19)《财政部关于印发〈地方政府存量债务纳入预算管理清理甄别办法〉的通知》(财预〔2014〕351号)

(20)《财政部关于印发〈政府采购竞争性磋商采购方式管理暂行办法〉的通知》(财库〔2014〕214号)

(21)《财政部关于印发〈政府和社会资本合作项目政府采购管理办法〉的通知》(财库〔2014〕215号)

(22)《财政部、民政部、工商总局关于印发〈政府购买服务管理办法(暂行)〉的通知》(财综〔2014〕96号)

(23)《国家发展和改革委员会关于开展政府和社会资本合作的指导意见》(发改投资〔2014〕2724号)

(24)《国家发展和改革委员会 国家开发银行关于推进开发性金融支持政府和社会资本合作有关工作的通知》(发改投资〔2015〕445号)

(25)《市政公用事业特许经营管理办法》(建设部令第126号)

二、案例分析要点

(一)学员应识别的关键问题

本案例要求学员识别的主要知识点包括:会计师事务所业务拓展的抉择、选择拓展PPP相关服务业务的动因、提供PPP相关服务业务应关注的问题。

（二）B 会计师事务所提供 PPP 相关服务业务的动因

1. PPP 模式推广市场需求增大

（1）新型城镇化资金需求庞大，传统融资渠道难以为继。一方面，PPP 模式可以解决部分城镇化建设资金；另一方面，PPP 模式或将成为地方融资平台转型的方向，融资平台公司可以探索转型参与 PPP 模式。

（2）PPP 模式的优势显著。在不增加政府债务负担的情况下，PPP 模式可以满足基础设施和公共服务的建设需求，还结合了政府和社会资源的优势，有助于引入先进的管理经验和技术，提高公共服务的质量和效率。

（3）PPP 模式是国家确定的重大经济改革任务。PPP 模式不仅是微观层面操作模式的升级，更是宏观层面体制机制的变革，是加快新型城镇化建设、提升国家治理能力、构建现代财政制度的重要抓手，中央将 PPP 模式上升到国家治理层面予以推进。

（4）政府推动 PPP 模式发展的决心强烈。中央一直致力于推动 PPP 模式在中国的发展，目前密集出台的各种政策文件已经起到很强的政策导向作用，接下来要做的就是进一步完善政策法规、解决实际应用中的困难。

2. 会计师事务所业务战略转型

跟进社会经济发展和政策变化，基于会计师事务所的内外压力，会计师事务所的业务发展战略必然要从历史财务信息审计和审阅业务拓展到其他鉴证业务，再拓展到管理咨询业务，注册会计师服务的客户必然由盈利性公司转向非营利性组织、社会团体、社会公共部门和政府。这不仅是会计师事务所业务范围的扩大，也是注册会计师由以鉴证职能为主转向鉴证职能和咨询服务职能并重的体现，更是会计师事务所服务社会的深度和广度的拓展。

3. B 会计师事务所自身优势所在

B 会计师事务所自脱钩改制以来，已经由传统的报表审计业务、在建工程审计业务转向跟进国家政策变动为政府及其职能部门服务领域，其为政府及其职能部门提供的各项专项审计业务已经占全事务所业务的一半以上，不但与政府及其职能部门建立了一定的信任关系，而且对为政府及其职能部门提供专项鉴证业务和相关服务业务积累了经验。

（三）B会计师事务所依赖什么提供PPP相关服务业务

目前，一些会计师事务所一谈及开拓业务，就认为需要请客送礼、需要应酬、需要拉关系和依赖关系，但这样开拓的业务一是成本高、二是没有专业技术和优势的支撑，难以持续；尤其是在目前反腐倡廉的关键时期，为政府及其职能部门提供PPP相关业务必须依赖专业技能优势来拓展。

如图3所示，B会计师事务所拓展PPP相关服务业务具备一定的优势：

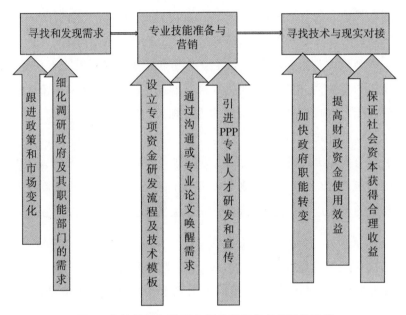

图3　会计师事务所PPP相关服务业务拓展的思路

1. 人才优势

针对缺乏提供PPP相关服务业务的人才，通过培训和高薪吸引人才形成会计师事务所人才优势。

2. 技术优势

针对缺乏提供PPP相关服务业务的技术模板，通过设立专门资金支持张荣带领B会计师事务所业务骨干，精心为地方政府制定综合管理咨询服务的业务流程及其技术模板，形成会计师事务所技术优势。

3. 营销优势

B会计师事务所提供PPP相关服务业务的优势是通过以事务所名义连续

发表与PPP相关的论文及与政府及其职能部门的有效沟通而为人们所认同和接受。

(四)会计师事务所提供PPP相关服务业务应当关注的问题

会计师事务所为政府及其职能部门提供PPP相关服务业务应当关注以下三点：

1. 强化PPP项目政府法律责任的不可免除性及公私双方的伙伴关系

这关键在于根据银行、社会资本参与的偏好以及不同公共项目的运营和盈利模式,选择和运用不同的PPP运作方式,保障财政资本和社会资本高效、协调地运作。

2. 政府职能转变过程中增强责任意识和服务意识

这关键在于按照社会资本方、特许经营者和项目公司获得收入的方式,精心设计付费方式,解决社会资本的收益保障问题。

3. 强化对特许权的监管和控制

(1) 科学设计和实施PPP合同授予中的招投标程序。首先,解决总是低价格中标扰乱市场秩序的问题,流程中涉及价格标应单独密封提交。先评技术标,并按综合指标把技术标分为优、中等、差三类。只有技术标进入优秀行列才打开价格标,取价格最低者。对于从技术层面更难区分层级梯队或者业务/交易可以概算出价格的一些应标者,通过市场询价算出一般价格水平,凡是低于一般价格水平的标书确定为"废标",只有高于一般价格水平的标书才能参与评标。价格标也作为综合评分的一项指标,取专家评分最高的标书。其次,解决领导打招呼的问题。招投标流程公开透明,评标专家应当从专家库随机抽出,并在专家进入评标现场时才告知需评定的标书。最后,解决应标者骨干人员构成拼凑的问题。通过大数据库和信息网络对相关骨干人员的任职、资格、荣誉等进行联网确认,作为专家评标的基础。

(2) 明确规定特许权的终止和补偿。民营资本在决定是否参与一个特许经营项目时考虑的最重要问题之一就是一旦其利益在特许公司的选择、特许经营合同的订立及履行过程中受到损害,能否得到迅速、公正和充分的法律救助。而对于政府也一样,担心特许公司不认真履行职责而造成重大损失。因此,在特许经营协议中应有足够的条款讨论协议的终止和补偿问题。

三、教学安排

（1）课前自行案例讨论+课堂汇报提升的教学组织方案如表4所示。

表4　教学组织方案（1）

内容	主角	组织与要求	时间
案例资料在课前发给学员，让学员阅读并自行进行小组讨论	学员	每个小组在课外利用头脑风暴法讨论案例	2小时
教师讲授与案例相关的知识储备	教师	讲授会计师事务所业务范围，尤其为政府及其职能部门提供管理咨询业务种类；讲授会计师事务所业务战略转移必须具备的条件；讲授拓展PPP相关服务业务内容及应当关注的问题	20分钟
列示并完善案例讨论主题表	学员	由教师列示案例讨论主题，每个小组根据课前讨论情况完善案例讨论主题表的相关内容	20分钟
针对分歧进一步地讨论	学员	针对学员的讨论分歧，引导每个小组结合所学的理论知识进一步地讨论	10分钟
总结、点评与启发	教师	归纳发言者的主要观点；重申讨论的重点和亮点；提请学员进一步思考焦点问题或争论问题；建议学员对案例素材进行拓展研究和深度分析	10分钟

（2）课前收集和自学理论 + 课堂案例讨论的教学组织方案如表5所示。

表5　教学组织方案（2）

内容	主角	组织与要求	时间
收集与总结课前相关政策、法规及理论资料	学员	通过邮件和网络在课前发给学员案例讨论涉及的知识点，建议学员上网或课前阅读相关文献并归纳总结	2小时
教师简单介绍案例	教师	讲授B会计事务所拓展PPP相关服务业务的动因及具体措施；讲授拓展PPP相关服务业务内容及应当关注的问题	20分钟
列示案例讨论主题，根据课堂学员人数分组组织学员讨论	教师	由教师列示案例讨论主题，明确每个小组围绕案例讨论主题讨论分析案例问题	10分钟

(续表)

内容	主角	组织与要求	时间
案例讨论	学员	要求每个小组结合自己收集和总结的理论知识，针对思考题展开讨论，并完善案例讨论主题表的相关内容	30分钟
陈述与点评	学员和教师	要求每个小组推荐一名代表陈述小组讨论情况及达成的共识、产生的分歧，完善案例讨论主题表的相关内容；教师点评小组讨论情况并引导学员正确理解和深入分析问题	30分钟

教师在课堂上列示案例讨论主题如表6所示。

表6 案例讨论主题

序号	讨论主题	案例中的相关线索	涉及的相关理论和知识	结论/启示/感受
1	会计师事务所拓展PPP相关服务业务的困境			
2	B会计师事务所解决业务战略转型的具体措施			
3	拓展PPP相关服务业务的风险关注			
4	B会计师事务所开拓PPP相关服务业务的种类			
5	B会计师事务所提供PPP相关服务业务的价值			

上海家化内部控制被否引发诉讼

李晓慧

专业领域/方向：会计、审计

适用课程：高级审计理论与实务、内部控制与风险管理、证券市场会计信息披露

教学目标：描述上海家化内部控制被否的宏观背景和自身基本情况，针对上海家化内部控制被否引起的一系列诉讼事项的前因后果的，探究在什么情况下上市公司内部控制会被出具否定意见，以及上市公司内部控制被否的价值。一方面，学员可以进一步思考上市公司内部控制被否意味着什么，谁对上市公司的内部控制负责；另一方面，学员可以重点掌握在什么情况下对上市公司内部控制发表否定意见的审计报告。

知识点：谁对内部控制有效性负责　内部控制被否的价值　财务报表审计报告与内部控制审计报告的关系

关键词：否定意见的内部控制审计报告　审计师更换　管理者被罢免　诉讼

摘　要：2013年，上海家化的内部控制被普华永道出具了否定意见的审计报告，由此引发一系列诉讼事件。本案例追溯上海家化内部控制被否的真正原因和影响审计师出具否定意见的内部审计报告的情况，侧重引导学员探究资本市场中谁应当对内部控制有效性负责，如何承担责任，思考资本市场中否定意见的内部控制审计报告的真正价值。

一、案例背景

（一）资本市场发表否定意见内部控制审计报告的概况

2011—2013 年，中国资本市场内部控制审计情况如表 1 所示。尽管 2011—2013 年上市公司对外披露内部控制审计报告的比例逐年增大，但尚没有过半，发表内部控制审计报告的比例低于 50%，分别为 10.44%、38.37% 和 44.97%，其中非标的内部控制审计报告占比分别为 2.34%、2.32% 和 3.94%。

表 1　2011—2013 年中国资本市场内部控制审计情况

内部控制审计意见类型	2013 年	2012 年	2011 年
（标准）无保留意见	1 096	926	208
带强调事项段的无保留意见	35	19	4
否定意见	9	3	1
无法表示意见	1	0	0
非标准审计意见小计	45	22	5
非标准审计意见占比（%）	3.94	2.32	2.34
披露内部控制审计报告的上市公司合计	1 141	948	213
上市公司总计	2 537	2 471	2 041
披露内部控制审计报告的上市公司占比（%）	44.97	38.37	10.44

2012—2013 年资本市场中内部控制存在重大缺陷上市公司的具体审计情况如表 2 所示。2012—2013 年共计 12 个否定和 1 个无法表示意见的审计报告中，连续 2 年被出具保留意见的有北大荒和天津磁卡 2 家；由标准无保留意见变脸为否定意见的有 5 家；由否定意见变脸为标准无保留意见的有贵糖股份 1 家；2012 年没有披露内部控制审计报告、2013 年第一次披露就出现否定意见的有华锐风电和上海家化 2 家，第一次披露就出现无法表示意见的有青鸟华光 1 家。所有被出具否定意见内部控制审计报告的上市公司中，同年年报被出具标准无保留意见的有 5 家，同年年报被出具带强调事项段无保留意见的有 1 家，同年年报被出具保留意见的有 5 家。

表 2 2012—2013 年内部控制存在重大缺陷上市公司的审计情况

序号	上市公司	内控审计意见类型与审计师		财报审计意见类型与审计师	
		2013 年	2012 年	2013 年	2012 年
1	北大荒	否定意见（瑞华）	否定意见（中瑞岳华）	保留意见（瑞华）	保留意见（信永中和）
2	五洲交通	否定意见（瑞华）	标准无保留意见（国富浩华）	带强调事项段无保留意见（瑞华）	标准无保留意见（国富浩华）
3	华锐风电	否定意见（瑞华）	——	保留意见（瑞华）	标准无保留意见（利安达）
4	大有能源	否定意见（中勤万信）	标准无保留意见（中勤万信）	保留意见（中勤万信）	标准无保留意见（中勤万信）
5	天津磁卡	否定意见（中审华寅五洲）	否定意见（华寅五洲）	保留意见（中审华寅五洲）	带强调事项段无保留意见（华寅五洲）
6	泰达股份	否定意见（中审华寅）	标准无保留意见（华寅五洲）	标准无保留意见（中审华寅）	标准无保留意见（华寅五洲）
7	风神股份	否定意见（立信）	标准无保留意见（大信）	标准无保留意见（立信）	标准无保留意见（大信）
8	西部矿业	否定意见（安永华明）	标准无保留意见（安永华明）	标准无保留意见（安永华明）	标准无保留意见（安永华明）
9	上海家化	否定意见（普华永道）	——	标准无保留意见（普华永道）	标准无保留意见（安永华明）
10	贵糖股份	标准无保留意见（中审亚太）	否定意见（致同）	标准无保留意见（中审亚太）	标准无保留意见（致同）
11	青鸟华光	无法表示意见（中兴华）	——	带强调事项段无保留意见（中兴华）	标准无保留意见（中磊）

（二）上海家化的背景

上海家化联合股份有限公司（股票代码：600315，简称：上海家化）是国内化妆品行业首家上市企业，于 1898 年创立，前身为香港广生行。1999 年 1 月，在实施大集团战略的指引下,吸收合并上海日用化学(集团)公司,上海家化(集团)有限公司正式成立。在与国际巨头竞争的中国化妆品市场上,上海家化采取差异化的品牌经营战略,创立了"佰草集""六神""美加净""高夫"等诸多中国著名品牌,在众多细分市场上建立了领导地位。2001年,上海家化在上海证券交易所成功上市。

2011年9月,上海国资委挂牌出让所持有的上海家化集团100%国有股权。2011年11月15日,在上海家化原董事长葛文耀的支持下,上海市国有资产监督管理委员会(以下简称"上海市国资委")与平安信托旗下上海平浦投资有限公司签署《产权交易合同》,上海平浦投资有限公司以51.09亿元最终成功获得上海家化集团100%股权,从而成为上海家化新控股股东,公司实际控制人由上海市国资委变更为中国平安保险(集团)股份有限公司。2012年2月16日,上海家化(集团)有限公司完成相关工商登记变更手续。2013年,上海家化与实际控制人之间的产权及控制关系如图1所示。

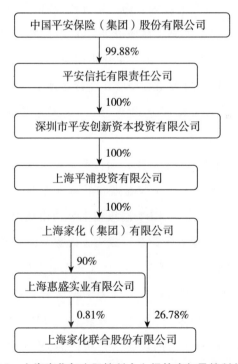

图1 上海家化与实际控制人之间的产权及控制关系

2013年年报显示,上海家化实现营业收入44.69亿元,同比增长11.74%;归属于上市公司股东净利润8亿元,同比增长28.76%。从增速来看,这是上海家化近三年来增长速度最慢的一年。

二、上海家化2013年内部控制被否相关背景

(一)上海家化更换总经理

自1985年葛文耀出任上海家化厂长后,截至2013年,上海家化资产从400万元跃至36亿元,坐拥"六神""佰草集""美加净"等多个品牌,成功打入国际市场,业绩连年增长,股价持续上升。

2011年9月7日,上海市国资委在上海联合产权交易所以公开挂牌方式出让家化集团100%股权,平安保险成为上海家化的实际控制人。由于平安信托与葛文耀在项目投资及资产处理等方面产生分歧,2013年5月11日,家化集团召开临时董事会议,决议免去葛文耀家化集团董事长和总经理职务,由家化集团董事、平安信托副总经理张礼庆出任家化集团董事长。其解释是:"陆续接到上海家化内部员工举报,反映集团管理层在经营管理中存在设立'账外账、小金库'、个别高管涉嫌私分小金库资金、侵占公司和退休职工利益等重大违法违纪问题,涉案金额巨大。"葛文耀被免去集团董事长职务后又从上市公司(上海家化)退休,平安系推荐谢文坚为上海家化新任董事长。

2012年年底,曾任上海家化品牌经理和品牌管理部门经理、美国加特纳公司市场与商务战略咨询师、美国MDY高级技术公司市场总监的王茁,在原董事长葛文耀主导下进行总经理班子调整时成为上海家化总经理,被人们认为是葛文耀选择的接班人。2014年5月13日,上海家化第五届十五次董事会审议通过"关于解除王茁公司总经理的职务以及关于聘请谢文坚任公司总经理"议案并提交股东大会核准。2014年6月,上海家化召开2014年第三次临时股东大会,审议通过罢免原总经理王茁的议案。公司认为,普华永道中天会计师事务所对公司内部控制出具了否定意见的审计报告,总经理作为内部控制制度的制定及执行事项的主要负责人,对因内部控制重大缺陷公告引发的大量负面报道

和评论而造成的形象及名誉重大损失负有不可推卸的责任。

（二）上海家化更换审计师

自 2010 年以来,安永华明会计师事务所一直担任上海家化年报审计师,出具的均是无保留意见审计报告。2013 年 5 月 16 日,上海家化召开 2012 年度股东大会,其中一项提案是更换会计师事务所。普华永道经过公司招标流程成为上海家化新的审计师。葛文耀在回应股东提问时表示,这是大股东上海家化（集团）有限公司的要求。2013 年 8 月,经公司审计委员会讨论后决定,聘请普华永道同时担任公司内部控制制度的审计单位。

2014 年 6 月 5 日,葛文耀和王茁向中国证监会、财政部等部门联名投诉,普华永道中天会计师事务所（合伙人张津）与上海家化现任董事长谢文坚之间相互勾结、相互串通、相互输送利益。举报内容主要包括:谢文坚擅自并独自决定聘请为上海家化做内部控制审计的普华永道做公司整改项目的咨询;还拟将标的额 451.9 万元的上海家化供应链优化咨询项目交给普华永道,不过因王茁的反对而暂时作罢;由于王茁反对公司给董事长谢文坚一人安排实施股权激励而得罪了谢文坚,因此普华永道根据谢文坚的授意,出具了对上海家化否定的审计报告,因此而解除了王茁的总经理及董事职务并辞退了王茁,违法解除了上海家化与王茁签订的无固定期限劳动合同。

2014 年 7 月 22 日,上海家化发布临时公告称,通过定向邀请招投标,经过开标和评标确定,2014 年度财务报告相关内部控制审计中标单位为普华永道中天会计师事务所（特殊普通合伙）,服务费价格为 130 万元（不包括税费及会计师前往各地子公司现场审计的差旅费）。

三、上海家化 2013 年否定意见的内部控制审计报告

2014 年 3 月 13 日,普华永道对上海家化出具了否定意见的内部控制审计报告,报告原文如下:

内部控制审计报告

普华永道中天特审字（2014）第 0510 号

上海家化联合股份有限公司全体股东：

按照《企业内部控制审计指引》及中国注册会计师执业准则的相关要求，我们审计了上海家化联合股份有限公司（以下简称"贵公司"）2013 年 12 月 31 日财务报告内部控制的有效性。

一、企业对内部控制的责任

按照《企业内部控制基本规范》《企业内部控制应用指引》《企业内部控制评价指引》的规定，建立健全和有效实施内部控制并评价其有效性是贵公司董事会的责任。

二、注册会计师的责任

我们的责任是在实施审计工作的基础上，对财务报告内部控制的有效性发表审计意见，并对注意到的非财务报告内部控制的重大缺陷进行披露。

三、内部控制的固有局限性

内部控制具有固有局限性，存在不能防止和发现错报的可能性。此外，由于情况的变化可能导致内部控制变得不恰当，或者对控制政策和程序遵循程度降低，根据内部控制审计结果推测未来内部控制的有效性具有一定的风险。

四、导致否定意见的事项

重大缺陷是内部控制中存在的、可能导致不能及时防止或发现并纠正财务报表出现重大错报的一项控制缺陷或多项控制缺陷的组合。

贵公司的财务报告内部控制存在以下重大缺陷：

1. 关联交易管理中缺少主动识别、获取及确认关联方信息的机制，也未明确关联方清单维护的频率；无法保证关联方及关联方交易被及时识别，并履行相关的审批和披露事宜，影响财务报表中关联方及关联方交易的完整性和披露的准确性，与之相关的财务报告内部控制设计失效。贵公司在 2013 年 12 月对上述存在重大缺陷的内部控制进行了整改，但整改后的控制尚未运行足够长的时间。

2. 部分子公司尚未建立在会计期末对当期应付但未付的销售返利和运输费等费用总金额进行统计与预提的内部控制。上述重大缺陷影响财务报表中销售费用和运输费用的交易完整性、准确性和截止性,与之相关的财务报告内部控制设计失效。贵公司尚未在2013年度完成对上述存在重大缺陷内部控制的整改工作,但在编制2013年度财务报表时已对销售返利和运输费等费用进行了恰当预提,并对前期对应数据相应进行了追溯调整及重述。

3. 对财务人员的专业培训尚不够充分,对最新会计准则的掌握不够准确,财务报告及披露流程中的审核存在部分运行失效,未能及时发现对委托加工业务、销售返利、可供出售金融资产在长期资产与流动资产之间的分类,营销类费用在应付账款与其他应付款的分类等会计处理上发生差错,影响财务报表中多个会计科目的准确性。贵公司尚未在2013年度完成对上述存在重大缺陷内部控制的整改工作,但在编制2013年度财务报表时已对这些可能存在的会计差错予以关注、避免和纠正,并对前期对应数据相应进行了追溯调整及重述。根据2014年3月11日董事会决议,贵公司对2013年度财务报表的前期对应数据相应进行了追溯调整及重述,增加披露了2012年度的关联方和相关关联方交易,并更正了涉及主营业务收入、其他业务收入、主营业务成本、其他业务成本、销售费用、应收账款、存货、其他流动资产、可供出售金融资产、其他应付款、应付账款及未分配利润等会计科目前期对应数据的重大会计差错。

有效的内部控制能够为财务报告及相关信息的真实、完整提供合理保证,而上述重大缺陷使贵公司内部控制失去这一功能。

贵公司管理层已识别出上述重大缺陷,并将其包含在2013年贵公司内部控制评价报告中。在对贵公司2013年度财务报表审计中,我们已经考虑了上述重大缺陷对审计程序的性质、时间安排和范围的影响。本报告并未对我们在2014年3月11日对贵公司2013年度财务报表出具的审计报告产生影响。

五、财务报告内部控制审计意见

我们认为,由于存在上述重大缺陷及其对实现控制目标的影响,上海家化联合股份有限公司于2013年12月31日未能按照《企业内部控制基本规范》和相关规定在所有重大方面保持有效的财务报告内部控制。

普华永道中天	注册会计师 张津
会计师事务所(特殊普通合伙)	注册会计师 金雯
上海市	2014年3月11日

四、上海家化内部控制被否引发的诉讼案

（一）引发的劳动人事争议仲裁案

王茁本人在董事会上对此投了反对票,随后王茁在"反对上海家化联合股份有限公司第五届十五次董事会头两项议案的理由说明"中共提出了六点理由。他表示,上海家化内部控制制度的制定是公司董事会的主要职责,而公司内部控制制度的贯彻执行要靠公司全体人员（特别是公司财务和审计等部门）而非总经理一个人。对于会计师事务所在其出具的否定意见中指出的"公司内部控制存在的三项重大缺陷",也应该是董事会、全体董事、管理层全体人员及各部门的共同责任,特别是审计委员会应承担主要责任。王茁还认为,2013年公司内部控制方面的缺陷"冰冻三尺非一日之寒",历任董事长、历届董事会和历任总经理（王茁于2012年12月18日才担任总经理）都负有责任。在他看来,会计师事务所指出的公司内部控制缺陷主要在财务方面（特别是关联交易）,都是历史遗留问题。被上海证监局查处的公司与沪江生产基地之间的资金拆借和关联交易及其信息披露问题都不是在王茁总经理任期内发生的,他既不是知情者,也不是参与者,更不是决策者。他认为,自己在担任总经理期间忠于职守、尽职尽责,完全尽到了对公司忠实、勤勉的义务,以最大的努力维护了公司利益,因此董事会提请股东大会解除其董事职务的议案缺乏正当理由。

2014年6月4日,王茁向上海市虹口区劳动人事争议仲裁委员会提请劳动仲裁,要求恢复与上海家化的劳动关系,并要求上海家化赔偿违法解除劳动合同期间的所有工资损失。6月5日,上海家化发布公告称,公司"决定解除王茁总经理的职务并将提请临时股东大会",并以王茁严重违反公司规章制度、严重失职、对公司造成重大损害为由解除其劳动合同。

2014年6月6日,王茁向上海市虹口区劳动人事争议仲裁委员会提出仲裁申请被正式受理,他在《劳动争议仲裁申请书》中请求裁决恢复其与上海家化之间的劳动关系,并获得后者违法解除劳动合同期间自己的工资损失赔偿。在诉上海家化劳动人事仲裁中,王茁及辩护律师认为,公司内部控制制度的制定与执行均不是总经理的主要职责,而是董事会、董事会审计委员会、董事长的职

责。而在上海家化的辩护律师看来,董事会是制定内部控制制度的重要参与者,但董事会不参与日常管理,日常管理是总经理的职责。6月12日,上海家化股东大会以95.7%的通过率审议通过了解除王茁董事的议案。

2014年8月7日,劳动仲裁案最终以王茁胜诉,《裁决书》称,根据《中华人民共和国劳动法》《中华人民共和国劳动合同法》《中华人民共和国劳动争议调解仲裁法》的规定,本会裁决如下:

(1)对申请人要求恢复与被申请人劳动关系(从2014年5月12日起)的请求予以支持;

(2)被申请人自本裁决书生效之日起七日内支付申请人2014年6月1日至2014年6月24日期间的工资共计人民币42 355.17元。

(二)引发的股权纠纷案

2014年6月,上海家化公告称,王茁所持有的马上就到解锁期的315 000股股权激励股票将被回购注销,回购价格为10.94元/股(5月29日上海家化以32.47元/股报收)。王茁当时对此项议案投了反对票。王茁认为,首先会议议案是公司以违纪为由给予他辞退处分为基础的,然而他并不存在《劳动合同法》规定的公司可以单方解除劳动合同的任何法定过错;他并没有出现《2012年限制性股票激励计划(草案修订稿)》第十二条第二款第2条所述情形,公司无权依据该条剥夺他的股权激励股票。

2014年8月8日,王茁与上海家化股权纠纷案在虹口法院开庭,双方进行了证据交换,主要针对此前王茁被上海家化取消的股权激励。由于双方都有新的证据,法院同意双方交换证据后给予足够的时间进行书面质证,本案将于9月初再次开庭。在王茁的律师看来,既然仲裁委员会认为以内部控制担责为由辞退王茁不合法,那么剥夺其股票期权也就没有实施的前提,上海家化没收王茁未到期的股票期权属于"错上加错"。

五、上海家化内部控制被否的事实及整改情况

(一)关联交易

2008年3月,当时上海家化集团退休职工管理委员会(以下简称"上海家

化集团退管会")和上海家化退休职工管理委员会(以下简称"上海家化退管会")双双出资成立沪江日化,前者持股10%,后者持股15%。2009年2月,上海家化集团退管会在沪江日化的持股比例增至15%,上海家化退管会的持股比例增至30%。2012年1月,上海家化退管会的持股比例增至33%。2013年5月,上海家化集团退管会退出全部15%的股份,上海家化退管会持股比例则减至30%。7月,上海家化退管会退出全部30%的股份,沪江日化管理委员会解散。

2013年12月,上海家化披露的整改报告显示,公司正式承认沪江日化为其关联公司,2008年4月至2013年7月,上海家化和沪江日化累计发生关联交易24.12亿元。其中,上海家化向沪江日化累计采购金额为14.33亿元,累计销售金额为9.79亿元,这些交易从未经过审计和披露。上海家化于2008年和2009年与沪江日化签订借款协议,累计借款3 000万元给沪江日化,并以一年期贷款基准利率下浮20%计算收取利息。2012年,沪江日化归还借款,上海家化获得利息224.64万元。

2013年11月20日,上海家化收到中国证监会上海监管局下发的整改决定书(沪证监决201349号),指出上海家化与沪江日化发生采购销售、资金拆借等关联交易,存在未及时披露等问题。上海家化随即展开调查与整改。

对于在内部控制审计报告中指出的内部关联交易问题,上海家化制定了《上海家化联合股份有限公司关联交易管理制度》,建立了关联方和关联交易的管理体系,并于2013年10月29日第五届六次董事会审议通过,2013年12月17日第五届八次董事会修订。基于修订后的制度,公司建立了对于关联交易的管理机制和控制程序,包括而不限于:由指定部门定期识别和排查关联方,定期更新关联方清单,对于关联交易的金额和余额进行定期对账等,由专业人士对董监高及各业务部门负责人进行定期的关联交易管理培训,并加强对关联交易的账务处理和信息披露的复核与审批。上海家化制订了2014年整改计划,继续加强对关联交易的管理,制定了《关联交易管理细则》,落实了关联交易管理责任人,对于关联方申报、关联交易的审批和披露等提供了操作性更强的控制办法,保证了关联方的有效识别、关联交易的及时审批和披露。

(二) 子公司未统计与预提完成销售返利和运输费

上海家化发布的会计差错更正公告显示,销售返利和运输费的核算问题对上海家化2012年合并利润表的影响金额为:影响当期营业收入-866.26万元,影响当期销售费用-1 521.54万元,对当期净利润的影响额为680.30万元;而上海家化2012年合并报表营业收入、销售费用、净利润分别为39.99亿元、13.8亿元和6.21亿元,由此2012年销售返利和运输费核算问题产生的错报金额分别相当于当期对应项目的-0.22%、-1.1%和1.09%。

由于内部控制制度设计缺失,控制环节不到位,涉及该缺陷的子公司未在2013年12月31日前完成销售返利和运输费的统计与预提,公司尚未在2013年度完成对该项存在重大缺陷内部控制的整改工作,但在编制2013年度财务报表时已对销售返利和运输费等进行了适当预提,并对前期对应数据相应进行了追溯调整及重述。2014年公司制订了整改计划,将对子公司的销售返利和运输费统计与预提加强管理,制定相应制度,确保在会计期末统计与预提的准确性和及时性。

(三) 财务人员的专业技能低下

对于财务人员的专业培训尚不够充分、对最新会计准则的掌握不够准确等问题,上海家化尚未在2013年度完成对存在重大缺陷内部控制的整改工作,只是在编制2013年度财务报表时已对这些可能存在的差错予以关注、避免和纠正,对前期对应数据相应进行了追溯调整及重述。

2014年,上海家化对上述问题进行了整改,将加强对财务人员的培训,及时学习最新的会计准则,正确把握、准确完成财务报告及披露流程中的审阅,防止出现会计处理的重大差错。根据2014年3月11日董事会决议,上海家化对2013年度财务报表前期对应数据相应进行了追溯调整及重述,增加披露2012年度关联方和相关关联方交易,并更正涉及主营业务收入、其他业务收入、主营业务成本、其他业务成本、销售费用、应收账款、存货、其他流动资产、可供出售金融资产、其他应付款、应付账款及未分配利润等会计科目前期对应数据的重大会计差错。

六、讨论题

1. 结合本案例,分析在什么情况下可以对上市公司内部控制发表否定意见的审计报告。

2. 结合上海家化内部控制被否引发的诉讼争论,分析上市公司内部谁对内部控制承担责任,如何承担责任。

3. 有人认为普华永道中天对上海家化出具否定意见的内部控制审计报告是新管理层借中介之手开展内部整顿和清理、强化董事会权威的产物,审计机构沦为上海家化内斗的工具。就此谈谈你的认识。

4. 有人认为上海家化的内部控制缺陷算不上严重,与国内其他上市公司相比,上海家化内部控制管理相对比较规范,经营业绩也不错,且2013年年报审计报告是标准无保留意见的,审计师对上海家化出具否定意见内部控制审计报告有些不妥。就此谈谈你的看法。

案例使用说明

一、案例分析思路

本案例讨论及分析框架如图 2 所示。

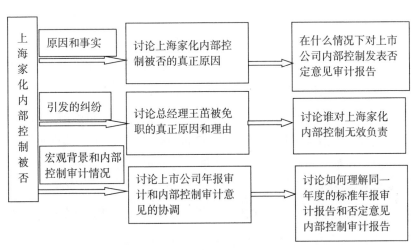

图 2　案例讨论分析思路

二、案例讨论的准备工作

(一) 内部控制审计的相关政策规定

内部控制审计,是指会计师事务所接受委托,对特定基准日内部控制设计与运行的有效性进行审计。建立健全和有效实施内部控制、评价内部控制的有效性是企业董事会的责任。在实施审计工作的基础上对内部控制的有效性发表审计意见,是注册会计师的责任。

2008 年 5 月,财政部、证监会、审计署、银监会和保监会联合颁布了《企业内部控制基本规范》。2010 年 4 月 26 日,五部委又联合发布了 18 项《企业内部控制应用指引》《企业内部控制评价指引》和《企业内部控制审计指引》等,自 2011 年 1 月 1 日起首先在境内外同时上市的公司施行,2012 年实施范围扩大到国有控股主板上市公司。执行内部控制规范体系的企业,必须聘请具有证券期货业务资格的会计师事务所对其财务报告内部控制的有效性进行审计,出具审计报告。这标志着我国内部审计从自我评估阶段进入全面强制执行阶段。

1.《企业内部控制审计指引》的相关规定

《企业内部控制审计指引》第三十条规定,注册会计师认为财务报告内部控制存在一项或多项重大缺陷的,除非审计范围受到限制,应当对财务报告内部控制发表否定意见。

注册会计师出具的否定意见内部控制审计报告,还应当包括以下内容:(1)重大缺陷的定义;(2)重大缺陷的性质及其对财务报告内部控制的影响程度。

《企业内部控制审计指引》规定,当注册会计师发现企业董事、监事和高级管理人员舞弊,或者注册会计师发现当期财务报表存在重大错报,而企业内部控制在运行过程中未能发现该错报,或者企业更正已经公布的财务报表,或者企业审计委员会和内部审计机构对内部控制的监督无效,应当认定企业财务报告内部控制存在重大缺陷,对企业财务报告内部控制有效性发表否定意见,并通过内部控制审计报告予以披露。

《企业内部控制审计指引》规定,对于评价期间发现、期末已完成整改的重大缺陷,说明企业有足够的测试样本显示,与该重大缺陷相关内部控制的设计及运行有效。针对评价期末存在的内部控制缺陷,企业拟采取的整改措施及预期效果。

2.《企业内部控制规范体系实施中相关问题解释第2号》的相关规定

《企业内部控制规范体系实施中相关问题解释第2号》在明确企业应如何对待内部控制评价中发现的缺陷时指出,内部控制缺陷按照成因分为设计缺陷和运行缺陷。对于设计缺陷,应从企业内部的管理制度入手查找原因,需要更新、调整、废止的制度要及时进行处理,并同时改进内部控制体系的设计,弥补设计缺陷的漏洞。对于运行缺陷,则应分析出现的原因,查清责任人,并有针对性地进行整改。

内部控制缺陷按照影响程度分为重大缺陷、重要缺陷和一般缺陷。对于重大缺陷,应当由董事会予以最终认定,企业要及时采取应对策略,切实将风险控制在可承受度之内。对于重要缺陷和一般缺陷,企业应当及时采取措施,避免发生损失。

企业应当编制内部控制缺陷认定汇总表,结合实际情况对内部控制缺陷的成因、表现形式和影响程度进行综合分析与全面复核,提出认定意见和改进建议,确保整改到位,并以适当形式向董事会、监事会或者经理层报告。

对于因内部控制缺陷造成经济损失的,企业应当查明原因,追究相关部门和人员的责任。

《企业内部控制规范体系实施中相关问题解释第 2 号》在明确注册会计师开展内部控制审计工作安排时规定,首次进行内部控制审计时,企业和注册会计师应当在当期会计年度的上半年即开始准备该年度的内部控制审计工作,从而保证整改后的控制运行有足够长的时间。对于认定为缺陷的业务,如果企业在基准日前进行了整改,但整改后的业务控制尚没有运行足够长的时间,注册会计师应当将其认定为内部控制在审计基准日存在缺陷。

3.《企业内部控制审计指引实施意见》的相关规定

中国注册会计师协会发布了《企业内部控制审计指引实施意见》,在明确内部控制审计报告对投资人等利益相关者的价值时认为,企业内部控制审计意见包括无保留意见、否定意见和无法表示意见三种类型。如果注册会计师审计后认为企业内部控制在所有重大方面是有效的,则出具无保留意见内部控制审计报告;如果注册会计师认为企业内部控制存在重大缺陷,则出具否定意见内部控制审计报告;如果注册会计师审计范围受到限制,则应当解除业务约定或出具无法表示意见内部控制审计报告。

企业内部控制审计与财务报告审计两种意见类型相互关联,但并非一一对应。例如,在执行内部审计的过程中,注册会计师发现企业财务报告内部控制存在重大缺陷,应该出具否定意见内部控制审计报告。如果该内部控制重大缺陷尚未引起企业财务报告的重大错报,注册会计师则出具标准意见财务报告审计报告。又如,注册会计师对企业财务报告发表否定意见,意味着财务报告的编制不符合适用的会计准则和会计制度的规定。在这种情况下,企业内部控制也通常存在重大缺陷,应该出具否定意见内部控制审计报告。

因此,企业内部控制审计能够比财务报告审计提供更进一步的信息,有利于投资者在财务报告审计意见类型的基础上,深入分析企业内部控制情况、投资风险和投资价值。

《企业内部控制审计指引实施意见》在明确内部控制审计和财务报告审计

关系时认为,虽然两者存在多方面的联系,但财务报告审计是为了提高财务报告的可信赖程度,重在审计"结果";而内部控制审计是对保证企业财务报告质量的内在机制的审计,重在审计"过程"。审计对象、审计重点等的不同,使得两者存在实质性差异,内部控制审计独立于财务报告审计。两者差异主要体现在以下五方面:

第一,对内部控制了解和测试的目的不同。注册会计师在财务报告审计中评价内部控制的目的,是判断能否相应减少实质性程序的工作量,以及支持财务报告的审计意见类型;在内部控制审计中评价内部控制的目的,则是对内部控制本身的有效性发表审计意见。

第二,内部控制测试范围存在区别。注册会计师在财务报告审计中,根据成本效益原则可能采取不同的审计策略,对于某些审计领域,可以绕过内部控制测试程序进行审计。而在内部控制审计中,注册会计师则不能绕过内部控制测试程序进行审计,注册会计师应当针对每一审计领域获取控制有效性的证据,以便对内部控制的整体有效性发表意见。

第三,内部控制测试结果所要达到的可靠程度不完全相同。在财务报告审计中,对控制测试的可靠性要求相对较低,注册会计师测试的样本量也有一定的弹性。在内部控制审计中,注册会计师则需要获取内部控制有效性的高度保证,因此对控制测试的可靠性要求较严,样本量选择弹性相对较小。

第四,两者对控制缺陷的评价要求不同。在财务报告审计中,注册会计师只需将审计过程中识别出的内部控制缺陷区分为值得关注的内部控制缺陷和一般缺陷。而在内部控制审计中,注册会计师需要对内部控制缺陷进行严格的评估,将值得关注的内部控制缺陷进一步区分为重大缺陷和重要缺陷。重大缺陷将影响审计意见的类型。

第五,审计报告的内容不同。在财务报告审计中,注册会计师一般不对外报告内部控制的情况,除非内部控制影响到对财务报告发表的审计意见。在内部控制审计中,注册会计师应报告内部控制的有效性。

《企业内部控制审计指引实施意见》在明确内部控制存在重大缺陷的处理时指出,如果认为内部控制存在一项或多项重大缺陷,除非审计范围受到限制,注册会计师应当对内部控制发表否定意见。否定意见内部控制审计报告还应当包括重大缺陷的定义、重大缺陷的性质及其对内部控制的影响程度。

如果重大缺陷尚未包含在企业内部控制评价报告中,注册会计师就应当在内部控制审计报告中说明:重大缺陷已经识别但没有包含在企业内部控制评价报告中。如果企业内部控制评价报告中包含了重大缺陷,但这些重大缺陷未在所有重大方面得到公允反映,注册会计师就应当在内部控制审计报告中说明这一结论,并公允表达有关重大缺陷的必要信息。此外,注册会计师还应当就这些情况以书面形式与管理层沟通。

如果对内部控制的有效性发表否定意见,注册会计师就应当确定该意见对财务报表审计意见的影响,并在内部控制审计报告中予以说明。

(二) 内部控制的相关责任人

根据《企业内部控制基本规范》及其配套指引以及《会计法》等相关规定,我们认为企业内部控制是包括董事、监事、高管在内全体员工参与的一个过程。为此,各方的责任细分如下:

1. 董事会与审计委员会的责任

(1) 董事会负责内部控制的建立健全和有效实施。

(2) 监事会对董事会建立与实施内部控制进行监督。

(3) 审计委员会负责审查企业内部控制,监督内部控制的有效实施和内部控制的自我评价情况,协调内部控制审计及其他相关事宜等。

2. 管理层的责任

(1) 经理层负责组织领导企业内部控制的日常运行。

(2) 董事长或总经理(CEO)负责建立有效的内部控制,在整个组织内倡导控制意识。

(3) 财务总监(CFO)的核心作用是设计、推行和监管组织的财务信息报告行为。

3. 内部审计的责任

定期检查评估组织内部控制的有效性并提出改进建议,但对内部控制的建立和维护不承担主要责任。

(1) 组织企业内部控制自我评价工作。

(2) 对企业内部控制自我评价结果进行抽查,执行独立评价。

(3) 出具企业内部控制评价报告,跟踪、督促和复查内部控制缺陷的整改。

4. 内部控制和风险管理部门的责任

组织全公司所有环节的内部控制和风险管理的日常测试评价,并在公司整体层面协调各个部门或环节的内部控制和风险管理。

5. 企业各职能与业务部门或所属单位的责任

(1) 建立健全并不断完善自身的内部控制。

(2) 组织自身内部控制自我评价。

(3) 配合企业全面的内部控制检查评价工作。

(4) 及时整改内部控制检查评价中发现的缺陷,对不能立即整改的,拟定缺陷整改的实施计划。

(三) 内部控制审计报告与年度财务报表审计报告的对比

企业内部控制审计报告与年度财务报表审计报告的对比如表3所示。

表3 内部控制审计报告与年度财务报表审计报告的对比

项目	内部控制审计报告	年度财务报表审计报告
审计前提	(1) 确定被审计单位采用的内部控制标准是否适当 (2) 确定被审计单位认可并理解其责任,与治理层和管理层达成一致意见	被审计单位对已编制的财务报表的合法性、公允性负责
审计对象	企业内部控制是否有效	企业财务报表是否合法、公允地反映财务状况及现金流量
审计报告类型	标准无保留意见、带强调事项段无保留意见、否定意见、无法表示意见	标准无保留意见、带强调事项段无保留意见、保留意见、否定意见、无法表示意见
出具非标准审计意见的条件	内部控制存在重要缺陷或重大缺陷,且缺乏有效的防范措施或者审计范围受到限制	财务报表出现重大错报且没有纠正,或者审计范围受到限制
审计报告的功能	增强报告使用者对企业内部控制是否有效的可信赖程度	增强报告使用者对已披露财务报表的可信赖程度

三、案例分析要点

（一）学员识别的关键问题

1. 上市公司为什么对外披露内部控制评价报告并聘请注册会计师对其内部控制有效性进行评价？

2. 上海家化为什么被注册会计师出具了否定意见内部控制审计报告？

3. 如何理解上海家化内部控制被否与总经理被罢免及其引发的诉讼事件的关系？

4. 如何理解上海家化同一年度的财务报表审计报告是标准无保留意见但内部控制审计报告却是否定意见的？

（二）否定意见的内部控制审计报告对上市公司意味着什么

当上市公司截至财务报告日存在财务报告内部控制重大缺陷，注册会计师就会对内部控制发表否定意见审计报告。但如何判断内部控制存在重大缺陷呢？

内部控制缺陷是指公司内部控制的设计或运行无法合理保证内部控制目标的实现。控制缺陷按成因分为设计缺陷和运行缺陷，按影响程度分为重大缺陷、重要缺陷和一般缺陷。我们整理归纳了上市公司确定的重大缺陷、重要缺陷和一般缺陷认定标准对比（见表4）。

表4　企业内部控制重大缺陷、重要缺陷和一般缺陷认定标准对比

缺陷	定义	认定标准	
		定量标准	定性标准
重大缺陷	一个或多个控制缺陷的组合，可能导致企业严重偏离控制目标，也称实质性漏洞	财务报表的错报金额或者财产损失金额在以下区间： 1. 错报/损失≥利润总额的5% 2. 错报/损失≥资产总额的3% 3. 错报/损失≥经营收入总额的1% 4. 错报/损失≥所有者权益总额的1%	1. 缺乏民主决策程序 2. 决策程序导致重大失误 3. 违反国家法律法规并受到处罚 4. 中高级管理人员和高级技术人员流失严重 5. 媒体频现负面新闻，涉及面广 6. 主要业务经营能力丧失，危及企业持续经营 7. 内部控制重大或重要缺陷未得到整改

（续表）

缺陷	定义	认定标准	
		定量标准	定性标准
重要缺陷	一个或多个控制缺陷的组合，其严重程度和经济后果低于重大缺陷，但是仍有可能导致企业偏离控制目标	财务报表的错报金额或者财产损失金额在以下区间： 1. 利润总额的3%≤错报/损失<利润总额的5% 2. 资产总额的0.5%≤错报/损失<资产总额的3% 3. 经营收入总额的0.5%≤错报/损失<经营收入总额的1% 4. 所有者权益总额的0.5%≤错报/损失<所有者权益总额的1%	1. 民主决策程序存在但不够完善 2. 决策程序导致出现一般失误 3. 违反企业内部规章，造成损失 4. 关键岗位业务人员流失严重 5. 媒体出现负面新闻，波及局部区域 6. 多项经营管理活动运转不畅，但不会影响企业经营目标 7. 内部控制重要缺陷或一般缺陷未得到整改
一般缺陷	除重大缺陷、重要缺陷之外的其他控制缺陷	财务报表的错报金额或者财产损失金额在以下区间： 1. 错报/损失<利润总额的3% 2. 错报/损失<资产总额的0.5% 3. 错报/损失<经营收入总额的0.5% 4. 错报/损失<所有者权益总额的0.5%	1. 决策程序效率不高 2. 违反内部规章，但未造成损失 3. 一般岗位业务人员流失严重 4. 媒体出现负面新闻，但影响不大 5. 个别经营管理活动运转不畅，不会危及其他业务活动，不会影响企业经营目标 6. 一般缺陷未得到整改 7. 存在其他缺陷

从表4可以看出，否定意见内部控制审计报告意味着内部控制存在的缺陷已经给上市公司带来较大的损失及影响，且没有得到有效的纠正或已经不可逆转。例如，导致上海家化内部控制被否的关联交易、子公司未统计与预提已完成销售返利和运输费用、大量的会计差错纠正这些事项虽然发生在以前年度，但在评价年度仍没有完成导致这些问题的内部控制重大缺陷的整改工作，仅仅在对外披露的财务报表上做出调整，这说明截至财务报告日上海家化仍存在财务报告内部控制重大缺陷，进而说明评价年度上市公司管理层没有履行好受托责任、治理层没有治理好上市公司，他们都应当承担相应的责任，根据公司章程的约定进行相应的责任担当，追究问责。从这个意义上讲，上海家化2013年内部控制被否后，董事会罢免总经理的行为属于上市公司内部责任的追究，也属于纠正或弥补内部控制存在严重缺陷的具体措施之一。

（三）同一年度财务报表审计报告和内部控制审计报告的关系

由于企业内部控制的目标之一是保证财务报告的可靠性，包括财务报告的如实反映（可靠性）和及时性。如果企业内部控制失效，注册会计师通过内部控制审计指出内部控制存在重大缺陷，那么企业只要加以修正就可使企业财务报表满足可靠性目标。注册会计师对企业财务报告发表否定意见，意味着财务报告的编制不符合适用会计准则和会计制度的规定，在这种情况下，企业内部控制也通常存在重大缺陷，注册会计师应该出具否定意见内部控制审计报告。企业内部控制审计与财务报告审计两种意见类型相互关联，但并非一一对应。在同一年度，注册会计师发表的财务报表审计报告和内部控制审计报告的意见类型可能是不同的，这是由于：

（1）当企业内部控制存在重大缺陷而导致报表存在重大错报时，企业接受注册会计师建议调整财务报表容易，但对内部控制重大缺陷进行整改是个系统工程，不可能一蹴而就地完成。

（2）尽管内部控制审计是对财务报表审计的一项保证，两者之间具备一致性，但两者查证的切入点不同。内部控制审计是从制度上查找出现重大问题的原因，而年度财务报表审计则是从数据稽核上查找出现重大问题对财务报表准确性的影响程度。

（3）在执行内部审计的过程中，注册会计师如果发现企业财务报告内部控制存在重大缺陷，就应该出具否定意见内部控制审计报告。如果该内部控制重大缺陷尚未引起企业财务报告重大错报，注册会计师就应该出具标准意见财务报表审计报告。

（四）上海家化2013年内部控制被否的真正原因

表面上，上海家化2013年内部控制被否是与关联交易管理缺少主动识别、获取及确认关联方信息的机制，部分子公司尚未建立在会计期末对当期应付未付的销售返利和运输费等费用进行统计与预提的内部控制，对财务人员的专业培训尚不够充分等事件相关。但究其实质，上海家化2013年内部控制被否直接与上海家化股权变更后，新股东及其选出的管理者面对葛文耀及其追随者长期形成的企业文化和管理基调，没有及时通过制度建立起相关责任规范体系，把更多的精力和心思放在实质控制权与管理权争夺上，这样一来，原有的风险无法弥补和控制而新的风险又增大,企业内部控制缺陷越来越严重。从这一点来看,任何企业在发生股权变更等重大事项时,跟进并动态完善是内部控制更为关键的。

（五）上海家化 2013 年内部控制被否引发的两起诉讼事件的启示

（1）否定意见内部控制审计报告向社会和市场传递的信息得到一定程度的重视。

（2）不能滥用否定意见审计报告。由于企业治理层、管理层对内部控制承担责任的重点和形式不同,当企业内部控制被注册会计师出具否定意见时,意味着企业的治理层和管理层都应当承担相应的责任。但如何执行这些责任以及如何追究责任,则应当按照相关法律和公司章程合法办理。

劳动仲裁案最终以王茁胜诉,这说明在依照公司章程和董事会决议追究管理者责任时,不能违反相关法律的规定。

股权纠纷案说明上市公司在对管理者实施股权激励时,应当明确其对公司经营管理尤其内部控制的责任,这样就可以避免很多不必要的纠纷和争斗。

这两起诉讼事件说明,内部控制体系中最关键的环节是用制度明确责任,激励并约束责任人有章法、有活力地创新和创造价值,具体表现在设计股权激励约束机制时,企业应当把利益与责任和约束匹配好。

四、拓展资料

我们整理了 2011—2013 年资本市场中被出具否定意见内部控制审计报告的事项(见表 5)。

表 5　2011—2013 年被出具否定意见内部控制审计报告的事项

序号	上市公司	内部控制重大缺陷
1	北大荒	2013 年 （1）北大荒控股子公司米业公司未对存货、固定资产等实物资产实施有效控制。例如,米业公司期末有 36 968.70 万元的存货及账面价值 4 844.23 万元的固定资产未见实物 （2）米业公司未定期核对往来款项,未能有效执行《公司资产减值提取和资产损失处理内部控制制度》和《财务管理制度》等有关规定

（续表）

序号	上市公司	内部控制重大缺陷
		2012 年 （1）北大荒及其子公司管理层逾越管理权限审批使用资金,未能对子公司实施有效控制。例如,子公司黑龙杨岱旸投资管理有限公司向哈尔滨乔仕房地产开发有限公司提供借款 50 000 万元,其中 19 000 万元被该公司挪用,按合同约定有 16 000 万元逾期未收回;子公司北大荒龙垦麦芽有限公司向哈尔滨中青房地产开发有限公司等四家房地产公司提供借款 19 375 万元,其中 14 800 万元逾期未收回;黑龙江省鸡东县中旺粮库占用子公司北大荒鑫亚经贸有限责任公司资金 2 394 万元未收回;子公司北大荒龙垦麦芽有限公司违规通过关联方黑龙江二九一农场拆借资金给秦皇岛弘企房地产开发有限公司 2 000 万元 （2）北大荒在资产减值测试、定期核对往来款项、依法取得涉税凭证和准确计缴税金等方面存在缺陷,未能有效执行《公司资产减值提取和资产损失处理内部控制制度》和《财务管理制度》等有关规定
2	五洲交通	五洲交通制定了现金支付业务授权批准制度和对外投资管理制度,但在实际工作中未得到有效执行,在资产取得、使用和处置的授权控制方面存在重大缺陷。例如,五洲交通向广西成源矿冶有限公司以贸易形式先行支付资金用以收购南丹县南星锑业公司,有关款项共计 7.549 亿元,其中 6.539 亿元为南星锑业产权成交价款,5 000 万元为履约合同保证金,5 100 万元为南星锑业用以偿还南丹县财政局的借款;以预付产品代加工款形式向广西堂汉锌铟股份有限公司提供资金 3.47 亿元。上述事项未履行董事会、股东大会审议程序,未真实、准确、及时进行信息披露
3	大有能源	（1）大有能源因涉嫌违反证券法律法规被中国证券监督管理委员会调查 （2）大有能源全资子公司天峻义海 2013 年度销售模式由直接销售给终端客户变更为通过青海矿业集团天峻煤业开发有限公司及青海木里能源有限公司销售给终端客户,大有能源未及时确认关联方及关联方交易,未履行相应决策程序,与之相关的财务报告内部控制运行失效
4	天津磁卡	2013 年 （1）天津磁卡未指定专门机构或人员对投资项目进行跟踪管理,导致存在账外子公司的情形 （2）天津磁卡虽然建立了公司间按月对账制度,但该制度未得到有效执行,导致往来账户长期、经常出现差异而未被发现,在结账环节,未合理确定本期应计提的坏账准备 （3）天津磁卡未建立投资业务的会计系统控制,未能及时、准确地确认长期股权投资、投资收益及合理计提减值准备 （4）天津磁卡缺乏有效的销售业务会计系统控制,存在未发货而提前确认销售收入、未确认成本的情形

（续表）

序号	上市公司	内部控制重大缺陷
		(5) 天津磁卡未建立期末财务报告流程控制制度，在财务报表编制过程中，各种数据的输入、处理及输出未见相关控制复核，未见管理层人员参与期末财务报告流程，重要子公司历年的审计调整事项均未做账务处理，未见管理层及治理层人员对期末财务报告流程进行监控 (6) 对于上述重大缺陷，天津磁卡管理层未执行相应的补偿性控制 2012年 (1) 天津磁卡虽然建立了公司间按月对账制度，但该制度未得到有效执行，导致往来账户长期、经常出现差异而未被发现，在结账环节，未合理确定本期应计提的坏账准备 (2) 天津磁卡未建立投资业务的会计系统控制，未能及时、准确地确认投资收益及合理计提减值准备 (3) 天津磁卡在编制财务报告前，未组织固定资产盘点；存货盘点结果未及时进行财务处理 (4) 天津磁卡缺乏有效的销售业务会计系统控制，存在未发货而提前确认销售收入、未确认成本，已发货、满足收入确认条件而未确认收入成本的现象 (5) 天津磁卡未建立期末财务报告流程控制制度，在编制财务报表的过程中，各种数据的输入、处理及输出未见相关控制复核，未见管理层人员参与期末财务报告流程，重要子公司历年的审计调整事项均未做财务处理，未见管理层及治理层人员对期末财务报告流程进行监控 (6) 对于上述重大缺陷，天津磁卡管理层未执行相应的补偿性控制
5	泰达股份	泰达股份子公司扬州昌和工程开发有限公司在2013年存在为泰达股份其他子公司及外部单位提供担保的行为；泰达股份子公司扬州声谷信息产业发展有限公司在2013年存在为泰达股份其他子公司提供担保的行为；泰达股份子公司扬州广硕信息产业发展有限公司在2013年存在为外部单位提供担保的行为。上述担保均未按照泰达股份内部控制制度的规定履行授权审批、信息披露等程序，与之相关的财务报告内部控制执行失效，该重大缺陷可能导致泰达股份因履行担保责任而承担损失
6	风神股份	(1) 风神股份建立的三包返利控制制度中缺少对已发生三包返利进行会计处理时限的相关规定，无法保证已发生费用能够及时、准确地进行会计处理。上述问题影响财务报表中主营业务收入和销售费用的交易完整性、准确性和截止性。风神股份在2013年12月对上述问题进行了完善整改，但整改后的控制尚未运行足够长的时间。风神股份在编制2013年度财务报表时已对主营业务收入和销售费用可能存在的会计差错予以关注与避免，并对前期对应数据相应进行了追溯调整及重述

（续表）

序号	上市公司	内部控制重大缺陷
		（2）风神股份设置的销售流程中开具发货通知单后即将信息传递到开具销售发票环节，会造成公司已开具销售发票确认的收入中部分收入的确认不符合《企业会计准则》收入确认的条件。上述问题会影响财务报表中营业收入的交易完整性、准确性和截止性。上述问题在2013年12月31日存在，但风神股份在编制2013年度财务报表时已发现上述问题并对相应流程制度进行了重新修订和实施，对影响风神股份2013年度财务报表主营业务收入进行了恰当调整，并对前期对应数据进行了追溯调整及重述
7	西部矿业	（1）西部矿业下属子公司西矿香港在2013年存在对长期贸易合同未按公司内部控制制度所规定的流程完整履行授权审批程序即予以签订并执行的情况，与之相关的财务报告内部控制执行失效，该重大缺陷可能导致西部矿业出现资金损失及合同诉讼等风险 （2）西部矿业下属子公司西矿香港在2013年存在未按公司内部控制制度所规定的流程完整履行授权审批程序即对部分客户进行授信并赊销销售的情况，与之相关的财务报告内部控制执行失效，该重大缺陷可能导致应收账款到期无法收回而产生坏账损失等风险 （3）西部矿业尚未在2013年度完成对存在上述重大缺陷的内部控制整改工作，但在编制2013年度财务报表时已对上述内部控制失效可能导致的会计差错予以关注、避免和纠正
8	上海家化	（1）关联交易管理中缺少主动识别、获取及确认关联方信息的机制，也未明确关联方清单维护的频率；无法保证关联方及关联方交易被及时识别并履行相关的审批和披露事宜，影响财务报表中关联方及关联方交易完整性和披露准确性，与之相关财务报告内部控制设计失效。上海家化在2013年12月对上述存在重大缺陷的内部控制进行了整改，但整改后内部控制尚未运行足够长的时间 （2）部分子公司尚未建立在会计期末对当期应付未付的销售返利和运输费等费用进行统计与预提的内部控制。上述重大缺陷影响财务报表中销售费用和运输费用的交易完整性、准确性和截止性，与之相关财务报告内部控制设计失效。上海家化尚未在2013年度完成对上述存在重大缺陷内部控制的整改工作，但在编制2013年度财务报表时已对销售返利和运输费等费用进行了恰当预提，并对前期对应数据相应进行了追溯调整及重述 （3）对财务人员的专业培训尚不够充分，对最新会计准则的掌握不够准确，财务报告及披露流程中的审核存在部分运行失效，未能及时发现对委外加工业务、销售返利、可供出售金融资产在长期资产与流动资产间的分类、营销类费用在应付账款与其他应付款的分类等会计处理的差错，

（续表）

序号	上市公司	内部控制重大缺陷
		影响财务报表中多个会计科目的准确性。上海家化尚未在2013年度完成对上述存在重大缺陷内部控制的整改工作,但在编制2013年度财务报表时已对这些可能存在的会计差错予以关注、避免和纠正,并对前期对应数据相应进行了追溯调整及重述 (4) 根据2014年3月11日董事会决议,上海家化对2013年度财务报表的前期对应数据相应进行了追溯调整及重述,增加披露了2012年度的关联方和相关关联交易,并更正了涉及主营业务收入、其他业务收入、主营业务成本、其他业务成本、销售费用、应收账款、存货、其他流动资产、可供出售金融资产、其他应付款、应付账款及未分配利润等会计科目前期对应数据的重大会计差错
9	贵糖股份	贵糖股份蔗渣、原煤等大宗原材料的成本核算基础薄弱,部分暂估入账的大宗原材料缺少原始凭证(如包括原材料数量、供应商名称等信息的入库单),影响该存货的发出成本结转与期末计价的正确性,与此相关的财务报告内部控制运行失效。上述重大缺陷未包含在贵糖股份2012年度内部控制评价报告中,且导致贵糖股份2012年度未审财务报表的本期数据和前期比较数据中"营业成本""应付账款""存货"等科目存在重大会计差错。根据2013年4月12日公司董事会决议,贵糖股份管理层对前期比较数据相应进行了追溯重述,调减2011年度净利润5 251.20万元,调增2011年年初留存收益11 663.42万元
10	新华制药	(1) 新华制药下属医贸公司内部控制制度对多头授信无明确规定,在实际执行中,医贸公司的鲁中分公司、工业销售部门、商业销售部门等分别向同一客户授信,使得授信额度过大 (2) 新华制药下属医贸公司内部控制制度规定对客户授信额度不大于客户注册资本,但医贸公司在实际执行中,对部分客户超出客户注册资本授信,使得授信额度过大,同时医贸公司也存在未授信的发货情况 (3) 上述重大缺陷使得新华制药对欣康祺医药及与其存在担保关系方形成大额应收款项60 731千元;同时,因欣康祺医药经营出现异常,资金链断裂,可能使新华制药遭受较大的经济损失。2011年度,新华制药对应收欣康祺医药及与其存在担保关系方货款计提了48 585千元坏账准备
11	*ST长油	(1) *ST长油2013年度发生亏损591 863.98万元,截至2013年12月31日,净资产为-200 258.77万元,流动负债高于流动资产580 341.15万元。这些情况表明存在可能导致对*ST长油持续经营能力产生重大疑虑的重大不确定性。*ST长油已对持续经营能力做出了评估,但与持续经营能

(续表)

序号	上市公司	内部控制重大缺陷
		力评估相关的未来应对计划的可行性缺乏证据支持。注册会计师无法获取*ST长油运用持续经营假设编制财务报表的充分、适当的审计证据。因此，注册会计师不对*ST长油财务报表发表审计意见 (2) *ST长油子公司长航油运(新加坡)有限公司以前年度与境外船东公司签订了不可撤销的油轮长期期租合同，本年度新加坡公司对长期期租合同确认了预计损失。由于无法获取充分、适当的审计证据，注册会计师无法确定该事项对*ST长油财务报表的影响是否恰当

五、教学安排

（1）课前自行案例讨论＋课堂汇报的教学组织方案(1)如表6所示。

表6 教学组织方案(1)

内容	主角	组织与要求	时间
案例资料在课前发给学员，要求学员阅读并自行进行小组讨论	学员	每个讨论小组在课外利用头脑风暴法讨论案例	2小时
教师讲授与案例相关的知识储备	教师	讲授资本市场注册会计师对上市公司出具内部控制审计报告情况；讲授市场相关方对否定意见内部控制审计报告的态度和评价	20分钟
列示并完善案例讨论主题	学员	教师列示案例讨论主题，每个讨论小组根据课前讨论情况完善案例讨论主题表的相关内容	20分钟
针对分歧进一步的讨论	学员	针对学员的讨论分歧，引导每个讨论小组结合所学的理论知识进一步地讨论	10分钟
总结、点评与启发	教师	归纳发言者的主要观点；重申讨论的重点和亮点；提请学员对焦点问题或争论问题进一步地思考；建议学员对案例素材进行拓展研究和深度分析	10分钟

（2）课前收集和自学理论＋课堂案例讨论的教学组织方案（2）如表7所示。

表7 教学组织方案（2）

内容	主角	组织与要求	时间
课前收集与总结相关政策、法规和理论资料	学员	课前向学员提出案例讨论所涉及的知识点，建议学员上网或课前阅读相关文献并归纳总结	2小时
教师简单介绍案例情况	教师	讲授上海家化2013年内部控制被否的前因后果及引发的诉讼事件	20分钟
列示案例讨论主题，根据课堂学员人数进行分组，组织学员讨论	教师	教师列示案例讨论主题，明确每个讨论小组围绕案例讨论主题讨论分析案例问题	10分钟
案例讨论	学员	要求每个小组结合所收集和总结的理论知识，针对讨论题展开讨论，并完善案例讨论主题表的相关内容	30分钟
陈述与点评	学员和教师	要求每个讨论小组推荐一名代表陈述讨论情况及达成的共识、产生的分歧，完善案例讨论主题表的相关内容；教师点评小组讨论情况并引导学员对问题予以正确理解和深入分析	30分钟

本案例的讨论主题如表8所示。

表8 案例讨论主题

序号	讨论主题	案例中的相关线索	涉及的相关理论和知识	结论/启示/感受
1	上海家化2013年内部控制被否的事项			
2	上海家化2013年内部控制被否的原因			
3	上海家化2013年内部控制被否的影响			
4	人们对注册会计师质疑的原因及其应对			
5	劳动仲裁案最终以王茁胜诉说明什么			
6	谁对上海家化内部控制有效性负责？如何负责？			

某外资商业银行信息系统外包风险的识别与审计

王 建 赵雪媛

专业领域/方向： 审计

适用课程： 高级审计理论与实务、内部控制与风险管理

教学目标： 通过某外资商业银行内部审计人员的视角，分析外资商业银行信息系统外包业务的风险，并描述相关业务的内部控制，明确了解和评价内部控制的意义，并制定相关的审计程序，为学员了解与学习外资商业银行外包业务审计提供分析和探讨的内容。

知识点： 外资商业银行 信息系统外包审计

关键词： 外资商业银行 信息系统外包业务 审计

摘 要： 我国外资银行信息系统的建设多采用外包方式。外包服务供应商包括独立第三方，银行业金融机构母公司或其所属集团设立在中国境内和境外的子公司、关联机构或附属机构。由于外包的特殊性和风险，外资法人银行的信息系统审计不能照搬母行的方式与方法，而应该根据我国监管要求和银行信息系统建设的具体程度量身定做。

张路研究生毕业不到一年,本科专业是信息技术,在从事了多年的信息技术工作后,他考取了研究生,研究生期间的专业方向是企业管理。经过了复杂的求职经历后,张路在一家外资银行担任了内部审计员的工作。他的上司——审计部门的负责人直言不讳地道明,录用他就是看重他信息技术和企业管理的复合知识背景,在高度信息化的商业银行中从事审计工作,这是必须具备的。

经过一段时间熟悉工作后,张路对外资商业银行内部审计有了一定的了解。经过多年的实践,外资银行母行的信息系统审计形成了比较成熟的理论和方法,如战略审计规划与年度审计计划编制、风险识别与评估、内部控制评价、审计抽样、审计报告等。但是,外资银行在我国法人银行的信息系统审计与母行又有所不同。例如,信息系统外包、信息系统在业务中的有限应用、信息系统应用与手工操作并行、我国银行业监管与母行所在国银行业监管不同而形成的不同审计侧重点和不同要求、与母行开展业务不同而使用不同的应用系统等,因此外资银行的信息系统审计不能完全照搬母行的做法,而应该根据我国监管环境的要求和业务发展的特点本地化。

在工作中,张路注意到这样的问题。仅仅2011年上半年,上海银行业监督管理委员会(以下简称"上海银监会")就两次发出通知提到:2011年4月,在沪外资法人银行连续发生三起重要信息系统突发事件;2011年5月,又发生一起信息系统突发事件。具体的故障日期、所属银行、故障原因、受影响业务和影响时间如表1所示。

表1 2011年上半年外资商业银行系统故障及影响一览

日期	所属银行	系统故障起因	受影响业务	影响时间
4月13日	花旗银行	系统运行维护员工操作不慎造成核心系统故障	国内11家分行的个人业务	1小时45分钟
4月23日	华侨银行	数据中心UPS外包维护人员误操作导致停电事故	上海分行和成都分行的各项业务	1小时15分钟
			全国6家分行的小额支付系统、借记卡系统和个人网上银行系统	长达6小时

（续表）

日期	所属银行	系统故障起因	受影响业务	影响时间
4月29日	汇丰银行	核心设备发生硬件故障	全国23家分行柜面业务、电话银行、网上银行、大小额支付等支付业务	1小时30分钟
5月11日	某银行	收单前置机发生电源故障,系统停止服务	该行全辖信用卡网上支付、银联、ATM业务无法正常工作	47分钟

这一现象引起张路的思考,他了解到外资银行的数据中心管理和内资银行不同,外资银行几乎均采用外包方式管理日常软硬件操作。服务供应商包括独立第三方,银行业金融机构母公司或其所属集团设立在中国境内和境外的子公司、关联机构或附属机构。短时间内连续的重要信息系统故障事件凸显银行在维护操作、外包管理、系统冗余和故障恢复方面的缺陷,上海银监会就此要求所有辖内银行加强信息安全管理。因此,张路对这一问题产生了兴趣,决心针对外资商业银行外包风险开展研究,开发一套审计程序。为此,在得到领导的同意后,张路决心先对外资银行信息系统外包进行调研,分析其中的主要风险,并有针对性地提出审计方法和程序。

一、外资商业银行信息系统外包审计的背景

2011年9月16日,英国警方对瑞士最大的银行——瑞士联合银行集团(UBS)交易员奎库·阿多博利提出指控,罪名为滥用职权从事欺诈和伪造账目。阿多博利被指控进行非授权交易,导致瑞士联合银行损失20亿美元。这是国际银行发展史上继巴林银行、法国兴业银行倒闭后又一起重大操作风险事件。上述事件固然有制度上的原因,但是在国际金融业高度信息化的今天,支持业务处理的信息系统开发不完美、管理不善、操作不当、控制失效也是主要的原因。外包是指银行业金融机构将原来由自身负责处理的某些业务活动委托给服务供应商开展持续处理的行为。

(一)外包是外资银行信息系统建设的重要特点

我国外资银行基本采用母行信息化建设标准和思路。与内资银行相比,

外资银行的信息系统建设和运行有很大的不同。例如,外资银行的业务基本上采用总行集中化处理的模式,分行基本上负责做业务,授权和业务处理都集中到总行执行。因此,分行只具有与客户相关的信息系统的使用权限,其他信息系统均在总行使用。同时,外资银行信息系统的开发、变更管理、备份和恢复等支持与服务大都外包给母行,并且与母行签订外包合同和服务水平协议(SLA)。外资银行数据中心的管理大都外包给第三方,比如 IBM。2011年3月之前,外资银行与客户资料相关的核心系统(例如客户资料系统、存贷款系统、零售银行系统等)都在母行,但是中国银监会决定自 2011 年 3 月 3 日起所有法人化的外资银行核心系统都要放到中国境内,建立自己的数据中心。

我国外资银行的法人银行或海外分支行的信息系统建设具有共同点,即信息系统建设的理论和方法在符合我国监管要求下采用母行的方式与方法。例如,软件开发方式方法论、信息系统日常管理外包给母行、数据中心管理外包给第三方供应商,以及信息系统安全政策的制定与实施遵循母行等。相对于我国内资银行,外资银行信息建设历史更长远,信息建设理论更成熟,其商业风险、控制需要和技术问题等方面更好地符合国际信息系统建设的信息技术管理与控制标准,比如 COBIT、ISO27001、ITIL、COSO 等。

经过多年的实践,外资银行母行的信息系统审计也形成了比较成熟的理论和方法,如战略审计规划与年度审计计划编制、风险识别与评估、内部控制评价、审计抽样、审计报告等。但是,外资银行在我国法人银行的信息系统审计与母行又有所不同。例如,信息系统外包、信息系统在业务中的有限应用、信息系统应用与手工操作并行、我国银行业监管与母行所在国银行业监管不同而形成的不同审计侧重点和不同要求、与母行开展业务不同而使用不同的应用系统等,因此外资法人银行的信息系统审计不能照搬母行的方式与方法,而应该根据我国监管要求和银行信息系统建设的具体程度量身定做。

(二)外资银行外包业务的类型

外资银行信息系统外包业务主要包括信息技术外包(信息系统开发外包、信息系统日常管理和维护外包、数据中心管理外包)、灾难备份外包(数据中心灾难备份外包、业务连续性场地和设施外包)、银行卡外包、服务外包(呼叫中心外包、信息系统支持服务外包、银行文档保管外包、银行资金结算外包、市场研究外包)等专业服务外包等,覆盖客户服务、后台业务、信息技术服务、财务会计、人力资源服务、数据分析与知识管理等六大领域(见表2)。

表2 外资银行外包业务类型与描述

外包类型	外包种类	外包业务描述
信息技术外包	信息系统开发外包 信息系统日常管理和维护外包	外资银行的信息系统开发和日常管理外包比较普遍,大多外包给母行。然而,内资银行的外包不多,只有股份制银行受制于资金和人才等开始实施开发外包,如国家开发银行、光大银行、招商银行、中信银行等
	数据中心管理外包	外资银行和某些股份制银行把数据中心的管理外包给IBM、惠普等信息技术服务公司
灾难备份外包	数据中心灾难备份外包	灾难备份和灾难恢复外包是近年来我国发展非常迅速的领域,尤其是汶川地震后,越来越多的银行加强了风险防范。例如,深圳发展银行将灾难备份外包给万国数据服务有限公司;中国进出口银行、广东发展银行通过外包的方式组建了自己的灾备中心
	业务连续性场地和设施外包	业务连续性场地和设施外包在外资银行中比较普遍,服务提供商提供银行业务连续性场地和设施
银行卡外包	银行卡外包	目前,银行卡外包是银行服务外包发展最重要的一个领域,尤其是信用卡外包,因其独特的业务处理流程、信用评级体系和售后服务体系,使其相对独立作业,流程自成体系
服务外包	呼叫中心外包	呼叫中心在银行中十分普及,四大国有银行都自建了自己的呼叫中心,股份制商业银行大都实行呼叫中心外包,如广发银行、中信实业银行呼叫中心外包。外资银行呼叫中心外包给母行
	信息系统支持服务外包	信息系统支持服务外包在外资银行中很普遍,外资银行的信息系统大多外包给母行,分支行的支持服务一般外包给分行所在地的信息技术服务公司
	银行文档保管外包	银行把旧文档或交易处理相关文件的检索、存储、销毁、收集等外包给第三方。这种外包在外资银行中较普遍

(续表)

外包类型	外包种类	外包业务描述
服务外包	银行资金结算外包	某些外资银行因有限的人力和物力而把银行资金结算的操作外包给母行
	市场研究外包	某些外资银行把国内市场分析和研究外包给母行或其他第三方咨询机构

二、信息系统外包所涉及风险的识别

在调研中,张路发现,随着外资银行业务的发展和信息系统的建设,外资银行业务外包的范围不断扩大、规模逐步升级、模式日趋多样。与此同时,相关风险也呈现上升趋势。各家银行都在努力采取各种有效措施,充分评估、监测和防范业务外包安排所面临的法律风险、监管风险(合规风险)、声誉风险、技术风险与操作风险。张路认为,只有有效识别并合理分析外包所涉及的各项风险,才能更好地提高信息资产安全,有效地开展业务。

1. 法律风险、监管风险和声誉风险与识别

各国银行业都有针对银行信息技术外包的法律法规,我国监管部门关于外包业务也出台了众多的法律法规,要求银行业金融机构遵守。无论内资银行还是外资银行都应制定与业务外包相关的政策和管理制度,包括业务外包的决策程序、对外包方的评价和管理、控制银行信息保密性和安全性的措施与应急计划等。如果由于外包管理不善、外包责任不清而造成服务中断,相关银行将面临监管部门的严厉处罚。我国监管机构针对银行业金融机构外包业务出台了一系列的法律法规,对外包业务的决策程序、对外包方的评价和管理、控制银行信息保密性和安全性的措施与应急计划等做出了详细规定。

2. 技术风险与识别

银行技术风险是指银行在使用与计算机、网络等信息技术相关的产品、服务、传递渠道和系统时所产生或引发的银行经营的不确定性或对银行管理的不利因素。巴塞尔《新资本协议》定义技术风险的内容包括系统安全性(黑客攻击

损失)、盗窃信息(存在资金损失)、业务中断或系统失败导致的损失(硬件、软件及电信、动力输送损耗/中断)等。

银行技术风险所涉及的对象主要是交易性银行信息系统,即引起银行与客户之间发生实质性资金账务往来或形成债权债务关系的银行信息系统。在我国,这主要包括各商业银行运行的银行综合业务系统、中间业务系统、电子汇兑系统,以及电话银行、ATM系统、POS系统、自助银行、网络银行、手机银行、企业银行等电子银行系统和服务渠道,也包括中国人民银行运行的同城清算系统、大额资金支付系统、小额批量支付系统等,还包括中国银联运行的信用卡授权交换与清算系统、其他银行机构和组织运行的交易性银行信息系统,以及支持以上信息系统的技术设施架构、网络、服务器、数据库、电力、防火墙等数据中心。

上述银行的基础设施建设、维护及管理涉及外包,信息系统开发、维护及管理涉及外包,业务操作和流程控制也涉及外包,因此银行信息技术外包事项都会影响银行的技术风险(见表3)。

表3 银行信息系统外包涉及技术风险

外包类型	外包种类	技术风险类型
信息技术外包	信息系统开发外包	技术开发风险 技术不足风险 技术保护风险 技术取得和转让风险 技术使用风险 项目管理服务不到位 核心技术受制于人 软件开发方法采用不当 软件实施/交付未达要求 软件/系统交付后维护不当
	信息系统日常管理和维护外包	技术不足风险 技术使用风险 外包服务响应时间过长 外包服务中断、客户信息泄露 服务达不到标准 客户账户资料或者客户身份被冒用

（续表）

外包类型	外包种类	技术风险类型
信息技术外包	数据中心管理外包	技术不足风险 系统响应时间过长 系统宕机 服务中断 客户信息泄露 服务达不到标准 数据毁损 自然灾害造成设备运行中断 采用的技术不当 安全设置不当
灾难备份外包	数据中心灾难备份外包	灾难备份中心选址不当 灾难备份中心建设未达要求 灾难备份中心所选备份/恢复策略不当 技术不足风险 灾难恢复响应时间过长 服务中断 服务达不到标准 数据损坏 备份介质损坏未及时修复 转包风险
灾难备份外包	业务连续性场地和设施外包	业务连续性场地建设不达要求 热备/冷备采用不当 辅助设施不够齐全 业务连续性恢复时间过长 转包风险 场地防火/防水/防灾等评估不当 响应措施设计不当
银行卡外包	银行卡外包	制卡技术和流程未及时满足监管要求 制卡安全策略采用不当 制卡介质安全性不够 客户资料泄露 技术采用风险 信息系统转包风险 服务达不到标准 服务响应时间过长

(续表)

外包类型	外包种类	技术风险类型
服务外包	呼叫中心外包	呼叫中心基础设施建设不达标 服务达不到标准 呼叫中心安全控制不足 对客户资料的访问控制不当 呼叫中心服务人员对服务的相关技术培训不足
	信息系统支持服务外包	承包信息系统支持公司对员工相关技能培训不足 未招聘合格员工 跟员工未签订保密协议或保密控制力不够 外包响应时间过长 服务达不到标准 客户资料泄露 服务人员身份被冒用 过度依赖承包方丧失银行信息系统的独立性 银行对服务人员的访问控制管理不够 银行未及时更改相关系统密码 未及时让服务人员填写服务单 对服务项目监控不力,未及时检查 分支行未配备相应信息系统知识和能力的人员 未对服务人员进行服务评价
	银行文档保管外包	文档保管环境安全设置不足 未设置合适的防火/防水/防灾/防盗等措施 客户或银行数据泄露风险 访问控制设置不当或执行不力 运输过程中的丢失风险 调阅延迟服务风险 毁损和管理不当风险 文档调阅未设置相应的登记和检查程序 未设置监控摄像
	银行资金结算外包	资金结算采用信息系统不满足业务需求 服务不能满足要求
	市场研究外包	研究采用数据模型不当 研究分析采用技术不当 数据泄露风险 未及时跟进监管要求

上述银行业务外包涉及的技术风险类型是外包活动必须考虑的事项,某种程度上,外包是随着信息系统技术的发展而发展起来的,因此银行外包事项主要是信息系统外包。外包事项所产生的技术风险将直接导致外包活动的成败,对银行的业务和发展产生重大影响。

3. 操作风险与识别

根据新巴塞尔协议,操作风险是指由于内部程序的不力或过失、人员或系统问题和外部事件所造成的风险。根据我国 2008 年 10 月 1 日起施行的《商业银行操作风险监管资本计量指引》的定义,操作风险是指由不完善或有问题的内部程序、员工、信息系统及外部事件所造成损失的风险,包括法律风险,不包括策略风险和声誉风险。

银行的业务都面临操作风险。银行发展史上操作风险事件对银行造成重大损失甚至倒闭的例子历来有之,比如巴林银行倒闭、瑞士联合银行的授权不当等。

与银行外包活动面临众多的监管风险和技术风险一样,外包也面临大量的操作风险(见表4),而操作风险的控制将直接导致外包活动的成败。中国银监会《商业银行操作风险管理指引》第二十条规定,商业银行应当制定与外包业务有关的风险管理政策,确保业务外包有严谨的合同和服务协议、各方的责任义务规定明确。

表 4 银行信息系统外包涉及的操作风险

外包类型	外包种类	操作风险
信息技术外包	信息系统开发外包	(1) 未建立相关外包政策、操作流程和指引,外包政策、操作流程和指引不满足业务需求、监管要求或未及时更新 (2) 对外包服务供应商未执行尽职调查,或尽职调查不到位 (3) 未与外包供应商签订保密协议 (4) 银行对外包项目管理不到位,风险评估不足,重大风险未确定或未指定相应的缓释性控制 (5) 外包事项未及时获得管理层审批、监管审批或报备 (6) 外包合同条款不满足业务外包要求,服务水平协议未达到业务要求
	信息系统日常管理和维护外包	
	数据中心管理外包	
灾难备份外包	数据中心灾难备份外包	
	业务连续性场地和设施外包	

(续表)

外包类型	外包种类	操作风险
服务外包	呼叫中心外包	(7) 合同中双方的权利和义务不明确 (8) 与外包相应的公司治理架构未建立或未执行 (9) 外包合同未获得法律部门的认可或外包双方未达成一致 (10) 外包执行中未对服务供应商进行服务能力监督和管理 (11) 对外包服务供应商的业务持续能力评价不足 (12) 未建立当服务供应商提供服务不到位时银行相应的操作流程或缓释性控制
	信息系统支持服务外包	
	银行文档保管外包	
	银行资金结算外包	
	市场研究外包	

三、了解和评价外资银行信息系统外包相关内部控制

根据学过的知识，张路知道内部控制对外包风险的重要意义，因此张路认为在审计外包业务时应该了解和评价相关的内部控制。

（一）了解内部控制

中国银监会《银行业金融机构外包风险管理指引》第八条规定，银行业金融机构外包管理的组织架构应当包括董事会、高级管理层以及外包管理团队。第九条、第十条、第十一条分别列明董事会、高级管理层和外包管理团队的职责。商业银行应根据监管要求和本行业务发展状况构建适合本行信息系统外包服务管理的组织架构，对外包的战略发展规划、风险管理制度、外包事项范围、外包事项报告进行审阅和批准；制定外包风险管理的政策、操作流程和内部控制制度，确定外包业务的范围及相关安排，确定外包管理团队职责和对外包行为进行有效监督；执行外包风险管理的政策、操作流程和内部控制制度，负责外包的日常管理，及时沟通和上报外包活动缺陷。

1. 信息系统外包服务管理治理架构

外资银行信息系统外包组织架构与职责如表 5 所示。

表 5 外资银行信息系统外包组织架构与职责

序号	管理部门	主要职责
1	董事会或授权高级管理层	董事会和高级管理层负责对外包风险进行有效管理,应确保银行建立了外包事项相关的政策、流程和指引,与外包风险控制相关的银行组织架构和相应的职责权限已经建立并得到有效贯彻执行。董事会和高级管理层负责对外包事项的最终审核与批准,董事会承担最终的外包责任
2	风险管理与合规委员会	一般情况下,外资银行董事会和高级管理层会成立银行风险管理与合规委员会,在董事会和高级管理层的授权下对银行的各项风险与业务合规进行监督、控制,比如操作风险和外包事项合规等
3	行长、副行长和部门主管	行长、副行长和部门主管负责审核和批准银行的具体外包事项 (1) 确保在批准外包事项前各外包事项的风险已经被识别、分析并评估,对服务供应商进行尽职调查 (2) 确保实施了有效的流程以监督和控制银行的外包事项 (3) 确保外包事项符合法律、监管规章、银行政策/指引和监管要求的特定条件要求,例如数据中心管理 (4) 确保针对所有现存的外包活动进行了年度审核和自我评估 (5) 确保外包事项的相关风险根据银行的外包政策、流程和指引已经得到缓释或降低 (6) 负责对外包活动和事项进行监督管理
4	业务部门主管	业务部门主管应确保管理和控制业务外包活动的最终责任没有被外包,负责根据外包政策的要求对外包风险进行管理,包括: (1) 识别和评估外包风险及重要性 (2) 对服务供应商开展尽职调查 (3) 确保外包合同/协议/服务水平协议符合银行外包政策和业务的要求 (4) 获得外包事项的管理层审批和监管部门批准,并通告此项外包所产生的风险及重要性 (5) 如果是海外子行或分支行外包,还应通知母行或总行风险管理部门此项外包与母行或总行外包政策的符合程度以及是否有任何重大风险 (6) 对外包活动实施有效的监督和控制 (7) 保留外包事项完整的、清晰的、可追溯的记录,便于后续随时检查 (8) 确保业务连续性计划存在并进行了有效的演练 (9) 对外包活动、外包协议和服务水平协议执行年度审核 (10) 与外包供应商沟通对重大外包事项执行外部审计 (11) 针对承包方提供承包服务期间的服务效率和效果进行评估

(续表)

序号	管理部门	主要职责
5	风险管理部门	(1) 风险管理部门负责制定、审阅、维护及更新银行的外包事项框架、政策、流程和指引 (2) 对业务部门的外包事项符合政策、流程和指引方面提供建议与指导 (3) 审核外包相关文档,确保外包事项的风险管理流程合适并足够,例如年度外包审核检查单和外包自我评估 (4) 对银行所有的外包事项进行维护记录,并保留相关文档 (5) 作为年度外包事项审核的协调部门 (6) 负责将银行外包有关问题上报管理层
6	合规管理部门	合规管理部门是银行的独立部门,根据监管要求对银行的外包事项提供建议或各项监管指导。合规管理部门也执行业务部门外包事项的相关审核,确保外包流程符合监管要求
7	特殊外包事项支持部门	银行的某些外包事项可能产生特定的、不被银行现有政策或内部控制机制识别的风险,或者银行没有通晓此类外包风险的专家,此时银行将会用到特殊外包事项支持部门,如法律、信息系统、业务操作等,以确保特定的外包事项风险被识别并评估

2. 外包政策

针对信息系统外包,外资银行应当制定外包政策。外包政策应包括:(1)规定外包相关方的职责和责任;(2)在进入外包活动前需对外包事项风险进行识别、分析和评估;(3)符合双方法律和监管的要求;(4)针对特定操作建立必要的预防措施;(5)采取有效的工具和方法,对外包事项进行监督和控制;(6)外包事项定义,即外包事项和非外包事项;(7)外包政策发布/维护和审批部门;(8)与外包政策不符合之处的处理方法;(9)外包事项分类;(10)外包事项审批;(11)外包事项监管审批或监管备案;(12)外包事项风险管理。

银行在信息系统外包政策框架下应建立相应的操作流程和指引。外包操作流程和指引应包括:(1)外包操作流程和指引应与外包政策一致;(2)流程的制定、维护和更新;(3)具体描述外包活动;(4)外包事项发起到实施的具体流程;(5)外包事项的审批流程和相关部门人员;(6)外包事项案例。

一项外包活动应包含以下几个程序:(1)发起一项外包事项;(2)执行此项外包的风险评估和重要性评估;(3)获得管理层最初批准;(4)选择服务供应

商;(5)对服务供应商开展尽职调查;(6)与服务供应商进行外包合同和服务的谈判;(7)获得管理层的签署并通知相关方;(8)通知监管部门备案或获得监管部门的批准;(9)合同和服务水平协议签订后执行外包协议;(10)对外包事项服务进行服务水平监督和控制;(11)对外包合同和服务水平协议,及供应商的服务活动执行年度审核;(12)若有必要则更新合同和服务水平协议;(13)审核后执行年度确认。

(二)评价内部控制

查看银行组织架构设置相关文档和相关会议记录,确定信息系统外包服务风险治理架构如董事会、高级管理层、风险管理部、合规部门、业务部门等,及其相应的职责。

审阅银行风险管理部门制定的信息系统外包政策、流程和指引,审阅相关文档,确定信息系统外包政策、流程指引得到管理层的审批、合规部门的审核并定期进行审核。

获得银行信息系统外包事项的问题报告,确定信息系统外包活动中的瑕疵;获得监管部门或其他银行针对相关信息系统外包活动的风险提示。

四、外资银行信息系统外包审计事项

经过整理和分析,张路已经明确了外资银行信息系统外包审计的对象和内容。信息系统外包审计对象包括外包政策、操作流程和指引、外包相关的组织架构设置以及相应的职能和职责。外资银行信息系统特定外包事项审计内容主要包括五个方面:外包合同、外包供应商招投标和尽职调查、外包审批流程、外包期间服务监督管理和承包方连续服务能力。外包合同审计程序如表6所示。

表6 外包合同审计程序

序号	审计程序
1	银行业金融机构在开展外包活动时应当签订合同或协议,明确双方的权利和义务
2	外包合同或协议是否经过法律部门的审核或外部律师的审核
3	合同条款是否获得相关部门的同意
4	应签订合适、详尽的服务水平协议,确定考核办法并经双方确认

（续表）

序号	审计程序
5	为了确保银行的利益,负责签署外包合同/协议的人员应获得银行的授权
6	外包协议/合同应明确外包服务供应商使用银行客户信息仅仅在合同约定的范围之内
7	外包合同应确定严格的客户信息保密条款和银行资产保护条款
8	外包合同中应有终止/更新/续约等条款,以便银行根据外包服务水平或监管要求变化或业务变化对外包合同进行修订
9	合同中应有条款赋予银行权利可对外包服务供应商进行内部审计/外部审计/监管制定机构进行审计的条款,以获得相应的审计报告、审计发现和整改措施
10	对外包服务供应商的监控不但包括一级服务供应商,而且包括二级服务供应商、分包供应商
11	合同应详细规定外包服务范围、服务标准(服务水平、服务目标、服务可用性、服务可依赖性、服务稳定性和服务更新升级等),以及相应的监督管理和控制、信息安全和保密、业务连续性管理、争议解决方案、默认终止或早期退出、分包/子包、相关监管法律、外包服务的审计和检查等
12	合同应评估国别风险,以及执行外包合同潜在的障碍和相应的解决方案
13	银行业金融机构在外包合同中应当要求外包服务供应商承诺:定期通报外包活动的有关事项,及时通报外包活动的突发性事件,配合银行业金融机构接受银行业监督管理机构的检查,保障客户的信息的安全性 当客户信息不安全或客户权益受到影响时,银行业监督管理机构有权随时终止外包合同,不得以银行业金融机构的名义开展活动(监管要求)
14	银行业金融机构应当关注外包服务提供商的分包风险,并在合同中确定以下事项:服务提供商分包的规则,分包服务提供商应当严格遵守主服务提供商与银行签订合同的相关条款,主服务商应当确认在业务分包后继续保证对服务水平和系统控制的总负责,不得将外包活动的主要业务外包(监管要求)

1. 外包合同、服务水平协议、双方权利和义务的审计

外包合同、服务水平协议以及双方的权利与义务是外包风险管理中的重中之重。好的外包合同和服务水平协议清晰地定义了双方的权利与义务,能够很好地达到银行的战略外包目标,能够很好地满足业务发展的需要,能够很好地控制成本。

2. 外包供应商招投标和尽职调查审计

银行确定服务供应商的过程应当通过招投标的方式进行,并与每家投标的供应商签订保密协议、开展尽职调查并形成调查分析报告。外包供应商招投标和尽职调查审计程序如表7所示。

表7　外包供应商招投标和尽职调查审计程序

序号	审计程序
1	银行应当与参加投标的供应商签订保密协议
	针对投标的服务供应商开展尽职调查并形成报告,报管理层审核鉴别。尽职调查应包含下述事项: (1) 执行合同期间外包服务活动所需的经验和能力 (2) 财务状况和公司资源(人力资源和设施资源) (3) 公司声誉、企业文化、业务合规性、客户投诉及解决、任何重大的或潜在的投诉事项 (4) 安全和内部控制,公司审计覆盖的范围、相关报告和监控环境 (5) 业务连续性计划与管理 (6) 对分包或子包的依赖性和相关成功案例 (7) 公司保险范围 (8) 可能影响服务的外包因素 (9) 技术实力和服务质量 (10) 对银行业务的熟悉程度和此项外包服务的熟悉程度 (11) 是否有对其他银行服务的相关事项以及服务水平和标准 (12) 当银行外包活动涉及多个服务供应商时,应对这些服务供应商进行关联关系调查并形成最终报告
2	尽职调查应在选择服务供应商的过程中执行并做好相关记录
3	尽职调查的内容不应早于1年,应调查最近时期的供应商信息
4	尽职调查人员应准备并签署尽职调查列表
5	若可能,则应获得服务供应商的市场评价或第三方的独立评价

3. 外包审批流程审计

外包首先要获得银行内管理层的审批,根据中国银行业监督机构的要求,银行业金融机构的外包事项要获得监管机构的审批或备案;涉及国外外包的,同时还要获得供应商所在国的审批或备案。外包审批流程审计程序如表8所示。

表8 外包审批流程审计程序

序号	审计事项	审计程序
1	银行管理层审批	外包事项是否按照流程获得了银行内管理层的审批
		给管理层审批的外包申请应详细、准确描述此项外包的下述事项： (1) 外包目的、重要性，以及与银行战略目标的联系程度 (2) 识别主要风险及风险缓释控制 (3) 识别并分析此项外包对银行总体风险的影响 (4) 评估银行内部专家和人员对此项外包事项的胜任程度，并降低了相关风险 (5) 通过比较潜在的收益和损失，分析此项外包的风险和收益 (6) 至少每年对现有外包事项进行风险评估
		外包事项的重要性评估应包括以下方面： (1) 外包活动对银行业务、战略发展和计划的影响 (2) 对银行收入、偿付能力、流动性、资金、风险暴露的影响 (3) 供应商未能按照合同提供服务对总行或母行分行声誉的影响 (4) 外包操作成本对银行总体成本的影响 (5) 假如银行把多项外包业务外包给同一家服务供应商，银行对特定供应商的风险暴露 (6) 如果服务供应商面临操作风险，则银行应有能力维持合适的控制以满足监管要求和业务需要
2	监管部门审批或备案	银行业金融机构在开展外包活动时，应当定期向所在地银行业监督管理机构递交本机构外包活动评估报告
		各银行应及时向中国银监会派出机构报送银行外包项目有关的信息，至少包括外包服务内容、外包服务方式、外包协议、外包承接方营业执照复印件(加盖公章)、外包安排涉及的主要风险和相应的风险管理措施，以及银行成本效益分析和应急计划等。若外包发生变化，则应及时书面报告
		外资法人银行涉及母行外包的，应同时获得母行所在国对外包的审核或备案
		外资法人银行将信息系统外包给母行的(与母行计算机信息系统资源共享的)，应建立独立的服务器，并保持对计算机系统的最高管理权，在向监管部门报告外包事宜时还应提供数据安全分析。如果法人银行与母行共享一台服务器，则各自系统应分别运行在不同的逻辑分区上，拥有独立的数据库、运行独立的程序，各子系统数据存在不同的分区上，系统不交叉访问、不共享(监管要求)

(续表)

序号	审计事项	审计程序
		外资法人银行外包母行的,应当确保中国监管机构可以对外包数据进行监管和控制
		外包给国外的机构或母行的,应当确保外包事项符合当地国的监管要求,确保客户的信息安全
		银行应确保能对国外供应商的服务能力实施监督和控制,确保其业务连续性计划是否合适且进行了定期演练
		选择境外服务供应商的,应当确保其所在国家和地区监管当局已与我国银行业监督管理机构签订谅解备忘录或双方认可的其他约定
		报监管机构审批或报备的外包事项是否在要求的日期之内

4. 外包期间服务监督管理审计

对服务供应商外包期间进行监督管理是至关重要的,通过监控可以评价供应商提供服务的能力和银行所面临的风险。外包期间服务监督管理审计程序如表9所示。

表9 外包期间服务监督管理审计程序

序号	审计程序
1	外包执行中是否对服务供应商的财务和操作环境进行了审核、尽职调查,以确定供应商是否有能力提供满足业务需要的服务
2	是否有独立的或外部第三方对服务供应商的安全和服务控制环境进行定期审核或审计,以评价其能力
3	外包过程中随时对外包服务供应商进行监督,包括要求提供服务中断报告、每日数据报告等,及时评价服务供应商的服务水平
4	银行是否在外包过程中扮演了积极角色,包括定期与供应商针对外包事项开会讨论,及时修改外包合同和服务水平协议
5	银行和供应商讨论确定了问题上报流程和处理流程
6	业务部门应至少每年对本部门的外包事项进行审核
7	涉及母行或总行外包的,外包问题是否已经上报母行或总行风险管理部门,并得到及时解决
8	银行应建立对服务供应商服务评估的相关政策和流程
9	银行在外包活动中应当建立严格的客户信息保密制度并依法履行告知义务,银行应监督和控制服务供应商对客户信息的保密控制
10	服务供应商是否可证明银行的客户信息和资产得到有效保护

5. 承包方连续服务能力审计

银行应评估服务供应商的连续服务能力并获得相关的支持证据，定期对服务供应商的连续服务能力进行评估。承包方连续服务能力审计程序如表10所示。

表10　承包方连续服务能力审计程序

序号	审计程序
1	对服务供应商的连续性管理服务风险进行评估；如有必要，则应当与供应商商讨进行第三方外部审计
2	获得服务供应商的业务连续性计划和定期的演练报告及问题报告
3	服务供应商确定的恢复时间点目标以及恢复点目标是否合适
4	服务供应商应当及时通知银行业务连续性演练中出现的例外情况
5	如果服务供应商同时提供多家公司的外包服务，则应当确保本行的连续服务能力不受影响
6	银行应当确保服务供应商在提供本行重大服务事项上没有转包情况

经过几个月的调研和思考，张路完成了外资银行信息系统外包审计的审计计划、风险框架描述和审计程序列表。虽然这段时间的工作很辛苦，但是在即将"交作业"时，他还是非常兴奋，也非常有成就感。他希望明天领导和同事能够看到他的构想、提出好的意见，也希望这项工作能够尽快开展……

五、讨论题

1. 信息系统审计的内容和方法有哪些？
2. 要求商业银行进行信息系统外包审计的相关规定有哪些？
3. 我国有关外资商业银行外包业务的监管规定有哪些？
4. 我国有关外资商业银行外包业务风险的监管规定有哪些？
5. 你了解我国商业银行信息系统的建设和审计情况吗？
6. 我国商业银行外包业务的相关法规有哪些？

参考文献

［1］巴塞尔新资本协议.

［2］关于在沪外资法人银行开展信息科技风险自查的通知.沪银监通〔2011〕115号.

［3］〔加〕穆沙基,〔匈〕胡克著,陈明坤译.ERP系统整合审计.北京:经济科学出版社,2007.

［4］〔美〕莫勒尔著,刘霄仑等译.SOA与内部审计新规则［M］.北京:中国时代经济出版社,2007.

［5］普华永道——中国建设银行风险管理组织结构与实施方案.

［6］钱啸森.国外信息系统审计案例［M］.北京:中国时代经济出版社.2007.

［7］萨班斯-奥克斯利法案.

［8］商业银行内部控制指引.

［9］商业银行数据中心监管指引.银监办发〔2010〕114号.

［10］商业银行信息科技风险管理指引.银监发〔2009〕19号.

［11］中国工商银行内部审计局课题组.COBIT与商业银行IT审计［J］.中国金融电脑,2005,6.

［12］中国银监会办公厅关于银行业金融机构重要系统高可用性及信息安全管控风险提示的通知.沪银办发〔2011〕158号.

［13］中国银行业监督管理委员会信息中心.银行业科技风险警示录［M］.北京:经济科学出版社,2011.

［14］周明.SOX的信息技术控制合规要求对信息技术审计的提示.中国海洋石油总公司审计监察部.

［15］转发中国银监会办公厅关于网银和网站系统安全性漏洞风险提示的通知.沪银监通〔2011〕32号.

［16］ISACA.COBIT 4.1.

案例使用说明

一、案例讨论的准备工作

1. 我国有关外资商业银行外包业务的监管规定

各国银行业一般具有针对银行信息科技外包的法律法规,我国监管部门针对银行信息科技外包业务也出台了众多的监管指引,要求银行业金融机构遵守。外资银行应制定与信息科技外包业务相关的政策和流程等相关管理制度,包括业务外包的决策程序、对外包方的评价和管理、控制银行信息保密性和安全性的措施与应急计划等,若未遵守信息科技外包监管指引则面临监管部门的严厉处罚。

外资银行信息科技外包监管指引主要分以下几个层次:基础设施外包监管指引、信息科技获得和投产外包监管指引、信息科技外包操作风险监管指引及其他信息科技具体业务外包监管指引(电子银行和信用卡)。

(1) 外资银行基础设施外包相关监管指引。2008年7月9日,中国银监会印发《银行、证券行业信息科技突发事件应急处理工作指引》的通知,对外资银行基础设施外包的服务水平管理、性能和容量管理、系统可用性管理、服务持续性管理、系统安全性管理和数据安全性管理做出具体要求。2010年4月16日,中国银监会办公厅印发《商业银行数据中心监管指引》的通知,对商业银行数据中心外包服务管理做出具体要求,包括数据中心日常管理外包、数据中心建设外包、数据中心灾难备份恢复外包等。

(2) 信息科技获得和投产外包监管指引。2006年8月7日,中国银监会印发《银行业金融机构信息科技风险管理指引》,针对银行业金融机构将信息科技获得和投产事项外包给出具体实施细则。2009年12月29日,中国银监会办公厅印发《银行业金融机构重要信息科技投产及变更管理办法》,要求采取外包方式获得信息科技重要系统的,需提交外包服务机构情况、外包服务内容、外包风险评估报告。

(3) 信息科技外包操作风险监管指引。2007年4月4日,中国银监会印发《中华人民共和国外资银行奖励条例实施细则》,外资银行营业性机构应当制定与业务外包相关的政策和管理制度,包括业务外包的决策程序、对外包方的评价和管理、控制银行信息机密性与安全性的措施和应急计划等。外资银行营业性机构在签署业务外包协议前,应当向所在地中国银监会派出机构报告业务外包协议的主要风险及相应的风险规避措施。2007年5月14日,中国银监会签发《商业银行操作风险管理指引》,要求商业银行制定与外包有关的风险管理政策,确保业务外包有严谨的合同和服务协议,各方的责任义务规定明确。

(4) 其他信息科技具体业务外包监管指引。2006年3月1日,中国银监会签发《电子银行业务管理办法》,对银行业金融机构电子银行业务外包事项进行外包的,包括电子银行部门系统的开发、建设、服务和技术支持、系统维护等专业化服务,应当遵守该指引。2006年3月8日,中国人民银行、中国银监会共同签发《关于防范信用卡有关问题》的通知要求,信用卡发卡机构应慎重选择发卡营销外包服务供应商,并严格约束与发卡营销外包服务商的关系;发卡机构一旦发现信用卡申请材料属于未与其签订发卡营销外包协议的中介公司递交的,不得受理相关业务。

2. 相关法规

我国银行业监管部门出台的与商业银行信息系统外包业务有关的法规如表11所示。

表11 我国银行外包业务相关法规

实施日期	颁布单位	法规分类	法规名称	条例
2010年6月7日	中国银监会	监管风险 操作风险 信息科技 治理风险 国别风险 合规风险 技术风险	银行业金融机构外包风险管理指引	第九条(五) 定期安排内部审计,确保审计范围涵盖所有的外包安排。 第二十一条 银行业金融机构应当定期对外包活动进行全面审计与评价。
2010年4月16日	中国银监会	技术风险 合规风险 操作风险 声誉风险	中国银监会办公厅关于印发《商业银行数据中心监管指引》的通知	第七章 外包管理 第三十七条 商业银行董事会对外包负最终责任,应推动和完善外包风险管理体系建设,确保其有效应对外包风险。

（续表）

实施日期	颁布单位	法规分类	法规名称	条例
				第三十八条 …… 第五十一条 商业银行应在外包服务协议条款中明确商业银行和监管机构有权对协议范围内的服务活动进行监督检查，包括外包商的服务职能、责任、系统和设施情况。
2009年 12月29日	中国 银监会	操作风险 合规风险 技术风险 声誉风险 信息科技 治理风险	中国银监会办公厅关于印发《银行业金融机构重要信息系统投产及变更管理办法》的通知	第三十一条 （五）采取外包方式的，需提交外包服务机构情况、外包服务内容、外包风险评估报告。
2009年 3月3日	中国 银监会	监管风险 声誉风险 操作风险 技术风险 公司治理	中国银监会关于印发《商业银行信息科技风险管理指引》的通知	第五十五条 商业银行不得将其信息科技管理责任外包，应合理谨慎监督外包职能的执行。 第五十六条 …… 第六十二条 商业银行所有信息科技外包合同应由信息科技风险管理部门、法律部门和信息科技管理委员会审核通过。商业银行应设定流程，定期审阅和修订服务水平协议。
2008年 7月9日	中国 银监会	操作风险 合规风险 技术风险 声誉风险	中国银监会关于印发《银行、证券行业信息系统突发事件应急处理工作指引》的通知	第十一条 各银证机构与业务关联单位的风险管理应包括但不限于以下要素： （一）服务水平管理 （二）性能和容量管理 （三）系统可用性管理 （四）服务持续性管理 （五）系统安全性管理 （六）数据安全管理

（续表）

实施日期	颁布单位	法规分类	法规名称	条例
2007年8月3日	中国银监会上海监管局	合规风险 操作风险 国别风险 声誉风险 技术风险	中国银行业监督管理委员会上海监管局关于加强上海市外资银行业务外包监管的意见	一、各外资银行应制定与业务外包相关的政策和管理制度，包括业务外包的决策程序、对外方的评价和管理、控制银行信息保密性与安全性的措施和应急计划等。 …… 九、如果业务外包出现问题或存在安全隐患，银行应立即采取行动，及时改正并上报银行监管部门等。
2007年5月14日	中国银监会	操作风险	商业银行操作风险管理指引	第二十条 商业银行应当制定与外包有关的风险管理政策，确保业务外包有严谨的合同和服务协议，各方的责任义务规定明确。
2007年4月4日	中国银监会	监管风险	中华人民共和国外资银行管理条例实施细则	第八十四条 外资银行营业性机构应当制定与业务外包相关的政策和管理制度，包括业务外包的决策程序、对外包方的评价和管理、控制银行信息机密性与安全性的措施和应急计划等。外资银行营业性机构在签署业务外包协议前，应当向所在地中国银监会派出机构报告业务外包协议的主要风险及相应的风险规避措施等。
2006年10月20日	中国银监会	合规风险 声誉风险 操作风险	中国银行业监督管理委员会关于印发《商业银行合规风险管理指引》的通知	第二十五条 董事会和高级管理层应对合规管理部门工作的外包遵循法律、规则和准则负责。商业银行应确保任何合规管理部门工作的外包安排都受到合规负责人的适当监督，不妨碍银监会的有效监督。

（续表）

实施日期	颁布单位	法规分类	法规名称	条例
2006年8月7日	中国银监会	技术风险 合规风险 操作风险 声誉风险	中国银行业监督管理委员会关于印发《银行业金融机构信息系统风险管理指引》的通知	第五十一条　外包风险是指银行业金融机构将信息系统的规划、研发、建设、运行、维护、监控等委托给业务合作伙伴或外部技术供应商时形成的风险。 …… 第五十九条　银行业金融机构将敏感的信息系统，以及其他涉及国家秘密、商业秘密和客户隐私数据管理与传递等内容进行外包时，应遵守国家有关法律，符合银监会的有关规定，经过董事会的批准，并在实施外包前报银监会派出机构和法律法规规定需要报告的机构备案。
2006年3月8日	中国人民银行	操作风险 技术风险 声誉风险 合规风险	中国人民银行、中国银行业监督管理委员会关于防范信用卡风险有关问题的通知	（二）信用卡发卡机构应慎重选择发卡营销外包服务商，并严格约束与发卡营销外包服务商之间的关系。 （三）发卡机构一旦发现信用卡申请材料属于未与其签订发卡营销外包协议的中介公司递交的，不得受理相关业务。
2006年3月1日	中国银监会	信息科技风险 技术风险 操作风险 声誉风险 合规风险	电子银行业务管理办法	第六十二条　电子银行业务外包是指金融机构将电子银行部分系统的开发、建设、服务和技术支持，系统的维护等专业化程度较高的业务工作委托给外部专业机构承担的活动。 …… 第七十条　金融机构对电子银行业务处理系统、授权管理系统、数据备份系统的总体设计开发，以及其他涉及机密数据管理与传递环节的系统进行外包时，应经过金融机构董事会或者法人代表批准，并应在业务外包实施前向中国银监会报告。

二、案例分析要点

1. 信息系统审计过程

信息系统审计过程与一般审计过程一样,分为准备阶段、实施阶段和报告阶段。其中,准备阶段和报告阶段所涉及的技术方法与财务审计所运用的技术方法区别不大,而实施阶段所涉及的技术方法则具有信息技术的特点。在实施阶段,针对被审计的信息系统,审计人员所开展的工作可以分为了解、描述和测试三个层次。

2. 信息系统审计方法

计算机信息系统环境下的审计技术方法与手工环境下传统的审计技术方法相比,增加了计算机技术的内容。对信息系统审计的方法既包括一般方法(手工方法),也包括应用计算机的审计方法。信息系统审计的一般方法主要用于了解和描述信息系统,包括面谈法、系统文档审阅法、观察法、计算机系统文字描述法、表格描述法、图形描述法等。应用计算机的审计方法一般用于对信息系统的控制测试,包括测试数据法、平行模拟法、在线连续审计技术(嵌入审计模块实现)、综合测试法、受控处理法和受控再处理法等。应用计算机技术的审计方法主要指计算机辅助审计技术和工具的运用,但不能把计算机辅助审计技术和工具的使用过程与信息系统审计等同起来。在信息系统审计过程中,仍然要运用大量的手工审计技术。

3. 我国商业银行信息化情况与审计中存在的问题

我国信息化进程发展了近二十年,作为金融领域与公众关系最密切相关的行业,银行信息化程度越来越高,很多传统的授权/审批、限额、报告等管理都以信息系统参数的形式加以应用,比如银行内的资金业务、存贷款业务、投资业务、贸易融资、汇款业务、财务核算与报告、个人零售业务等。与个人客户密切相关的网上银行操作、借记卡/信用卡业务、手机支付、网络购物等金融应用都是信息系统发展的成果。

信息系统审计在国内是新兴的审计领域,根据上海银监会的统计,截至2011年4月仅79%的法人银行建立了信息科技专职审计职位,其他法人化银行的信息科技审计要么委托专业审计机构,要么由一般业务审计人员兼职。由此可见,我国信息科技审计的发展水平有限。

三、教学安排

本案例的使用包括三个步骤:第一步是课前将案例发给学员,要求学员就案例相关的问题查阅资料,并分组进行案例分析;第二步是请各小组汇报分析结果;第三步是对关键问题和有异议问题进行讨论,并由教师引导和总结得出结论。如果有学员熟悉案例所在的行业,则请该学员对行业情况进行介绍。

课堂教学方案如表 12 所示。

表 12 课堂教学方案

内容	主角	组织与要求	时间
商业银行经营和管理的特点	教师	提出问题,请学员思考和回答,并做总结和归纳	8 分钟
列示案例讨论主题,根据课堂学员人数分组	教师	由教师列示案例讨论主题,明确每个小组围绕案例讨论题展开分析	2 分钟
案例讨论	学员	要求每个小组结合所学的理论知识,针对讨论思考题进行讨论,并完善案例讨论主题表的相关内容	15 分钟
陈述与点评	学员和教师	要求每个小组推荐一名代表陈述讨论情况及达成的共识、产生的分歧,完善案例讨论主题表的相关内容;教师点评案例小组讨论情况,并引导学员正确理解和深入分析问题	10 分钟

案例讨论主题如表 13 所示。

表 13 案例讨论主题

序号	讨论主题	案例中的相关线索	涉及的相关理论和知识	结论/启示/感受
1	案例所反映的商业银行信息系统问题有哪些?			
2	如何对外资商业银行信息系统风险进行分类?			
3	外资商业银行的内部控制特点有哪些?			
4	案例中拟定的外资商业银行外包业务审计程序是否恰当?			

蓝天资产内部控制的评审

赵雪媛

专业领域/方向：审计

适用课程：高级审计理论与实务、内部控制与风险管理

教学目标：通过对蓝天资产管理股份有限公司内部控制评审报告进行解读与研讨，使学员了解内部控制评审的含义和目的，了解控制环境在内部控制中的重要地位，掌握内部控制审计的内容和方法，学会编写不同目的的内部控制审计报告。

知识点：内部控制与审计

关键词：内部控制　内部控制审计　控制环境　内部控制审计报告

摘　要：蓝天资产管理股份有限公司于2004年成立，经营范围包括管理与运用自有资金，受托资金管理业务，从事与资金管理业务相关的咨询业务，以及国家法律法规允许的其他资产管理业务。诚信会计师事务所接受委托对该公司内部控制进行了审计，注册会计师王非和高兵在执行了一系列审计程序后出具了审计报告。本案例节选审计报告的部分内容，说明内部控制评审的有关问题。

随着内部控制评审业务的推广,诚信会计师事务所受理了一些内部控制审计业务,蓝天资产管理股份有限公司内部控制是其中的一项。注册会计师王非和高兵在执行了一系列审计程序后出具了审计报告。以下节选审计报告的一部分,说明被审计单位的基本情况和内部控制方面存在的主要问题。

蓝天资产管理股份有限公司内部控制专项审核报告

中国蓝天股份有限公司:

我们接受委托,对蓝天资产管理股份有限公司(以下简称"蓝天资产")内部控制建设情况实施了专项审核。本次专项审核主要依据《关于印发企业内部控制配套指引的通知》(财会〔2010〕11号)、《内部审计具体准则第5号——内部控制审计》等相关文件及蓝天资产内部控制制度。本次专项审核涵盖2010年1月至2011年6月蓝天资产制定并实施的内部控制制度,重大问题追溯至以前年度。

建立和健全并有效运行公司内部控制制度是蓝天资产的责任,同时蓝天资产对本次专项审核过程中提供的资料的真实性和完整性负责,我们根据约定的业务范围及上述文件,计划和实施专项审核工作。在专项审核过程中,我们实施了包括了解、访谈、测试与评价内部控制设计的合理性和运行的有效性,以及我们认为必要的其他程序和方法。本次审核中访谈了公司高管及部门负责人共计15人、其余员工12人、外聘律师1人、委托方访谈3次、集团资产管理部访谈1人,审核相关工作底稿已征求公司意见并得到了确认。

我们相信,我们的专项审核工作为发表意见提供了合理的基础,但由于内部控制具有固有限制,存在因错误或舞弊而导致错报发生和未被发现的可能性。此外,由于情况的变化可能导致内部控制变得不恰当,或者降低对控制政策、程序遵循的程度,根据内部控制专项审核评价结果推测未来内部控制的有效性具有一定的风险。

一、公司基本情况

蓝天资产于2004年成立,经营范围包括管理与运用自有资金,受托资金管理业务,从事与资金管理业务相关的咨询业务,以及国家法律法规允许的其他资产管理业务。

二、内部控制制度建设情况及审核总体评价

内部控制是旨在合理保证企业基本目标得以实现的一系列控制活动的集合,与企业发展阶段和发展战略具有密不可分的关系,既受到企业发展阶段和战略的约束,也是推动企业发展和战略实现的关键因素。蓝天资产自 2004 年 10 月成立以来,一直处于不断探索和改善的过程。2009—2010 年对于蓝天资产尤其是公司内部控制建设更是承上启下的一个时期,在这段时间里,蓝天资产全体员工在董事会和经营管理层的带领下,在结构调整、建章建制、规范业务、加强投资等诸多方面采取了一系列举措,努力消化历史包袱、规范经营管理、加强内部控制、提高投资效率,所取得的成效是值得肯定的。

在内部控制建设方面,2009 年以来蓝天资产针对企业发展现状推行投研一体化和账户制度管理模式,在一定程度上克服了当时核心人员短缺的主要瓶颈,并且针对新的组织架构和业务流程制定并修订了多达百项内部控制制度,这些制度在设计方面总体上是健全合理的,在改善公司业务流程、加强运营管理的过程中也起到了不可忽视的作用。截至 2011 年 10 月,蓝天资产正在使用的内部控制制度共计 140 项,内容涵盖投研管理、风险管理、组合管理、交易管理、信用评级管理、创新业务管理、财务管理、人力资源管理、信息系统管理及综合管理等多个方面,还不断推进信息化和人力资源建设,对企业的发展起到不容忽视的作用。

值得注意的是,尽管经过了两年多时间的积极调整,但由于蓝天资产成立时间尚短、风险管理文化底蕴相对薄弱,因此相对于业内经营绩效较好的公司尚存在较大差距,制度施行过程中还有明显不足,仍需蓝天资产董事会及管理层予以积极关注和持续改进。

三、专项审核中发现的公司治理方面存在的主要问题

(一)董事会及专门委员会存在的主要问题

董事会是股东大会的执行机构,对股东大会负责,并依法行使企业的经营

决策权。根据公司章程,蓝天资产董事会下设三个专门委员会,分别为风险管理和审核委员会、提名薪酬委员会、投资决策委员会。蓝天资产董事会及专门委员会基本能够按照公司章程和议事规则召开会议并开展日常活动,但在审核中我们仍发现董事会及其下属专门委员会存在以下几方面问题:

1. 董事会及专门委员会设置存在不合规的情况

根据公司章程第四十八条规定,董事会由9名董事组成。在审核中我们发现,蓝天资产董事会成员仅为7名。公司章程第五十七条规定,风险管理和审核委员会由3名以上不在管理层任职的董事组成。审核中我们发现,蓝天资产风险管理和审核管理委员会成员仅为2名。董事会及风险管理和审核委员会在人员设置上存在不符合公司章程规定的情况。

2. 内部控制制度与公司章程存在不一致的情况

公司章程是企业存在和活动的基本依据,《公司法》第十一条规定,设立公司必须依法制定公司章程,公司章程对公司、股东、董事、监事、高级管理人员具有约束力。在审核中我们发现,蓝天资产存在内部控制手册与公司章程相关规定不一致的情况。例如,公司章程第五十三条规定,董事会做出决议须经全体董事过半数通过;当董事会表决的反对票和赞成票相等时,董事长无权多投一票。然而内部控制手册第二章规定,董事会做出决议须经全体董事过半数通过;当反对票与赞成票相同时,董事长有权多投一票。这两项规定在同一情况发生时给出了不同的处理和判断标准且相互矛盾。

3. 风险管理和审核委员会召开较少

蓝天资产在董事会下设风险管理和审核委员会,议事规则规定,风险管理和审核委员会为董事会下设的专门工作议事机构,主要职能是针对公司经营过程中与风险控制相关的重大事项加以研究并向公司董事会提交建设性方案,负责对公司财务预算和决算情况进行审查监督。风险管理和审核委员会的主要职责是:(1)审议公司风险管理的总体目标、基本政策和工作制度;(2)审议风险管理机构的设置及职责;(3)审议重大决策的风险评估和重大风险的解决方案;(4)审议年度风险评估报告;(5)就上述事项向董事会提出意见和建议;(6)定期审查内部审核部门提交的内部控制评估报告以及合规管理部门提交的合规报告,并就公司内部控制和合规方面的问题向董事会提出意见和改进建议;(7)行使董事会授予的其他职责。根据议事规则,风险管理和审核委员会会议分为定期会议和临时会议。定期会议每年至少召开两次,每半年至少召开一次。

在审核中,我们发现除上述 2009 年 9 月 9 日第一次会议外,蓝天资产风险管理和审核委员会仅在 2011 年 4 月 15 日召开会议,就 2010 年度合规报告、关联交易报告以及风险评估报告议案进行审议,我们未发现风险管理和审核委员会对公司风险管理的总体目标、基本政策、工作制度、机构设置等进行审议,同时也未发现风险管理和审核委员会对公司财务预算等进行审查和监督。

(二) 监事会存在的主要问题

在审核中,我们发现蓝天资产在监事会设置上存在人数不符合公司章程规定的情况。例如,根据公司章程第六十三条,监事会由 5 人组成,其中职工代表监事 2 人。我们在审核中发现,蓝天资产监事会成员仅有 4 人。

(三) 经营管理层日常管理方面存在的主要问题

以总经理为核心的高级管理层是公司治理结构中的重要组成部分,在委托代理关系中,经营管理层对董事会负责,是经营决策的实际执行者,经营管理层的专业胜任能力和职业尽责态度直接影响公司的经营状况(业绩)。我们在审核中发现,蓝天资产经营管理层在日常的经营管理中存在以下几方面的问题:

1. 总经理办公会及扩大会议召开不够及时

公司章程第七十四条规定,公司实行总经理办公会议制度,负责日常经营管理的决策工作。《蓝天资产管理股份有限公司例会制度》还规定,在研究公司年度经营计划和日常经营管理工作,研究制定公司内部机构设置和管理制度,听取各部门管理、业务或者财务工作报告,总结交流工作情况,研究部署相关工作,审定公司重大投资事项,审定其他重大日常行政事项等时,必须召开总经理办公会。

我们在审核中对 2010—2011 年 6 月总经理办公会及扩大会会议纪要进行了整理,发现 2010 年蓝天资产共计召开总经理办公会及扩大会 36 期,涉及议题主要包括公司治理、内部机构人员调整及制度调整、公司重大业务、公司人员调整及招聘、考核、福利与职工薪酬、信息系统招标及培训等,未涉及公司年度的经营计划、各业务部门的工作情况报告及交流等内容,基本未涉及经营计划及各部门管理、业务及财务工作情况及交流,较少涉及重大投资事项。

总经理室成员是公司日常经营管理的核心人员,总经理办公会及扩大会是公司日常经营决策和民主决议的主要方式,也是公司经营方针和经营目标得以实现的重要保障。尤其对于蓝天资产,投研团队相对年轻,研究和投资管理能力还需加强,对于风险的把控能力还相对较弱,部分委托人对于资金的安全性和流动性要求较高,在这种环境下,要面对证券市场的变化,尤其在2010年和2011年上半年宏观政策与证券市场出现较大波动的时期,做好风险与收益的博弈,无论是决策还是日常管理都需要总经理室在很大程度上的把控和指导,及时的交流、沟通、指导和民主决议对于蓝天资产是十分重要及必要的。但是,通过上述整理结果可以看出,蓝天资产总经理办公会及扩大会在经营决策、对各部门业务的交流和指导方面还有待进一步重视与加强。

2. 公司经营管理层未按例会制度召开例会

根据《蓝天资产管理股份有限公司例会制度》,除总经理办公会外,蓝天资产还主要以司务会和月度经营形势分析会的方式管理公司日常经营。根据规定,公司司务会每月召开一次,月度经营形势分析会每月末及遇重大市场波动时召开。

在审核中,我们索取了2009—2011年6月有关司务会相关会议纪要及资料,但仅获取了四期,分别为2009年5—6月和2011年5—6月召开。据了解,公司在2009年下半年至2010年未按时召开公司司务会。

我们未能获得2009—2011年6月有关公司月度经营形势分析会的会议纪要及相关资料,据了解,公司在此期间未召开月度经营形势分析会。

司务会和经营形势分析会是蓝天资产针对日常经营管理、部门沟通、经营分析及做出应对决策的制度安排,是对总经理办公会及扩大会的必要补充,从上述整理结果来看,蓝天资产并未依照制度召开司务会及月度经营形势分析会,以便及时、有效地对日常经营做出指导、调整和应对,尤其是在市场变化较为频繁的时期,公司层面对于投资决策的指导和经营风险的管理就显得更为重要。

3. 风险控制委员会未按规定行使职能,止盈止损应对机制不完善

(1) 风险控制委员会议召开不及时。蓝天资产总经理室下设两个专门委

员会,分别为投资决策委员会(以下简称"投决会")和风险控制委员会(以下简称"风控委")。投决会主要研究确定大类资产配置方案、投资策略制定等事宜;风控委主要负责公司风险目标的设定、管理,建立风险控制体系、策略、措施等。

我们在审核中发现,2009—2011年6月蓝天资产共计召开风控委会议两次,分别为2009年10月和2011年5月,两次会议均主要针对各账户绩效评估基准变更事宜。

根据《蓝天资产管理股份有限公司风险控制委员会工作规程》,风控委负责设定公司风险管理目标及战略,审定风险管理工作规划和管理制度、年度风险预算、年度风险限额、年度风险管理报告和绩效考核报告框架等,并规定风控委的具体工作职责为:①设定公司风险管理目标及战略,审议风险管理工作规划;②建立公司风险管理体系,审议公司风险管理政策、策略和措施;③审议公司风险管理制度,指导风险识别与评估工作;④审定公司年度风险评估报告和绩效评估报告框架;⑤审定年度风险预算和风险限额;⑥审定公司风险控制指标体系及限额;⑦审议公司新产品、新业务的风险控制方案;⑧协调处理公司重大突发性事件;⑨负责公司其他风险事项。

上述工作规程还规定,风控委会议包括定期会议和不定期会议,定期会议每年召开一次,不定期会议根据需要随时召开。即使在公司出现较为重大的事件时,风控委会议也未及时召开以便对风险进行充分的研究和应对。

(2) 未设立及时有效的止盈、止损应对机制。《蓝天资产管理股份有限公司例会制度》规定,风控委应当审定公司各类止盈、止损方案。我们在审核中未发现蓝天资产建立适当的止盈、止损方案,在2010年上半年大盘持续下行的趋势下,也并未发现公司针对性地制定止损措施或对相关风险进行提示和采取应对措施,造成部分账户在2010年个股出现较大幅度亏损时却未见相应止损策略或措施。

例如,2010年度客户A公司账户中可供出售金融资产类别下发生交易的股票共202只,我们随机抽取其中43只,抽样比例为21.3%,当年度贷方发生额为48.85亿元,样本股票金额为27.46亿元,抽样金额比例为56%。在抽查的股票中,盈利股票17只、亏损股票26只,其中亏损幅度在10%以内的为10只、亏损幅度在10%—20%的为4只、亏损幅度在20%—30%的为7只、亏损幅度在30%—40%的为2只、亏损幅度在40%—50%的为3只,共计造成亏损2.33亿元。

2010 年度客户 B 公司账户中可供出售金融资产类别下发生交易的股票共 203 只,我们随机抽取其中 56 只,抽样比例为 27.6%,当年度贷方发生额为 72.43 亿元,样本股票金额为 38.45 亿元,抽样金额比例为 53%。在抽查的股票中,盈利股票 33 只,亏损股票 23 只,其中亏损幅度在 0—10% 的为 12 只,亏损幅度在 10%—20% 的为 5 只、亏损幅度在 20%—30% 的为 2 只、亏损幅度在 30%—40% 的为 4 只,共计造成亏损 2 520.18 万元。

从上述抽样可以看出,亏损幅度在 10% 以上的股票为数不少,也给受托账户资产造成了一定的损失。但在审核过程中,我们并未发现蓝天资产具有止损策略的制度安排,同时也未发现蓝天资产针对上述账户中个股亏损幅度较大的情况召开风险控制会议或者投资决策会议,对所承担的风险进行商讨并采取适当的措施,在对个股价值和风险及账户的风险承受能力进行充分研究与分析的基础上及时调整投资策略、做出个股安排,以避免给受托账户资产带来更大的损失。

止盈、止损应对机制并非简单的止盈点、止损点的确定,而是一种应对机制,是投资风险管理的重要手段。在价值投资理念引导下的机构投资者,应当建立有效的止盈、止损应对机制,在个股市值出现较大幅度的上升和下降时,公司经营管理层和投资团队应当紧密关注风险与价值的判断,当风险超出预先设定的阈值时应当启动止盈、止损机制,集体研究和商谈应对风险的措施与方案。

4. 关键岗位设置不完整

监管机构要求资产管理机构应当设立首席风险管理执行官。我们在审核中了解到,蓝天资产至今未设立首席风险管理执行官。

四、审计中发现的组织架构方面存在的主要问题

(一)投研一体化削弱研究对投资的制衡效果

投研一体化是倡导投资和研发充分融合、更好发挥投资能力与研究能力的一种投资理念,是目前很多基金公司流行的做法。在市场变化频繁的环境下,投研一体化在提升管理效率、提高应对速度方面起到了很大的作用。蓝天资产自 2009 年提倡投研一体化,并将投资管理部与研究发展部由一个部门总经理领导,投资管理部与研究发展部共同参与投研联席会和日常晨会,这对于营造

良好的互动氛围、提高信息共享和沟通的效率等方面起到了一定的作用,但在实际执行过程中也出现了一些问题。例如,投研联席会中投资人员较多,投资管理部和研究发展部同属一人领导,使得研究管理部在投研联席会中的声音和作用减弱,致使在三池管理方面较为松散。

"三池"管理体系是以保证公司在股票、基金和债券投资方面规范、稳健、高效运作,防范投资风险为目的,"三池"应当成为投资决策中个别证券投资的重要依据和限制。在"三池"管理过程中,一方面研究人员应当与投资人员进行充分的沟通,另一方面这一过程也是研究发展部根据研究成果对投资管理部人员投资行为和投资风险进行有效制衡的过程,在这个过程中进行充分的讨论、研究,有利于充分理解和把握个别证券的价值与风险。

投研联席会是"三池"管理的主要决策机构。我们在审核中发现,蓝天资产2009—2010年6月投研联席会成员仅有2名研究发展部人员,其余均为投资管理部人员。另外,投资管理部和研究发展部的部门总经理为同一人,在很大程度上削弱了研究对投资的制衡效果。蓝天资产各年股票池中的股票数量较多,且各年进入股票池的股票数量较多,而剔除的股票数量相对较少。2009—2011年6月,一级池进入股票池股票共计415只,剔除股票40只;二级池进入股票池股票共计108只,剔除股票19只;部分股票长期存在于股票池中,且未进行充分的跟踪和研究。"三池"管理的薄弱,使得投资缺乏必要的研究支持和约束,在一定程度上加大了投资风险。

我们在访谈中也了解到,由于投资管理部与研究发展部由同一部门总经理领导,造成研究发展部的独立性相对较差,研究更多的是对投资提供一种支持,名义上投研一体化,实际上研究在投资过程中的声音相对较弱,加之投资业绩是公司考核的重要指标,造成对研究的重视程度也相对不足。作为机构投资者,研究能力始终是其核心竞争力的主要组成部分。投研一体化对于打破投资与研究之间的藩篱、提高沟通与互动的效率起到了一定的作用。但是,即使在提倡投研一体化的基金公司,也并不意味着研究将丧失其独立性;相反,对于研究的深度和高度的要求更高,更加需要良好的研究能力对投资予以指导和支持。

(二)账户制管理模式下存在的主要问题

1. 配套制度不完善造成执行中账户经理职责不够清晰

蓝天资产是蓝天集团下属的专设资产管理公司,主要服务对象是蓝天集团内企业。2009年，蓝天资产针对服务对象相对集中、投资人员相对较少的情况，对受托账户投资推行账户制管理模式，每个账户由账户经理、权益投资经理、固定收益投资经理和投资助理组成管理团队，账户经理对账户负责。账户制管理模式在一定程度上克服了投资人员较少所带来的局限性，同时也在一定程度上提高了账户内部的沟通效率，使得蓝天资产投资管理能力在一定程度上有所提高，2009年度蓝天资产为集团各受托账户创造了不错的投资业绩。但由于部分配套制度在组织结构调整过程中未能及时更新，造成账户经理的岗位职责不够明确，由此带来执行过程中部分职责缺失和效率较低。例如，由于缺少配套的岗位职责说明书，造成账户经理责权利不匹配；另外，各账户经理同时又兼任投资经理，在精力分配上对投资层面和账户层面也会有所侧重，从而造成账户制管理模式下在投资风险管理、与委托人沟通等方面相对薄弱。

在账户制管理模式下，对账户投资风险的日常管理归属账户内部。我们在访谈中发现，由于岗位职责的缺失，账户经理未能担负起账户投资风险管理的职责，对投资风险的管理基本被投资经理个人控制。在蓝天资产投资团队相对年轻的背景下，这种管理模式是具有一定风险的。例如，我们在审核过程中抽取了2010年各受托账户的股票投资情况并进行了整理，发现各账户的投资方式与投资效果存在一定的差异，而且普遍存在投资种类较多、换手率较高、投资收益偏低的情况。2010年度四家受托资产股票投资收益共计2.69亿元，其中盈利金额为16.59亿元，亏损金额为13.90亿元（见表1）。

表1 2010年度各受托账户投资及收益情况统计　　　　单位：万元

托管资产公司	股票数	盈利股票	亏损股票	期初投资成本	投资收益	收益率（%）	盈利额	亏损额
A公司	117	83	34	555 216.45	14 366.01	2.59	60 270.94	-45 904.92
B公司	188	139	49	489 016.00	-8 747.88	-1.79	31 265.05	-40 012.94
C公司	109	79	30	290 159.58	21 282.04	7.33	38 925.45	-17 643.41
D公司	209	151	58	782 132.39	7.41	0.00095	35 402.76	-35 395.35
合计	623	452	171	2 116 524.43	26 907.58	1.27	165 864.20	-138 956.62

注：表中数据仅包括2010年度已经实现的损益部分（含持有期间所分红利）。

此外，我们还对 2010 年度各受托账户换手率情况进行了整理和统计（见表 2）。

表 2　2010 年度各受托账户投资收益与换手率对比　　　　单位：万元

项目	蓝天寿险	D	蓝天产险	蓝天集团	汇总
股票投资换手率(%)	372.32	1 007.06	1 443.70	278.71	515.26
期初股票资产总额	170 431.65	169 334.70	19 942.57	380 137.49	739 846.41
股票账面投资收益	20 172.59	198.76	-8 950.43	14 836.73	26 257.65
股票综合投资收益	837.74	-25 360.60	-40 802.18	3 754.56	-61 570.49

注：换手率 = $\dfrac{当期股票买入成本总额 + 当期卖出股票收入总额}{(期初资产规模 + 期末资产规模)/2} \times 100\%$。

结合换手率可以看出，部分受托账户的股票投资面较为宽泛，换手率相对较高，而收益率却相对较低。例如，D 公司账户 2010 年度共计投资股票 209 只，换手率则高达 1 007.06%，投资成本超 78 亿元，而实现收益仅 7.41 万元，投资收益率 0.00095%。再如，B 公司账户 2010 年度共计投资股票 188 只，换手率高达 1 443.7%，投资成本约 49 亿元，实际产生亏损 8 747.88 万元，投资收益率 -1.79%。我们在审核中并未发现账户经理及账户管理团队针对投资过程中的风险进行充分、有效的讨论和研究并形成相应对策，以便及时调整投资策略、控制投资风险、减少投资损失。

与委托人之间的良好沟通是保险资金进行资产负债配置的重要环节，蓝天资产在与委托人沟通方面也存在一些问题。例如，2010 年蓝天产险的会议纪要显示，各月份沟通会议在大部分情况下蓝天资产仅权益投资经理、固定收益投资经理和投资助理参加，账户经理仅在 8 月、9 月、12 月参加了与委托人的沟通例会，投资管理部负责人仅在 7 月和 9 月参加了与委托人的沟通例会，各次例会中没有更高级别管理人员参加，也没有风控等相关部门人员列席的记录。再如，在头寸管理方面，我们在审核中抽取 2010 年 7—12 月各受托账户《日可用头寸表》进行整理，发现 2010 年 7—12 月各受托账户每日可用头寸余额约 12.1 亿元(见表 3)。

表3　2010年7—12月头寸余额　　　　　　　　　　　单位：万元

日期	A公司账户	B公司账户	C公司账户	D公司账户	合计
2010年7月日平均可用头寸	21 189.10	38 129.63	18 143.78	36 838.92	114 301.43
2010年8月日平均可用头寸	32 491.33	43 247.28	57 520.24	42 190.69	175 449.53
2010年9月日平均可用头寸	-2 788.61	14 929.18	40 288.85	13 366.64	65 796.06
2010年10月日平均可用头寸	16 261.59	34 782.43	65 705.04	19 774.21	136 523.27
2010年11月日平均可用头寸	16 926.70	41 287.02	41 445.46	13 073.57	112 732.74
2010年12月日平均可用头寸	27 652.36	35 099.16	49 270.77	13 500.99	125 523.29
2010年7—12月日平均可用头寸	18 784.83	34 575.24	44 657.73	23 179.85	121 197.64

从制度制定本身来看，蓝天资产先后分别于2008年和2011年8月发布了两版头寸管理办法。据了解，2009年度蓝天资产对组织架构进行了调整，新的组织架构采取了账户制管理模式，取消了组合管理部。2011年6月以后，蓝天资产对组织架构重新进行了调整，恢复了组合管理部的设置和职能。而上述头寸管理办法分别是在2009年组织架构调整前及2011年组织架构调整后发布的，针对2009—2011年6月账户制管理模式下的头寸管理，没有相应制度对其进行规范和管理，加之没有较为明确的岗位职责说明书，造成账户经理责任不明。我们在对账户经理的访谈中发现，在日常经营管理过程中，各账户内部针对头寸管理大多以口头沟通形式进行，账户经理对资金头寸进行管理并未形成预测表等相关资料；在审核中，我们也未能获得账户人员向其他部门及上级相关人员进行报告的相关资料。

由此可见，虽然2009年以来蓝天资产不断加强投资管理和头寸管理等，但若能根据业务流程的变化及时制定配套制度，则对于提高风险管理、资金运用、投资效率等各方面将取得更为明显的效果。

2. 投资策略制定与执行角色较为集中，不利于达到制衡效果

内部控制是一个逐步发展的过程，与公司的发展阶段和战略定位密不可分。在蓝天资产发展初期，账户制管理模式在很大程度上加强了账户内部沟通，提高了投资效率，并且在一定程度上克服了人员短缺所带来的问题；但在执行过程中，账户制管理模式下存在投资决策过程中部分角色过于集中的现象，从而在一定程度上削弱了相互制衡、相互约束的管理效果。

例如，我们在审核中了解到，蓝天资产投资策略由投决会审议通过并由投资经理执行，而递交投决会审核的各账户投资策略则是由投资小组撰写的。每个季度的账户投资策略基本包括宏观经济分析、市场展望、投资策略三个部分。其中，宏观经济分析及市场展望部分主要由研究发展部相关人员撰写，投资策略部分（包括权益投资策略和固定投资策略）分别由各账户的权益投资经理与固定收益投资经理撰写。在这个环节中，投资经理同时担任了投资策略的制定和执行的角色。

投资小组撰写的投资策略递交投决会进行审议。从投决会的组成来看，投决会11名成员中投资发展部6名，占比55%，其中4人又分别为账户经理和投资经理。在这个环节中，撰写策略的投资发展部门占据了投决会55%的投票权。在蓝天资产投决会采取表决制的制度安排下，这个比例占据了投资决策过程中相当重要的位置。

通过对上述制度安排的梳理可以发现，在投资决策的制定、审议、执行及日常管理的过程中，投资发展部同时兼任策略的制定、执行、日常管理三个环节的职责；与此同时，投资发展部在投决会中的占比较大，意味着投资发展部的意见在投资策略的审议过程中占据重要地位。这种制度安排在很大程度上削弱了投决会和研究发展部在投资决策及执行管理过程中对投资经理的牵制作用与效果，也使得投资风险较为集中。

（三）岗位职责设定方面存在的主要问题

蓝天资产在岗位职责设定方面的主要问题是：岗位职责不明确，问责机制不到位。资产管理公司应当按照风险控制的基本原则和要求建立保险资金运用岗位责任制与运行机制，各机构、部门和岗位应明确各自的责任与职权，制定规范的岗位责任制、严格的操作程序和合理的工作标准，使各项工作规范化、程序化,防止风险控制的空白或漏洞。同时,保险公司和保险资产管理公司应当建立健全相对集中、分级管理、权责统一的投资决策授权制度,并对授权情况进行检查和逐级问责。

我们在审核中发现,蓝天资产没有制定明确的岗位职责说明书作为各个岗位责任与职权的指导。2009—2011年6月,蓝天资产经历了组织架构和管理模式的较大改变,由于没有明确的岗位职责说明,使得部分职责不清,造成业务执行过程不够顺畅,加之人员流动频繁,尤其是投资和研发部门人员流动较大,新入职员工相对较多,在这种背景下,因无明确的岗位职责说明书而难以对新入职或轮换岗位的人员进行岗位指导,使其能够尽快知悉和行使相应的权责与义务。

由于各岗位没有明确的职责界定,因此蓝天资产并未形成相应的问责机制,这对风险的控制、投研能力的积累及激励机制的施行都造成了一定的影响。

五、审计中发现的人力资源建设方面存在的主要问题

人力资源是形成良好投研能力的重要基础,根据公司发展战略规划进行人力资源管理对于资产管理公司十分重要,而人力资源短缺也是蓝天资产一直面临的重要瓶颈。2009年以来,蓝天资产根据自身发展特点,通过人才引进、人员培训、激励机制设计、推进投研互动等方式,多角度、多层次地不断改善公司的人力资源状况,逐步培养人才、稳定团队,形成自身的投研团队和投研能力。尽管如此,但蓝天资产在审核期间仍然存在投研团队较为年轻、人员流动较为频繁、激励和问责机制不够明确等方面的问题,在一定程度上给公司投资能力建设及战略发展带来了影响和阻碍,有待公司管理层给予足够的重视。

(一)人力资源储备与建设方面存在的主要问题

1. 投研人员从业经历不符合监管机构相关规定

在实践中不断地摸索与学习对于投资人员能力的培养是十分重要的,只有在市场的跌宕起伏中不断地汲取成功和失败的经验教训,投资人员才能逐步形成对市场的正确判断。按照监管部门的规定,从事股票投资的相关专业人员的从业经历应当符合以下要求:股票投资负责人具有5年以上股票投资管理经

验,或者 8 年以上金融证券从业经历及相关专业资质;投资经理具有 3 年以上股票投资管理经验,或者 5 年以上金融证券从业经验,拥有良好的过往业绩表现;主要研究人员从事行业研究 3 年以上,或者具有所研究行业 3 年以上工作经历。

我们在审核中发现,蓝天资产部分投研人员的从业经历尚短。例如,投资发展部总经理××同志、蓝天权益投资经理××同志、自有账户权益投资经理××同志、研究发展部××同志等的从业经历均未能满足监管部门的相关要求。

投资能力和研发能力是投资收益的重要保障,投研团队从业经历不足势必造成对市场和风险的把控能力相对较弱。在这种情况下,如果没有相对严密的制度约束和严格的风险控制监督,将会给受托资产带来较大的风险,这是值得蓝天资产管理层加以关注的。

2. 投资团队轮换过于频繁

我们在审核中还发现,蓝天资产对投资经理的调整较为频繁,不少投资经理在同一账户任期不足一年。在蓝天资产的投资模式下,投资经理作为投资策略的主要执行者,也是投资组合中个股选择的核心人物,其频繁变动在一定程度上将影响受托保险资金运用的长期性与整体性的考虑和部署。

3. 从业人员流失较为严重

核心人员流失严重也是蓝天资产一直面临的问题。资料显示,截至 2011 年 7 月,研究发展部共计 11 人,其中 4 人为 2009 年入职,5 人为 2010 年入职,新入职人员占现有人员的 82%;2009—2011 年 6 月,研究发展部离职人员 5 人。截至 2011 年 6 月,权益投资部和固定收益部共计 18 人,其中 3 人为 2010 年入职,1 人为 2011 年入职,另有 4 人分别于 2010 年和 2011 年由研究发展部转入投资管理部,新入职人员占现有人员的 44%;2009—2011 年 6 月,投资人员离职共计 4 人,全部为投资经理。核心从业人员流失造成投研团队不稳定,投资风格和投资理念波动较大,不利于长期投资目标的确立和执行,在一定程度上加大了受托资金的管理风险,管理层应当进一步关注。

(二) 激励与考评方面存在的主要问题

绩效考评是人力资源管理的重要内容,也是现代企业不可或缺的管理工具。通过对个体效率的考评,激励员工的工作绩效,改善组织的反馈能力,最终实现企业的整体目标。虽然蓝天资产在绩效考评方面还存在诸如方案设计不尽合理、指标体系量化不足、问责机制不够明确等方方面面的问题，但不容忽视的是，2009年以来蓝天资产制定的《蓝天资产管理股份有限公司绩效考核办法》以及在绩效考评和激励机制方面所做的探索对公司的发展和人力资源的改善发挥了十分重要的作用，并为公司进一步发展提供了十分宝贵的经验。上述考评办法所制定的绩效考核基本符合公平、公开、客观、公正的基本原则，在设计上也遵循了单头考评、奖惩结合、及时反馈等基本理念。

在本次审核中，我们通过梳理发现，蓝天资产绩效考评方面存在的以下问题是值得进一步思考和完善的：

1. 定性考评偏多，定量考评不足

根据蓝天资产的绩效考核方案，员工绩效考核分为部门层员工绩效考核和处级及以下级别员工绩效考核两部分。部门层以打分制作为考评的主要方式，大致分为业绩和个人能力态度两类指标，从评分权重来看，总经理室的评价占据了相当大的比重，除投资管理部和研究发展部外，其余部门90%的评价均由总经理室做出，而且总经理室成员的评价均为评价性指标，无具体量化标准。在总经理室的评价中，总经理的评价占据相当大的比重，在个人能力态度指标的评价中，总经理评价占总权重的45%。

对于部分使用量化指标的部门，其指标也较为单一。例如，在投资管理部的考评指标中，财务数据指标虽然占部门业绩的70%，但我们在审核中了解到，对投资部的这个指标的考评也仅是"账面投资收益率"或"综合投资收益率"这种单一指标，并未对投资经理的投资业绩进一步地进行归因分析以作为考评的参考。

2. 考评标准不够明晰，考评过程缺乏标准

我们在审核中还发现，由于缺乏明确的考评标准，使得某些定量考评指标流于形式。例如，各部门均设置"年度重点工作的完成情况"指标，评价标准为"时间、成本、数量、质量"，但在实际执行中没有量化具体标准。再如，研究发展部考核指标包括"研究报告数量"，评价标准为"是否达到年初计划目标"；交易管理部考核指标包括"交易执行差错次数"，评价标准无，还包括"分析报告数量、及时性"，评价标准为"是否达到年初计划目标"；创新业务部考核指标包括

"另类投资项目储备数量",评价标准为"年终公司共储备的潜在投资价值的项目总数";信用评级部考核指标包括"评级报告数量、质量",评价标准为"期末评级报告数量、质量",还包括"信用评级模型建设及完善情况",评价标准为"是否达到年初计划目标";等等。而据人力资源部解释,以上考核指标在实际执行中没有量化具体标准,只作为总经理室成员评价过程中考虑的因素。

根据蓝天资产的绩效考评办法,部门内处级及以下级别员工绩效考核由各部门自行组织实施。其中,业绩考核指标及权重由部门负责人根据本部门职责及年度工作重点予以分解确定,能力态度指标由综合管理部人力资源处建议,用人部门予以调整并最终确定。

但我们在审核中发现,部门员工考核指标中只有权重占5%的考勤情况由综合管理部建议,其余均由部门负责人组织部门人员内部评定。通过对蓝天资产提供的部门内评定资料的整理,我们发现各部门内部的绩效考评全部使用打分制,而且评价标准均为评价性指标;在各部门中仅财务会计部和综合管理部向人力资源部提交了部门内具体评定办法,其他部门均没有制定相应的考评办法或者细则以指导考评。我们在访谈中还了解到,大多数员工对于考评的具体指标和办法并不是十分了解,更谈不上绩效考评对日常工作的引导和激励作用。

3. 考评结果缺乏激励,绩效导向效果不明显

根据《蓝天资产管理股份有限公司绩效考核办法》的规定,绩效考核的目的是根据公司发展目标和核心价值理念,依据一定的程序与方法,对员工的工作业绩与贡献进行科学评估和有效管理的动态推进过程;建立科学、合理的业绩评价体系,为公司进行员工的薪酬、奖惩、晋级、调岗、退职等方面的管理和培训发展提供充分、可信的依据;促进管理者与员工之间的交流和沟通,形成开放合作、积极参与、充分沟通、追求卓越的企业文化,增强企业的凝聚力。该办法还规定,综合管理部应当汇总统计考核评价结果,提出薪酬变动及相关人力资源发展建议;为每位员工建立考核档案,作为奖金发放、工资调整、职务升降、岗位调动等的依据。但我们在审核中发现,绩效考评结果仅在一定程度上作为奖金发放的参考标准,对于其他方面的影响并不明显。

4. 缺乏明确的问责机制

在审核中,我们未发现蓝天资产建立了明确的问责机制;在日常的经营管理过程中,我们也没有发现蓝天资产施行有效的问责机制。问责机制薄弱的问题在投资决策机制及风险管理过程中体现得较为明显,本报告将在相关部分进行阐述。

六、审计中发现的监督与检查方面存在的主要问题

内部审计作为现代企业管理和风险管理的重要组成部分,是良好公司治理和健康运营发展的重要制度保障。我们在审核中了解到,蓝天资产2009—2011年6月在风险控制部门下设内部审计岗,由一人兼任,其主要工作仅为配合集团和外部审计工作。此外,蓝天资产2009年和2010年分别出具了《内部审计及内部控制评估工作的报告》,由风险控制部门出具。我们在本次审核中发现,蓝天资产在内部控制制度执行方面存在的部分问题该报告并未提及,且在日常经营过程中蓝天资产未对内部控制的健全性和有效性进行持续、有效的监督与检查,以便及时发现问题并提示整改。

七、审计中发现的全面风险控制意识方面的问题

投资即风险与收益的博弈。风险是投资管理的重要组成部分,尤其是保险资金的运用和管理,安全性显得尤其重要。《保险资金运用风险控制指引(试行)》要求保险公司和保险资产管理公司应当建立有效机制,对保险资金运用风险实行有效的监控和管理,至少包括市场价格风险、信用风险、利率风险、汇率风险、流动性风险、操作风险、违法违规风险等。蓝天资产自2009年以来在风险合规管理的制度建设、细化和推广等方面做了大量工作,先后制定及修订了包括风险控制管理办法和合规管理暂行办法在内的26项风险合规管理制度,分别对交易对手风险、关联交易管理、投资绩效评估、反洗钱等多方面进行了规范,以保证风险管理体系和风险管理流程的有效性,确保各项投资管理活动的健康运行和资金的安全性、流动性与收益性。在审核与访谈的过程中,我们注

意到,蓝天资产经过一段时间的建制整合之后在风险合规管理方面有了很大的改善,尤其是合规管理方面较为严谨;但我们也发现,公司在风险管理和风险意识的建设上还相对薄弱,有待进一步加强。

1. 公司治理层面风险控制意识较为薄弱

在现代企业的风险管理体系中,董事会扮演着政策制定的关键角色,是整体风险管理的方向指导,而风险管理委员会又是董事会风险管理职能的延伸。我们在审核中发现,无论是董事会下属的风险管理和审核委员会还是总经理室下属的风险控制委员会,在风险管理和风险控制方面均没有积极行使职责,没有对公司经营风险和投资风险进行有效的研究与控制;同时,公司并没有设置首席风险执行官或者相应的高层职位对投资风险与经营风险进行管理。当然,这与蓝天资产的发展阶段具有一定关系,但风险管理在现代企业经营管理中越来越重要,所以在公司治理层面给予风险管理充分的重视对于企业的长期发展是十分重要的。

2. 尚未形成全面风险管理的企业文化

风险管理绝非单个部门的行为,而应当渗透到公司的各个层级、各个岗位的日常工作过程中并与企业文化紧密融合,这样才能达到有效控制和管理风险。蓝天资产的风险管理办法也规定,风险控制应当遵循全面性原则,即风险控制渗透到公司各项业务过程和各个操作环节,覆盖公司所有的部门和岗位,适用于公司的每一位员工。

在文化建设层面,蓝天资产尚未形成自上而下、自下而上的全员风险控制意识。我们在访谈过程中了解到,业务部门对风险控制的理解大都局限在合规,认为没有违法违规就没有风险。我们在审核中较少发现投资与决策中对风险的分析。我们在访谈中还发现,投资、研发及交易等前台和中台部门更多地将风险控制理解为合规控制,对于风险控制的意识相对较为薄弱,尤其是对于投资管理风险及流动性风险的控制方面。

3. 制度设计与执行层面的风险控制不够规范

在制度设计与执行层面,虽然蓝天资产制定了风险评估管理、风险控制管理、交易对手风险管理、绩效评估管理等多项风险管理制度,但在执行过程中还存在一些问题。例如,蓝天资产的风险控制管理办法规定了一系列的风险控制及绩效评估指标,但在实际控制中并未使用该指标体系中的部分指标,诸如流动性风险指标中的变现天数、股票流通率、换手率、持券集中度、投资集中度、现金比例、资金缺口,以及市场风险指标中的波动性、敏感性等。再如,蓝天资产的风险控制管理办法还规定了风险管理的责任追究原则,即风险控制贯穿于公司投资和经营的流程,每一个环节都要有明确的责任人,并按规定对违反制度的直接责任人、部门负责人和负有领导责任的高级管理人员进行问责。我们在审核和访谈中发现上述问责机制执行得并不充分。

4. 在投资过程中缺乏对风险的充分研究与控制

保险资金的运用对资金安全性和流动性的要求很高,因此对于风险的控制也就格外严格,但我们在审核中关注到蓝天资产在投资过程中对风险的研究与控制还相对薄弱,如在制定各季度的投资策略中较少涉及风险预算、情景分析,以及针对不同风险情况下应对方案的分析。例如,2009年年末客户D为保险公司,偿付能力为174%,距离中国保监会要求的最低偿付能力150%仅高出24%,2010年2月委托人例会的会议纪要显示,投资综合收益每下降1亿元会导致偿付能力降低7个百分点,D公司2010年综合收益亏损最大限度为3.4亿元。而蓝天资产2010年第一季度针对D公司账户确定的投资策略建议为权益比例35%、固定收益65%,仓位不宜偏低,上证综指3 000点及以下可择机进行较大幅度的加仓;第二季度投资策略虽然有所减少权益投资,但依旧维持在18%±7%,即[11%,25%]。5月委托人例会的会议纪要显示,截至4月末,D公司偿付能力仅为129%。2010年6月21日,蓝天资产召开2010年第29期总经理办公扩大会,对D公司账户予以减仓。我们整理D公司账户股票交易数据后发现,为改善D公司账户偿付能力而进行的此次减仓共计造成亏损约2.26亿元。

……

注册会计师:王非

高兵

诚信会计师事务所

2011年10月30日

八、讨论题

1. 内部控制评审的含义和目的是什么？

2. 本案例的内部控制审计属于哪种目的的评审？这类内部控制评审的审计报告的用途有哪些？本案例审计报告的格式和内容是否符合要求？

3. 本案例所反映的被审计单位突出的内部控制问题有哪些？根据这些问题，请说明该公司内部控制评审应重点关注的风险。

4. 审计人员在内部控制审计时是如何规划审计工作的？采用了哪些审计程序？

5. 内部控制评审的审计报告应该如何撰写？本案例中的审计报告有什么需要改进的地方吗？

参考文献

[1] 财政部等.《企业内部控制基本规范》,2008.

[2] 财政部等.《企业内部控制评价指引》,2010.

[3] 财政部等.《企业内部控制审计指引》,2010.

[4] 中国内部审计协会.《内部审计具体准则第 5 号——内部控制审计》.

案例使用说明

一、案例讨论的准备工作

1. 内部控制评审的含义

2010年4月,财政部、证监会、审计署、银监会、保监会为了促进企业建立、实施和评价内部控制,规范会计师事务所内部控制审计行为,根据国家有关法律法规和《企业内部控制基本规范》(财会〔2008〕7号),制定了《企业内部控制应用指引》《企业内部控制评价指引》《企业内部控制审计指引》。

根据上述规定和实际工作中的理解,通常所说的对内部控制的评审可能有两个不同层次的含义:一是企业对自身的内部控制进行自评,企业董事会或类似的权力机构遵循《企业内部控制评价指引》的规定,对内部控制的有效性进行全面评价,形成评价结论,出具内部控制评价报告,而企业内部控制的评价也可以委托会计师事务所实施;二是注册会计师接受委托,对被审计单位特定基准日的内部控制设计和运行的有效性进行审计,遵循《企业内部控制审计指引》的规定,出具内部控制审计报告。

2. 内部控制评审的类型

注册会计师对内部控制的评审包括两类:一类是法定评审,应出具短式审计报告;另一类是受托审计,根据被审计单位内部管理的需要聘请注册会计师进行,这时出具的审计报告一般根据双方的约定,大多是长式审计报告,行文比较自由。

二、案例分析要点

(一) 内部控制评价的主要内容

1. 内部控制评价的目的和原则

内部控制评价的目的是促进企业全面评价内部控制的设计与运行情况,规范内部控制评价程序和评价报告,揭示和防范风险。企业应当根据《企业内部控制基本规范》及其应用指引并结合本企业的内部控制制度,围绕内部环境、风险评估、控制活动、信息与沟通、内部监督等要素,确定内部控制评价的具体内容,对内部控制设计与运行情况进行全面评价。企业实施内部控制评价至少应当遵循全面性、重要性、客观性原则。全面性原则要求评价工作应当包括内部控制的设计与运行,涵盖企业及其所属单位的各种业务和事项。重要性原则要求评价工作应当在全面评价的基础上,关注重要业务单位、重大业务事项和高风险领域。客观性原则要求评价工作应当准确地揭示经营管理的风险状况,如实反映内部控制设计与运行的有效性。

2. 内部控制评价程序

企业应当按照内部控制评价办法规定的程序,有序开展内部控制评价工作。内部控制评价程序一般包括制订评价工作方案、组成评价工作组、实施现场测试、认定控制缺陷、汇总评价结果、编报评价报告等环节。企业可以授权内部审计部门或专门机构(以下简称"内部控制评价部门")负责内部控制评价的具体组织与实施。企业内部控制评价部门应当拟订评价工作方案,明确评价范围、工作任务、人员组织、进度安排和费用预算等相关内容,报经董事会或其授权机构审批后实施。企业内部控制评价部门应当根据经批准的评价方案,组成内部控制评价工作组,具体实施内部控制评价工作。评价工作组应当吸收熟悉企业内部相关机构情况的业务骨干参加。评价工作组成员对本部门的内部控制评价工作应当实行回避制度。企业可以委托中介机构实施内部控制评价。为企业提供内部控制审计服务的会计师事务所,不得同时为同一企业提供内部控制评价服务。

内部控制评价工作组应当对被评价单位进行现场测试,综合运用个别访谈、调查问卷、专题讨论、穿行测试、实地查验、抽样和比较分析等方法,充分收集被评价单位内部控制设计和运行是否有效的证据,按照评价的具体内容,如实填写评价工作底稿,研究分析内部控制缺陷。

3. 内部控制缺陷认定

内部控制缺陷包括设计缺陷和运行缺陷。企业对内部控制缺陷的认定,应当以日常监督和专项监督为基础,结合年度内部控制评价,由内部控制评价部门综合分析后提出认定意见,按照规定的权限和程序审核后予以最终认定。

内部控制评价工作组应当根据现场测试获取的证据,对内部控制缺陷进行初步认定,并按影响程度分为重大缺陷、重要缺陷和一般缺陷。重大缺陷是指一个或多个内部控制缺陷的组合,可能导致企业严重偏离控制目标。重要缺陷是指一个或多个内部控制缺陷的组合,其严重程度和经济后果低于重大缺陷,但仍有可能导致企业偏离控制目标。一般缺陷是指除重大缺陷、重要缺陷之外的其他缺陷。重大缺陷、重要缺陷和一般缺陷的具体认定标准,由企业根据上述要求自行确定。

企业内部控制评价工作组应当建立评价质量交叉复核制度,评价工作组负责人应当严格审核评价工作底稿,并对所认定的评价结果签字确认后提交企业内部控制评价部门。企业内部控制评价部门应当编制内部控制缺陷认定汇总表,结合日常监督和专项监督发现的内部控制缺陷及其持续改进情况,对内部控制缺陷及其成因、表现形式和影响程度进行综合分析与全面复核,提出认定意见并以适当的形式向董事会、监事会或者经理层报告。重大缺陷应当由董事会予以最终认定。对于认定的重大缺陷,企业应当及时采取应对策略,切实将风险控制在可承受度之内,并追究有关部门或相关人员的责任。

4. 内部控制评价报告

企业应当根据年度内部控制评价结果,结合内部控制评价工作底稿和内部控制缺陷汇总表等资料,按照规定的程序和要求,及时编制内部控制评价报告。内部控制评价报告应当报经董事会或类似权力机构批准后对外披露或报送相关部门。

内部控制评价报告应当分别内部环境、风险评估、控制活动、信息与沟通、内部监督等要素进行设计,针对内部控制评价过程、内部控制缺陷认定及整改情况、内部控制有效性的结论等相关内容做出披露。

内部控制评价报告至少应当披露董事会对内部控制报告真实性的声明、内部控制评价工作的总体情况、内部控制评价的依据、内部控制评价的范围、内部控制评价的程序和方法、内部控制缺陷及其认定情况、内部控制缺陷的整改情况及针对重大缺陷拟采取的整改措施、内部控制有效性的结论。

(二) 内部控制审计的主要内容

《企业内部控制审计指引》所称内部控制审计,是指会计师事务所接受委托,对特定基准日内部控制设计与运行的有效性进行审计。《企业内部控制审计指引》同时指出,建立健全和有效实施内部控制、评价内部控制的有效性是企业董事会的责任。按照《企业内部控制审计指引》的要求,在实施审计工作的基础上对内部控制的有效性发表审计意见是注册会计师的责任。《企业内部控制审计指引》要求注册会计师在执行内部控制审计工作中,应当获取充分、适当的证据,为发表内部控制审计意见提供合理保证。

按照《企业内部控制审计指引》的要求,注册会计师应当按照自上而下的方法实施企业内部控制审计工作。自上而下的方法是注册会计师识别风险、选择拟测试控制对象的基本思路。注册会计师在实施审计工作时,可以将企业层面控制和业务层面控制的测试结合进行。

注册会计师测试企业层面控制,应当把握重要性原则。注册会计师测试业务层面控制,应当把握重要性原则,结合企业实际、企业内部控制各项应用指引的要求和企业层面控制的测试情况,重点针对企业生产经营活动中的重要业务与事项的控制进行测试。注册会计师应当关注信息系统对内部控制及风险评估的影响。

注册会计师在测试企业层面控制和业务层面控制时,应当评价内部控制是否足以应对舞弊风险。

注册会计师应当测试内部控制设计与运行的有效性。若某项控制由拥有必要授权和专业胜任能力的人员按照规定的程序与要求执行,能够实现控制目标,则表明该项控制的设计是有效的。若某项控制正在按照设计运行,执行人员拥有必要授权和专业胜任能力,能够实现控制目标,则表明该项控制的运行是有效的。

注册会计师应当根据与内部控制相关的风险,确定拟实施审计程序的性质、时间安排和范围,获取充分、适当的证据。与内部控制相关的风险越高,注册会计师应当获取的证据越多。

(三)内部控制审计可以采用的审计程序

注册会计师在测试内部控制设计与运行的有效性时,应当综合运用询问适当人员、观察经营活动、检查相关文件、穿行测试和重新执行等方法。值得注意的是,询问本身并不足以提供充分、适当的证据。

(四)控制缺陷含义

内部控制缺陷按成因分为设计缺陷和运行缺陷,按影响程度分为重大缺陷、重要缺陷和一般缺陷。注册会计师应当评价其识别的各项内部控制缺陷的严重程度,以确定这些缺陷单独或组合起来是否构成重大缺陷。在确定一项内部控制缺陷或多项内部控制缺陷的组合是否构成重大缺陷时,注册会计师应当评价补偿性控制(替代性控制)的影响。企业执行的补偿性控制应当具有同样的效果。

可能表明企业内部控制存在重大缺陷的迹象有:(1)注册会计师发现董事、监事和高级管理人员舞弊;(2)企业更正已经公布的财务报表;(3)注册会计师发现当期财务报表存在重大错报,而内部控制在运行过程中未能发现该错报;(4)企业审计委员会和内部审计机构对内部控制的监督无效。

财务报告内部控制缺陷的严重程度取决于:(1)控制缺陷导致账户余额或列报错报的可能性;(2)因一个或多个控制缺陷的组合导致潜在错报的金额大小。

控制缺陷的严重程度与账户余额或列报是否发生错报并无必然的对应关系,而取决于控制缺陷是否可能导致错报。评价控制缺陷时,注册会计师应当根据财务报表审计中确定的重要性水平,支持对财务报告控制缺陷重要性的评价。注册会计师应当运用职业判断,考虑并衡量定量和定性因素,同时记录整个思考判断过程,尤其是详细记录关键判断和得出结论的理由;而且,对于"可能性"和"重大错报"的判断,在评价控制缺陷严重性的记录中,注册会计师应当给予明确的考量和陈述。

(五)内部控制审计报告的内容

在完成内部控制审计工作后,注册会计师应当出具内部控制审计报告。标准的内部控制审计报告应当包括下列要素:标题,收件人,引言段,企业对内部控制的责任段,注册会计师的责任段,内部控制固有局限性的说明段,财务报告内部控制审计意见段,非财务报告内部控制重大缺陷描述段,注册会计师的签名和盖章,会计师事务所的名称、地址及盖章,报告日期。

(六)短式内部控制审计报告的意见类型

1. 无保留意见的内部控制审计报告

符合下列所有条件的,注册会计师应当对财务报告内部控制出具无保留意见内部控制审计报告:企业按照《企业内部控制基本规范》《企业内部控制应用指引》《企业内部控制评价指引》及企业自身内部控制制度的要求,在所有重大方面保持了有效的内部控制;注册会计师已经按照《企业内部控制审计指引》的要求计划和实施审计工作,在审计过程中未受到限制。

2. 增加强调事项段的无保留意见内部控制审计报告

注册会计师认为财务报告内部控制虽不存在重大缺陷,但仍有一项或多项重大事项需要提请内部控制审计报告使用者注意的,应当在内部控制审计报告中增加强调事项段予以说明。

注册会计师应当在强调事项段中指明,该段内容仅用于提醒内部控制审计报告使用者关注,并不影响对财务报告内部控制发表的审计意见。

3. 否定意见内部控制审计报告

注册会计师认为财务报告内部控制存在一项或多项重大缺陷的,除非审计范围受到限制,否则应当对财务报告内部控制发表否定意见。

注册会计师出具否定意见内部控制审计报告还应当包括下列内容:重大缺陷的定义,重大缺陷的性质及其对财务报告内部控制的影响程度。

4. 无法表示意见内部控制审计报告

注册会计师审计范围受到限制的,应当解除业务约定或出具无法表示意见内部控制审计报告,并就审计范围受到限制的情况,以书面形式与董事会进行沟通。注册会计师在出具无法表示意见内部控制审计报告时,应当在内部控制审计报告中指明审计范围受到限制,无法对内部控制的有效性发表意见。

(七) 内部控制审计报告的参考格式(以标准内部控制审计报告为例)

内部控制审计报告

××股份有限公司全体股东:

按照《企业内部控制审计指引》及中国注册会计师执业准则的相关要求,我们审计了××股份有限公司(以下简称××公司)××年×月×日的财务报告内部控制的有效性。

一、企业对内部控制的责任

按照《企业内部控制基本规范》《企业内部控制应用指引》《企业内部控制评价指引》的规定,建立健全和有效实施内部控制并评价其有效性是企业董事会的责任。

二、注册会计师的责任

我们的责任是在实施审计工作的基础上,对财务报告内部控制的有效性发表审计意见,并对注意到的非财务报告内部控制重大缺陷进行披露。

三、内部控制的固有局限性

内部控制具有固有局限性,存在不能防止和发现错报的可能性。此外,由于情况的变化可能导致内部控制变得不恰当,或者对控制政策和程序遵循的程度降低,根据内部控制审计结果推测未来内部控制的有效性具有一定风险。

四、财务报告内部控制审计意见

我们认为,××公司按照《企业内部控制基本规范》和相关规定在所有重大方面保持了有效的财务报告内部控制。

五、非财务报告内部控制重大缺陷

在内部控制审计过程中,我们注意到××公司的非财务报告内部控制存在重大缺陷。(描述该缺陷的性质及其对实现相关控制目标的影响程度。)由于存在上述重大缺陷,我们提醒本报告使用者注意相关风险。需要指出的是,我们并不对××公司非财务报告内部控制发表意见或提供保证。本段内容不影响对财务报告内部控制有效性发表的审计意见。

××会计师事务所(盖章)

中国注册会计师:×××(签名并盖章)

中国注册会计师:×××(签名并盖章)

中国××市 ××年×月×日

三、教学安排

本案例的使用应包括三个步骤:第一步,课前将案例发给学员,要求就案例相关的问题查阅资料,并分组进行案例分析;第二步,要求各组就分析结果进行汇报;第三步,对关键问题和有异议的问题进行讨论,并由教师引导和总结得出结论。如果有学员熟悉案例所在的行业,请该学员针对行业情况及业务特点、管理突出问题等进行介绍。

教学安排方案如表 4 所示。

表 4 教学方案

内容	主角	组织与要求	时间
内部控制评审的含义和目的	教师	提出问题,请学员思考和回答,并做总结和归纳	8 分钟
列示案例讨论主题,并根据课堂学员人数分组	教师	由教师列示案例讨论主题,明确每个讨论小组围绕案例讨论主题讨论分析案例问题	2 分钟
案例讨论	学员	要求每个小组结合所学的理论知识,针对讨论题进行讨论,并完善案例讨论主题表的相关内容	15 分钟
陈述与点评	学员和教师	要求每个小组推荐一名学员陈述讨论情况及达成的共识、产生的分歧,完善案例讨论主题表的相关内容;教师点评小组讨论情况并引导学员正确理解和深入分析问题	10 分钟

案例讨论主题如表 5 所示。

表 5 案例讨论主题

序号	讨论主题	案例中的相关线索	涉及的相关理论和知识	结论/启示/感受
1	内部控制评审的内容和方法有哪些?			
2	如何实施内部控制评价?			
3	如何实施内部控制审计?			
4	案例中的内部控制评审反映了哪些内部控制缺陷?是否属于重大缺陷?			
5	内部控制评审报告的类型有哪些?分别包括哪些要素?			
6	如何改进案例中的内部控制审计报告?			

注册会计师审计风险评估和签约风险评估：以金荔科技为例

赵雪媛

专业领域/方向：审计

适用课程：高级审计理论与实务

教学目标：通过本案例的学习，学员应了解和熟悉游戏行业的基本情况，了解和熟悉游戏行业的基本会计问题。重大错报风险评估和签约风险评估是注册会计师质量控制与风险管理的重要环节。本案例的教学目标在于帮助学员理解注册会计师重大错报风险评估和签约风险评估的意义，掌握重大错报风险评估和签约风险评估的方法，学习和掌握如何根据评估的风险进行审计应对，以保证审计质量。

知识点：风险导向审计模型

关键词：重大错报风险评估　签约风险评估　审计应对

摘　要：金荔科技地处北京，是一家非上市的游戏研发和运营公司，主营业务是开发和运营大型多人在线游戏。金荔科技和振吉公司签订了并购协议，由振吉公司并购金荔科技，并购协议中约定了业绩对赌条款。秦江是大同会计师事务所的合伙人，他接受委托担任金荔科技的审计师，审计金荔科技业绩对赌第一年的财务报表。作为审计人员，秦江应当进行重大错报风险评估并关注自己的签约风险。这些工作应该如何开展呢？

一、引　子

　　振吉公司地处东南,是传统化工行业上市公司,主营业务为化学原料及化学制品制造。由于宏观经济下行,行业态势持续疲软,公司主营业务增长缓慢,盈利能力差。为了尽快脱困,一方面,公司扩大新产品的市场研发和推广,推进降本增效工作,强化在人工与材料费用上的预算控制,争取在传统主产业上有所突破;另一方面,公司积极寻求新的产业发展机会。振吉公司董事长张强不断寻找转型的机会,认为通过并购新经济企业是转型最好、最直接的路径。不久,经朋友介绍,张强认识了金荔科技的大股东兼总经理李峰。金荔科技地处北京,是一家非上市的游戏研发和运营公司,主营业务是开发和运营大型多人在线游戏。金荔科技的控股股东是自然人李峰,李峰创办并经营金荔科技已经有六个年头,随着公司的发展,李峰一直有意进行 IPO,但鉴于 IPO 成本高、周期长,李峰一直没有下定决心。

　　张强和李峰一见如故,渐渐萌生了合作的意愿。尤其是张强,在不断的交流和调研中,对游戏行业的发展非常看好。俩人初步的想法是通过两个公司的股权互换,振吉公司并购金荔科技,实现振吉公司的转型,金荔科技也不再谋求上市,在振吉公司所提供资金的帮助下专心做好游戏研发和经营。

　　经过一段时间的谈判,振吉公司和金荔科技的股东达成了初步协议,核心条款是双方换股的价格以及换股后各自持有对方公司的股份。按照协议,双方换股价格的确定原则是:振吉公司发行新股,价格参考 2016 年年末振吉公司股票市场价格确定;金荔科技增发股票,价格按照 2016 年度金荔科技实现的净利润和所有者权益金额确定。原则上,金荔科技实现的利润越多,就越能够获得更多的振吉公司股票。金荔科技承诺 2016 年度实现收入 2.5 亿元,利润 1 亿元。除此之外,双方还约定振吉公司在收购金荔科技部分股权后,金荔科技交由原控制人李峰管理,双方还约定未来两年的经营业绩对赌条款。对赌条款约定,2017 年度、2018 年度金荔科技的主营业务收入金额必须达到 3.7 亿元和 4.5 亿元,利润必须达到 1.5 亿元和 1.8 亿元。如果主营业务收入和利润指标金额未达到合同约定金额,则金荔科技原控制人必须用自有现金赔偿振吉公司。

秦江是大同会计师事务所的合伙人,他毕业于某财经大学,专业方向是注册会计师专门化,毕业后一直从事审计工作,所审计的公司集中于食品和家电行业,经过近十年的锻炼,新近晋升为大同会计师事务所的合伙人。李峰是秦江同学的哥哥,在征得张强的同意后,李峰委托秦江担任金荔科技的审计师。秦江欣然应允,非常感谢这位一直以来对自己非常关照的兄长。

二、雾里看花

秦江在接受了这项审计任务后,立刻开始了解这家客户。由于之前从来没有审计过游戏公司,秦江认真地进行了行业分析和公司情况分析。

(一)公司经营模式和盈利模式

金荔科技的主营业务是网络游戏的开发和运营,其网络游戏运营主要采取两种模式。

金荔科技采用的第一种运营模式是自主运营游戏,公司独立进行游戏产品研发,负责游戏服务器的架设和维护,独立进行市场推广和开展运营活动,游戏玩家通过官网完成注册和进行游戏,公司拥有并管理充值系统、计费系统和玩家账户数据库。充值系统是记录和管理用户将现金兑换成虚拟货币的系统;计费系统是记录和管理用户将虚拟货币兑换为游戏币及其他虚拟物品的系统;玩家账户数据库包含所有玩家在游戏里创建的账户数据,如角色、等级、装备等数据,是对玩家在游戏中所有行为的记录。

金荔科技采用的第二种运营模式是授权运营,公司有条件地与游戏平台运营商(如腾讯、网易等)合作,授权运营商在其平台上运营金荔科技的网络游戏产品,由运营商负责各项运营工作,承担运营成本并获得运营收入,同时按协议向金荔科技支付一定比例的分成款。游戏玩家在运营商平台上注册和进行游戏,在这种模式下,通常由授权运营的游戏平台运营商提供游戏的充值服务,充值系统由授权运营平台管理,虚拟货币兑换游戏币等虚拟物品的过程也由授权运营平台负责完成,运营平台和金荔科技各自建立计费系统并定期对账。玩家账户数据库由金荔科技自行管理,向授权运营平台提供消费接口,实现授权运营平台虚拟货币到游戏币或其他虚拟物品的兑换。由于游戏数据保存在金荔科技的服务器上,并且金荔科技负责运营和维护游戏、拥有游戏相关的知识产权,负责游戏后续客户服务的运营游戏平台没有游戏代码,也不被允许更改游戏,除非游戏违反了平台的相关政策。因此,金荔科技按照总额法确认收入。

金荔科技的收入主要来自游戏中虚拟货币和虚拟道具的收费。虚拟货币通常由玩家支付现金购买,在不同的时间段出售的游戏币单价相同,但促销手段不同,例如特定节假日游戏币买十送五、店庆日买十送十等。虚拟道具根据道具消耗方式的不同分为一次性道具、有限使用道具和永久性道具。金荔科技在虚拟货币购买虚拟道具时直接确认收入,因为公司认为道具一经售出即无法退回,公司收到的是不可退回的款项,后续道具的使用完全取决于玩家的行为。因此,金荔科技在道具完成销售时确认收入。

(二)公司人员变化和研发情况

被振吉公司收购后,金荔科技的核心研发人员出现较大变动。截至 2016 年年底,金荔科技核心研发人员情况如表 1 所示。

表 1 金荔科技核心研发人员情况

姓名	年龄	任期起始日期	年末任职状态	背景
李峰	27	2012 年 1 月 18 日	在任	研究生学历,毕业于清华大学计算机科学与技术系,公司创始人之一
叶立	27	2012 年 1 月 18 日	在任	研究生学历,公司创始人之一
刘彦文	30	2012 年 1 月 18 日	离任	研究生学历,曾就职于腾讯计算机系统有限公司合作产品部,公司创始人之一
程梦	35	2013 年 7 月 18 日	离任	研究生学历,毕业于卡耐基-梅隆大学,曾任云起游戏代理有限公司总监
章新淳	38	2012 年 3 月 18 日	在任	本科学历,曾就职于海岩网络科技有限公司
王源吉	37	2012 年 3 月 18 日	离任	本科学历,曾任逸趣网络科技有限公司总经理
吴卫	26	2013 年 9 月 18 日	在任	本科学历
张可斌	29	2014 年 8 月 13 日	在任	本科学历
陈希	26	2015 年 9 月 20 日	在任	本科学历

金荔科技核心研发人员离职情况如表 2 所示。

表 2　金荔科技核心研发人员离职情况

姓名	离任日期	原因
刘彦文	2014 年 8 月 8 日	个人原因
程梦	2015 年 2 月 10 日	个人原因
王源吉	2015 年 3 月 15 日	个人原因

2016 年,金荔科技在与振吉公司进行合作谈判的同时,为了应对市场竞争的加剧,也为了打好未来盈利的基础,除了对原有游戏进行维护和升级,还加快了游戏的开发,同时在研七款游戏产品,其中两款游戏在 2016 年年末达到试运行的标准。公司管理层认为这两款游戏将使公司未来业绩大幅度提升,公司管理层对其余五个在研项目也充满信心,预计这五个项目将在 2017 年上半年投入运行。相应地,金荔科技 2016 年研发费用一路高企,2016 年年末公司无形资产数额是 2015 年年末的 2.5 倍。

(三) 公司 2016 年经营情况

秦江阅读了金荔科技 2014 年度、2015 年度已审计财务报告。金荔科技财务报表显示,金荔科技 2014 年度、2015 年度网络营业收入较为稳定,分别为 15 591.46 万元和 15 746.40 万元,净利润分别为 2 202.29 万元和 4 030.68 万元。2016 年度未审计营业收入为 25 923 万元,净利润为 10 826.03 万元。

秦江同时发现,金荔科技 2016 年度营业成本相比 2015 年度减少 1 858.64 万元,下降 33.29%。公司财务经理解释说 2015 年度购买软件著作权成本较高,而 2016 年度此类支出减少;2016 年度自主运营业务收入及占比较上一年度有所下降,使得相应的游戏分成支出、服务器成本随之下降。

此外,金荔科技 2014 年度、2015 年度毛利率分别为 68.24% 和 73.46%,2016 年度为 89.07%,由于不熟悉游戏行业,秦江一时也不清楚是否合理。

(四) 员工激励措施实施情况

作为文化创意产业,游戏行业急需有创新能力的人才,对人才的争夺越发激烈。金荔科技近三年出现了较大的人员变动,为了稳定公司核心人员团队,公司曾尝试推行员工持股计划,并已实施股票期权激励计划。早在 2015 年年初,董事会通过了一项关于员工持股计划的议案,但在 2015 年下半年又终止了该议案。2016年年中,公司股东大会通过了一项关于向激励对象授予股票期权的议案,确定激励对象为12名核心研发人员和管理人员,按一定的价格、分三期授予部分股票。截至2017年年初,已有5名激励对象离职,不再具备激励对象的条件,董事会审议通过了"关于调整股票期权激励对象和期权数量的议案"。

(五) 金荔科技信息系统情况

金荔科技游戏的研发及运营维护工作由公司信息技术部门和联运平台共同负责。公司信息技术部门主要包括游戏产品研发部和系统运营部,主要职责为设计、开发与维护各类游戏,同时对信息资产设备、系统运行网络环境等进行监控和维护。公司通过自主研发的统计数据管理平台对用户充值数据和游戏运营数据进行统一管理,后台采用免费版的数据库进行存储。游戏业务收入原始数据由公司技术人员根据后台数据库充值流水情况汇总统计。

金荔科技制定了部分与业务系统运行相关的制度文件。在日常的运营维护管理工作中,系统运维人员通过自主编写的监控脚本,监控服务器的运行状态并定期检查和分析异常文件,开发人员通过系统脚本对应用层服务进行监控。公司主要通过管理平台的前台页面修改系统参数。

最近,金荔科技对自主研发的统计数据管理平台进行了重要升级,并基于优化的系统更新了相关的制度文件和操作流程。此外,公司近期频繁升级了已上线的游戏版本,在升级版本中增加了许多新的玩法与道具。游戏版本升级之后,公司收到不少玩家的投诉,大部分是因玩家在完成充值操作后其游戏账户没有及时收到相应数量的游戏币而造成的。公司正在努力进行系统调整。

为了验证收入的真实性,秦江冥思苦想,决心从以下几方面入手进行检查:

(1) 秦江检查了金荔科技2016年度游戏产品充值金额分布情况(见表3)。

表3 2016年度游戏产品充值金额分布情况

充值金额区间	充值用户数	用户占比(%)	充值金额(万元)	金额占比(%)
0—500元(含)	218 536	74.04	113.09	0.39
500—1 000元(含)	9 653	3.27	313.16	1.08
1 000—5 000元(含)	8 025	2.72	942.38	3.25
5 000—10 000元(含)	28 647	9.71	2 905.43	10.02
10 000元以上	30 286	10.26	24 722.29	85.26
合计	295 147	100.00	28 996.35	100.00

（2）作为对比，秦江索取了金荔科技 2013—2015 年游戏产品充值金额分布资料（见表 4、表 5 和表 6）。

表 4　2015 年度游戏产品充值金额分布情况

充值金额区间	充值用户数	用户占比（%）	充值金额（万元）	金额占比（%）
0—500 元（含）	198 564	89.54	746.80	4.99
500—1 000 元（含）	8 536	3.85	782.71	5.23
1 000—5 000 元（含）	7 982	3.60	1 173.32	7.84
5 000—10 000 元（含）	36 877	1.66	1 444.20	9.65
10 000 元以上	2 985	1.35	10 818.81	72.29
合计	221 754	100.00	14 965.85	100.00

表 5　2014 年度游戏产品充值金额分布情况

充值金额区间	充值用户数	用户占比（%）	充值金额（万元）	金额占比（%）
0—500 元（含）	187 320	90.02	1 212.26	9.74
500—1 000 元（含）	7 807	3.75	552.95	4.41
1 000—5 000 元（含）	8 824	4.25	1 238.81	9.88
5 000—10 000 元（含）	2 038	0.98	1 408.08	11.23
10 000 元以上	2 088	1.00	8 117.46	64.74
合计	208 077	100.00	12 538.56	100.00

表 6　2013 年度游戏产品充值金额分布情况

充值金额区间	充值用户数	用户占比（%）	充值金额（万元）	金额占比（%）
0—500 元（含）	126 882	78.92	417.69	3.91
500—1000 元（含）	10 015	6.23	285.22	2.67
1 000—5 000 元（含）	14 428	8.97	993.48	12.25
5 000—10 000 元（含）	3 494	2.17	1 308.61	9.30
10 000 元以上	5 959	3.71	7 677.55	71.87
合计	160 778	100.00	10 682.56	100.00

三、借双慧眼

对于金荔科技的审计，秦江觉得很头疼，他从来没有觉得审计这么难，很懊悔自己接受了这项工作，但是又不能退缩，只能想办法把审计工作进行下去。秦江的审计工作存在哪些问题？你能帮帮秦江吗？

四、讨论题

1. 你玩不玩网络游戏？玩什么游戏？是否付费？一年花多少钱？一个游戏大约玩多长时间？
2. 网络游戏如何分类？
3. 网络游戏产业链有哪些参与者？
4. 网络游戏行业有哪些特征？
5. 网络游戏公司有哪些特殊的会计问题？
6. 本案例的被审计单位是谁？为什么要审计？审计的目的是什么？
7. 本案例中审计人员如何评估重大错报风险？评估出来的重大错报风险有哪些？
8. 本案例中的注册会计师是否有签约风险？如何评估签约风险？

参考文献

[1] 中国注册会计师审计准则.

[2] 北注协专家委员会专家提示〔2016〕第1号——关于网游企业收入审计技巧和方法的专家提示.

注册会计师审计风险评估和签约风险评估：以金荔科技为例

案例使用说明

一、案例讨论的准备工作

为了有效实现教学目标,学员应该具备下列相关知识背景。

1. 理论背景

风险导向审计是以对审计风险的评价作为审计工作的出发点并贯穿于审计全过程的现代审计模式,根本目标是将审计风险降至可接受水平,内在思想是任何审计业务都必须将审计风险控制在可接受的风险水平内。风险导向审计的精髓是注册会计师在理解被审计单位内外部环境的基础上,评估被审计单位可能存在的重大错报风险,并在重大错报风险评估的基础上进行审计应对。在风险导向审计的理论下,注册会计师应当在签约前关注签约风险,在开展审计工作时评估重大错报风险,因为重大错报风险评估是审计的起点。注册会计师评估的重大错报风险有不同的类别,应对方式也不一样,以保证审计理论的可靠性。

2. 行业背景

行业背景的理解对审计的意义重大,在进行分析之前,应当要求学员阅读行业分析报告、理解行业的基本情况。

3. 制度背景

学习本课程前需要了解企业会计准则和相关指导意见中关于游戏行业收入及其会计处理方法的规范。

二、行业背景分析要点

（一）游戏的分类

游戏市场主要包括网络游戏和单机游戏两部分。其中,网络游戏按照终端的不同,分为 PC 网络游戏和移动游戏,PC 网络游戏又可以细分为客户端网络游戏和网页游戏(见图 1 和表 7)。

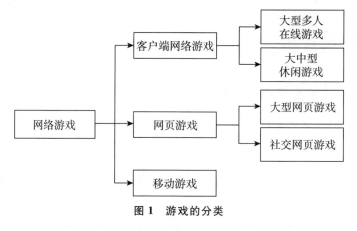

图 1　游戏的分类

表 7　中国游戏市场分类

中国游戏市场			
游戏市场	网络游戏	PC 网络游戏	客户端网络游戏
			网页游戏
			社交游戏
		移动游戏	
	单机游戏		

（二）游戏行业总体状况

随着宏观经济发展、人民生活水平提高、互联网+的兴起，中国游戏产业市场规模持续扩张。截至 2016 年 12 月 31 日，中国游戏产业市场规模达 1 655.7 亿元，较 2015 年同期增长 18%，中国游戏行业前景广阔。2016 年，中国游戏用户规模达到 5.66 亿人，同比增长 5.9%，增长率小幅上升。同时，游戏行业内各细分板块呈现差异化态势，在诸多细分领域中，移动游戏成为份额最大、增速最快的细分市场。影游融合、VR 游戏、电子竞技、游戏直播成为中国游戏产业的热点。2016 年，客户端网络游戏与网页游戏市场份额同时出现下降，但移动游戏继续保持高速增长，占比超过客户端网络游戏市场，达到 49.5%，成为份额最大、增速最快的细分市场。网络游戏行业取得了瞩目的成就，从 2006 年开始，中国网络游戏市场规模保持 50% 以上的增长速度，直至 2009 年才稍有放缓，发展速度和规模都令人瞩目。

2016 年，中国游戏产业规模 1 655.7 亿元中，自主研发的网络游戏达到

1 182.5亿元,同比增长19.9%。移动游戏超过客户端网络游戏,市场规模达49.5%。客户端网络游戏实际销售为582.5亿元,同比下降4.8%;移动游戏用户规模达5.28亿人,同比增长15.9%,全年海外市场销售达到72.35亿元。新三板挂牌游戏企业数量为115家,主营研发的占17.4%,主营运营的占28.7%,两者均涉足的占47.8%,其他占比6.1%。然而据统计,只有6‰的移动游戏产品能够成功,市场竞争极其激烈,风险很大。

中国网络游戏市场规模一直呈高速增长态势,2012—2016年的几何平均增长率为28.53%(见图2)。但随着人口红利的逐步用尽,网络游戏市场增长率将逐年下降,预期2018年增长率将降为13.7%,并且在2020年左右进入平台期。

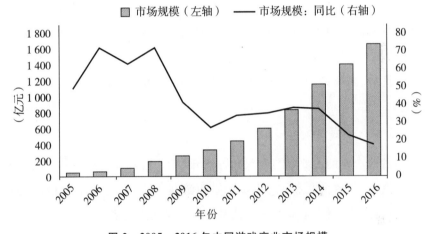

图2 2005—2016年中国游戏产业市场规模

资料来源:GPC IDC and CNG。

按玩法特征的不同,游戏产品可分为电子竞技游戏与非电子竞技游戏。2016年,中国电子竞技游戏市场实际销售收入达504.6亿元,占比30.5%,电子竞技游戏已经成为游戏产业的重要部分。

中国游戏出版类型分布。2016年,国家新闻出版广电总局批准出版国产游戏约3 800款,其中移动游戏占约92%,网页游戏占约6%,客户端网络游戏占约2%,这反映出移动游戏市场依然是最具市场活力的领域。

进口游戏出版类型分布。2016年,国家新闻出版广电总局批准出版进口游戏约260款,其中家庭游戏机游戏占约46%,移动游戏占约33%,客户端网络游戏占约19%,网页游戏占约2%。

中国客户端网络游戏市场规模。2016年,客户端网络游戏市场实际销售收入为582.5亿元,同比下降4.8%。虽然客户端网络游戏受电子竞技游戏影响而出现用户回流,用户增加,但相比于传统的角色扮演类客户端网络游戏,竞技类客户端网络游戏用户付费率与每用户平均收入(ARPU)偏低,对市场收入增长带动有限,无法抵消角色扮演类游戏用户流失造成的收入减少。此外,不少客户端网络游戏市场主力产品被改编成同名移动游戏,造成用户分流,也拉低了客户端网络游戏市场的实际销售收入。

中国网页游戏市场规模。2016年,网页游戏市场实际销售收入为187.1亿元,同比下降14.8%,首次出现负增长。受限于成本投入、运营模式、市场竞争格局等因素,网页游戏经营创新程度不高、同质化比较明显,新产品市场效果减弱。

中国移动游戏市场规模。2016年,移动游戏市场实际销售收入为819.2亿元,同比增长59.2%。移动游戏市场竞争激烈,产品格局变动较大,从而催生精品产生。此外,新类型产品逐渐脱颖而出,对市场实际销售收入的增长也做出了贡献。

(三)网络游戏产业链

网络游戏产业的主要参与者包括游戏开发商、游戏发行商、游戏渠道商、IT设备提供商、电信资源提供商、游戏媒体和游戏用户,核心环节包括游戏开发商、游戏发行商、游戏渠道商和游戏消费者四个主要参与者。

(1)游戏开发商位于网络游戏产业链最上游,是整个市场的创造者。游戏开发商拟定游戏开发计划,组织策划、美工、编程等各种资源完成网络游戏的初步开发,再经过内外部的多轮测试加以完善后向玩家正式推出运营。国内比较知名的游戏开发商如腾讯游戏、盛大、掌趣科技、中国手游等。

(2)游戏发行商是游戏开发商和下游渠道的连接桥梁,起到承上启下的作用,是网络游戏实现价值的重要环节。游戏发行商负责提供网络游戏的运营平台,通常负责架设服务器组,安装服务器端软件,在网站上提供客户端软件的下载链接;有些游戏发行商还负责对游戏进行推广、运营维护及客户服务等。国内排名比较靠前的游戏发行商包括腾讯游戏、百度游戏、网易、盛大、九城等。

(3)游戏渠道商是游戏发行商和终端游戏用户之间的中间商,凭借渠道优势为游戏发行商提供销售游戏币的服务,一般包括线上渠道商和线下渠道商。

在移动网络游戏领域，游戏渠道商主要包括 GooglePlay、AppStore 等移动应用商店或者门户如腾讯、百度等，除提供支付渠道服务外，游戏渠道商还具备强大的用户基础和平台优势，在移动网络游戏产业链中起到重要的作用。

（4）IT 设备提供商负责在开发、运营和渠道等各个环节提供硬件与软件产品及相关服务。

（5）电信资源提供商作为产业链的重要一环，提供互联网接入和移动电话等基础电信业务，提供服务器托管、带宽租用、服务器租用等 IDC 服务，主要分享相对固定的用户上网费用。

（6）游戏媒体是游戏厂商和游戏玩家之间的重要信息沟通渠道。通过游戏媒体的平台，厂商发布产品信息并获取玩家对产品的反馈意见，玩家获取产品信息并发表自己对产品的反馈意见。

在上述六类网络游戏参与方中，后三类并非网络游戏安排中特有的角色，IT 设备提供商、电信资源提供商和媒体也普遍参与其他行业，因此其商业模式和收入确认与其他行业中的安排并无显著不同，而游戏开发商、游戏发行商和游戏渠道商是游戏行业最主要的参与者。

（四）游戏行业竞争情况

2016 年各大游戏公司营业收入占行业总营业收入的比重清晰地显示，腾讯游戏和网易游戏合计占据了整个市场份额的 59% 左右，其余公司没有一家能够超过 5% 的市场份额，游戏行业呈现双头垄断的态势，中小游戏公司的生存空间被严重挤压。在未来，随着游戏行业渐趋成熟，游戏公司之间的竞争将更加激烈。

（五）我国游戏企业上市情况

随着传统业务发展缓慢甚至倒退，传统行业领域中的企业纷纷开始"逃离"传统行业，而近两年比较火热的互联网及文娱产业则是其首选。游戏产业成为传统企业转型升级、跨界发展的蓝海，由传统行业转型进入游戏产业的企业不在少数。相对于大多数传统企业而言，游戏属于文化创新产业、轻资产、利润率高且资金周转快，这正是传统企业所需要而又不具备的优势。不少上市公司通过将一家游戏科技公司纳入合并范围从而成功转型，这些公司在转型当年的营业收入和利润都有显著提升。以顺荣三七为例，2014 年公司完成对三七互娱

(上海)科技有限公司的并购,由单一的汽车塑料燃油箱制造企业转变为经营汽配业务和网络游戏业务的双主业上市公司,当年营业总收入同比上年增长132.67%,利润总额同比上年增长1 345.58%。

中国游戏企业上市市场分布。截至2016年年末,中国上市游戏企业共计158家,其中A股上市游戏企业占81.6%,港股上市游戏企业占10.8%,美股上市游戏企业占7.6%。A股上市游戏企业占比持续增长,与资本市场认可游戏资产价值等因素有关。

三、网络游戏公司收入确认分析要点

(一)网络游戏收费模式

根据收费模式的不同,网络游戏分为计时收费、道具收费和增值服务收费等几种。

计时收费包括点卡收费,是指网络游戏公司主要依据游戏玩家的游戏时间收取点卡费,收入与玩家的人数和游戏时间成正比。包月计时收费是指网络游戏玩家一次性购买一个时段,玩家在这个时段内可以随时上网游戏,不管有没有在线游戏均算作消费。

道具收费是指在游戏时间上不再收费,但在游戏中提供道具商城出售的一些虚拟道具,如炫丽的服装、坐骑和一些影响游戏平衡的道具,玩家自愿花钱购买这些虚拟道具以获得更好的游戏体验。

增值服务收费包括:付费会员收费,网游玩家根据不同的收费标准获得不同的会员等级以及不同的特权;游戏功能收费,将网游功能切割为多个部分,玩家可根据自己的需要选择购买或租用某些功能;网络广告收费;客户端收费,某些游戏厂商要求玩家购买客户端才能进行游戏,不过游戏本身是免费的;交易收费,游戏本身不收费,官方不出售道具,全部装备由打怪掉落或任务产出,玩家相互交易获得装备道具,官方从中收取一定的交易手续费。

(二)网络游戏运营模式

网络游戏产业链主要包括游戏开发商—游戏运营商—游戏平台商—用户。产业链中的各个环节可能发生重合,比如游戏开发商可能同时作为运营商负责游戏的运营,平台商同时也可能是游戏运营的主体。由于平台商公司业务类型通常较复杂,并不仅仅涉及网络游戏方面,因此本文仅就网络游戏公司作为游

戏开发商和运营商角色时的运营模式及收入确认方面展开讨论。

虽然各个网络游戏公司(作为开发商和运营商)的业务模式各有特色,细节各有不同,但总体上可分为自主运营模式、联合运营模式和授权运营模式三种。

1. 自主运营模式

自主运营模式是指网络游戏公司通过自有的游戏平台发布并运营游戏。在自主运营模式下,网络游戏公司全面负责游戏产品的推广、客户服务、技术支持和维护等工作。

(1) 登录注册。玩家直接登录网络游戏公司的游戏平台,或者从其他推广方的链接登录游戏平台,并注册成为用户。

(2) 充值消费。玩家可以通过网银、第三方支付平台等方式向游戏充值,目前使用较多的充值方式是第三方支付平台,如支付宝、快钱、神州付、易宝等。玩家充值成功后,充值额自动兑换成虚拟游戏币并添加到游戏玩家的游戏账户中。

如果是付费游戏,玩家就可以使用游戏币进行游戏;如果是免费游戏,玩家就可以使用游戏币购买道具等装备。

(3) 网络游戏公司与第三方支付平台的结算。网络游戏公司一般与第三方支付平台签订服务合同,开立收款账户,按约定期限提取资金并支付渠道使用费。

通常,在每月初,第三方支付平台会出具上月对账单(包含充值平台账户名、充值订单号、充值金额等),网络游戏公司数据中心也会提供一份清单(包含游戏玩家账号、充值订单号、充值金额等),两者应核对一致,如有差异需及时沟通处理。

2. 联合运营模式

联合运营模式是指游戏运营商与游戏平台类公司(如腾讯平台、UC 平台、91 平台、360 手机助手、百度多酷、新浪平台、脸书等)合作,共同联合运营游戏产品的运营方式。在联合运营模式下,游戏平台公司负责网络游戏平台的提供和推广、充值服务及计费系统的管理;游戏运营商负责游戏运营、版本升级、技术支持和维护,并提供客户服务。

在联合运营模式下,游戏玩家是通过游戏平台公司进行游戏的登录和注册的。若需要充值,则进入网络游戏平台商游戏平台的充值中心,选择充值方式和充值金额,并填写相关支付信息完成充值。

3. 授权运营模式

授权运营模式是指游戏运营商以版权金或预付款的形式获得游戏开发商产品的代理权,在运营商所获资质的平台上发行。在授权运营模式下,运营商负责游戏的发行推广、游戏运营收入的结算,一般使用运营商所获资质的平台运行用户管理体系及充值接口;游戏开发商主要负责提供游戏产品、相关的软件及技术支持、部分客户服务等。

(三)各种运营模式下的收入确认方法

1. 自主运营模式下的收入确认

(1)道具收费游戏。网络游戏公司在游戏玩家实际使用虚拟游戏币购买虚拟道具时(玩家实际消费时)确认收入:

尽管几乎所有的网络游戏平台规定,玩家已经充值到账户的金额不管是否实际使用均不予退回,但考虑到虽然该充值金额不予退回但仍在玩家个人的账户中,所有权仍属于游戏玩家,玩家随时可能在游戏规则范围内自主消费,因此在玩家充值但未消费时尚不满足收入确认条件。同时,在玩家实际使用虚拟游戏币购买道具时方确认收入也符合网络游戏公司的惯例。

此外,还有一些游戏规定,玩家充值的金额若在一定期限内(如三个月)仍然没有消费则游戏币失效,不能再消费。此时,网络游戏公司可以将该部分失效的游戏币对应的充值金额确认为失效当期的收入。

(2)计时收费游戏。网络游戏公司按照玩家的人数和实际游戏时间确认收入。在付费游戏中,若存在道具等装备的购买则收入确认方法同上述免费游戏(道具收费游戏)。

2. 联合运营模式下的收入确认

在联合运营模式下,网络游戏公司(游戏运营商)一般主要提供游戏运营等技术支持,游戏玩家是通过网络游戏平台商的充值中心进行充值的,充值金额由联合运营方收取。对于网络游戏公司(游戏运营商)来说,在履行该期间应承担的义务并依据协议获得从联合运营平台商处取得分成款的权利时即可确认收入。通常,网络游戏公司(游戏运营商)与联合运营平台之间分成结算的基础是当期游戏玩家的充值金额。

因此在联合运营模式下,一般是根据网络游戏公司(游戏运营商)与各平台商的合作协议约定,将期间玩家的充值金额扣除支付给第三方的渠道费用后,按照一定的分成比例计算并确认各方应得的收入金额。

通常在月末,网络游戏平台商在运营平台的端口获取玩家充值情况,按照与网络游戏公司(游戏运营商)约定的日期发布月结算单,网络游戏公司(游戏运营商)将结算单与平台游戏终端的充值数据进行核对;双方确认结算数据后,按照合作协议所约定的分成比例及双方确认的充值数据进行结算,网络游戏公司(游戏运营商)据此进行收入确认。

3. 授权运营模式下的收入确认

授权运营模式一般涉及游戏开发商和游戏运营商。

对于网络游戏公司(游戏开发商)来说,一般采取的授权运营模式下的收款方式为:首先收取一次性的版权金,然后在游戏运营期间根据双方的协议约定收取分成收入。

(1)版权金收入。对于网络游戏公司(游戏开发商)一次性收取的版权金,实务中存在两种确认方式:一是将一次性收取的版权金列为"递延收益",在协议约定的受益期间按直线法摊销确认营业收入。在授权运营模式下,网络游戏公司(游戏开发商)要承担技术支持、游戏升级及提供部分客户服务等连续性的义务,这些后续服务对于网络游戏的正常运营来说比较重要,因此通常将初始一次性收取的版权金收入予以递延分期确认收入。二是将版权金一次性确认收入,此种收入确认模式是比照特许权使用费收入,如果没有后续的提供重要服务的义务,在满足下列条件时,也可以将版权金一次性确认收入:①合同已经签订并按照合同的约定取得收入;②游戏已经制作完成,版本已经交付并公测完成上线;③不存在与授权相关的尚未履行的其他责任和义务;④款项的可回收性有合理的保障。

(2)分成收入。在授权运营模式下,网络游戏公司(游戏开发商)依据协议,在获得从游戏运营商处取得分成款的权利时确认收入。

对于网络游戏公司(游戏运营商)来说,其取得授权的网络游戏既可能采取自主运营方式,也可能采取与其他游戏平台商联合运营模式,其收入确认方法参见前述自主运营模式和联合运营模式部分的描述。

四、重大错报风险评估

重大错报风险的评估必须按照审计准则的要求进行,审计准则的内容这里不再赘述。通过了解被审计单位及其环境的六个方面的内容,评估重大错报风险。本案例的重大错报风险集中在收入的真实性风险、无形资产的存在性风险、费用的完整性风险等。企业舞弊的动机有两个:一个是对赌协议中对业绩的要求,另一个是股权激励方案中的业绩要求。舞弊风险属于报表层面的重大错报风险,其他风险则属于认定层次的风险。收入的真实性风险属于特别风险。本案例中注册会计师实施审计的难点在于相关的信息系统审计,由于网络游戏公司的所有交易均依赖于信息系统,因此对信息系统的审计必须先行。

五、签约风险评估要点

评估签约风险应该按照审计准则的要求进行,审计准则的内容这里不再赘述。在本案例中,秦江缺乏对网络游戏行业的了解,尤其欠缺对信息系统审计的专业能力,因此完成本项工作有一定的困难。秦江应该充分意识到这种困难,可以采取聘请专家帮助等方式保证审计质量。另外,秦江和李峰的关系也可能影响审计评价,但是这种关系并没有违反审计准则和职业道德准则。秦江可以接受委托,但是应该恪守独立的原则,进行客观的判断。

六、教学安排

(一)课时分配

1. 课前自行阅读资料:约 3 小时。

2. 小组讨论并提交分析报告提纲:约 2 小时。

3. 课堂讨论:约 3 小时。

4. 课堂讨论与总结:约 0.5 小时。

(二)讨论方式

本案例可以采用小组方式进行讨论。

(三)课堂讨论与总结

课堂讨论与总结的关键是:归纳发言者的主要观点;重申重点及亮点;提醒学员进一步思考焦点问题或有争议观点;建议学员对案例素材进行扩展研究和深入分析。